SERVIÇO SOCIAL DO COMÉRCIO
Administração Regional no Estado de São Paulo

Presidente do Conselho Regional
Abram Szajman
Diretor Regional
Luiz Deoclecio Massaro Galina

Conselho Editorial
Carla Bertucci Barbieri
Jackson Andrade de Matos
Marta Raquel Colabone
Ricardo Gentil
Rosana Paulo da Cunha

Edições Sesc São Paulo
Gerente Iã Paulo Ribeiro
Gerente Adjunto Francis Manzoni
Editorial Jefferson Alves de Lima
Assistente: Rafael Fernandes Cação
Produção Gráfica Fabio Pinotti
Assistente: Thais Franco

TARCÍZIO SILVA

racismo algorítmico

INTELIGÊNCIA ARTIFICIAL E DISCRIMINAÇÃO NAS REDES DIGITAIS

SERGIO AMADEU
DA SILVEIRA (ORG.)

edições Sesc

© Tarcízio Silva, 2022
© Edições Sesc São Paulo, 2022

2ª reimpressão, 2025

creative commons

Você tem o direito de copiar e redistribuir o texto desta obra, desde que cite a autoria e não faça uso do material para fins comerciais.
(CC BY-NC-ND 3.0 BR)
https://creativecommons.org/licenses/by-nc-nd/3.0/br

Preparação Leandro Rodrigues
Revisão Richard Sanches, Sílvia Balderama Nara
Projeto gráfico e diagramação Werner Schulz

Dados Internacionais de Catalogação na Publicação (CIP)

Si381r   Silva, Tarcízio

Racismo algorítmico: inteligência artificial e discriminação nas redes digitais / Tarcízio Silva. – São Paulo: Edições Sesc São Paulo, 2022. –
268 p. il. – (Democracia Digital).

Bibliografia
ISBN 978-85-9493-277-8

1. Tecnologias digitais. 2. Redes digitais. 3. Inteligência artificial. 4. Tecnopolítica. 5. Racismo algorítmico. 6. Racismo online. 7. Discriminação racial. I. Título.

CDD 004.019

Elaborada por Maria Delcina Feitosa CRB/8-6187

Edições Sesc São Paulo
Rua Serra da Bocaina, 570 – 11º andar
03174-000 – São Paulo SP Brasil
Tel. 55 11 2607-9400
edicoes@sescsp.org.br
sescsp.org.br/edicoes
🅕 𝕏 🅞 ▶/edicoessescsp

AGRADECIMENTOS

À Taís Oliveira, pelo apoio contínuo, pela leitura dos originais e por toda a inspiração intelectual e afetiva; aos colegas da comunidade UFABC, LabLivre e Neab; à organização Black In AI, suas fundadoras e membras/os; às entrevistadas e aos entrevistados, pelos aprendizados e pela gentileza; e ao professor Sergio Amadeu da Silveira, pela confiança e pelos caminhos apontados durante minha trajetória acadêmica.

SUMÁRIO

Apresentação   8
Prefácio   12

Introdução   16

Capítulo 1
Discursos racistas na *web* e nas mídias sociais   22
    Racismo *online* no Brasil   25
    Racismos *online* e microagressões   33
    Microagressões no racismo algorítmico   37
    Categorias, interfaces e mídia   45
    Moderação entre humanos e inteligência artificial   48
    Mediação   49
    Ordenação e recomendação de conteúdo   56

Capítulo 2
O que as máquinas aprendem?   72
    Duas tradições da inteligência artificial   76
    A robô que aprendeu a ser racista: um caso de eficácia?   82

Capítulo 3
Visibilidades algorítmicas diferenciais   88
    Visão computacional: modos de ver e controlar   91
    Embranquecendo rostos negros   95
    Bancos de dados, buscas e representações   98
    O que os computadores veem nas imagens   105
    Uma imagem vale mil controvérsias   111

Capítulo 4
Necropolítica algorítmica   122

Gênese colonial da necropolítica e a
    imaginação carcerária   125
Reconhecimento facial e tecnochauvinismo   132
Erros e acertos do reconhecimento: seletividade penal   136
Riscos espacializados e corporificados   140
Criminalização das visualidades e rostos racializados   145
Deixar morrer   152

Capítulo 5
Tecnologias são políticas. E racializadas   162

As (im)possibilidades racializadas nas cidades   166
Respiração e negação da humanidade   171
Fotografia e invisibilidade   174
Bases de dados e epistemicídios   178

Capítulo 6
Reações, remediações e invenções   184

Auditorias e consciência pública   186
"Foda-se o algoritmo": mobilizações públicas   191
Resistências pelas reinvenções   195
Formando novos olhares   199
Regular para além dos princípios éticos   203

Posfácio   216

O truque da inteligência artificial generativa   220
Resistência à vigilância biométrica em massa   224
Por legislações antirracistas para os sistemas algorítmicos   228

Referências   238
Sobre o autor   267

Desde fins dos anos 1990, com a difusão da internet, palavras como interação, colaboração, troca, recombinação e compartilhamento passaram não apenas a organizar a gramática das redes digitais, mas também a influenciar a própria dinâmica social. Trata-se de um conjunto de expressões ligadas a formas de produção e distribuição de informações e saberes que descortinam novos cenários, cobrando-nos esforços reflexivos para compreender seus efeitos, tanto pelas perspectivas da comunicação e da cultura como pelos vieses da educação, da economia e da política.

Hoje, é patente o alcance das redes de conexão digital num país de dimensões continentais como o Brasil. Se, por um lado, a internet promove a dinamização sem precedentes das interações remotas e o exponencial incremento do acesso e da produção de conteúdo, por outro, nota-se em seus ambientes uma acirrada disputa pelas atenções (e adesões), que se vão revelando concentradas num leque limitado de plataformas, *sites* e aplicativos.

Com o crescimento do uso das redes no País, temas como liberdade, direitos humanos, igualdade social, censura, gênero e raça povoam o cotidiano dos fóruns virtuais, não raro facultando alternativas ao tipo de abordagem desenvolvida nos meios tradicionais de comunicação, como o rádio, a TV e a imprensa escrita. Isso se deve, entre outros fatores, à relativização da divisão entre aqueles que pautam e aqueles que consomem a informação, à medida que essa fronteira vai sendo apagada.

Uma vez que a expansão da rede alavanca a multiplicação do volume de dados e de sua correlata disseminação na esfera pública, assim como estimula a participação de crescente número de pessoas nas discussões sobre assuntos de interesse comum, caberia nos perguntarmos sobre o real impacto, no debate público, dessa forma de circulação de informações e vozes.

Nesse sentido, é promissora a constituição de uma coleção que se propõe a reunir autores brasileiros dedicados a pensar as dinâmicas ensejadas pelas redes digitais de conexão, investigando sua influência sobre os rumos da democracia. Organizada pelo sociólogo e doutor em Ciência Política Sergio Amadeu da Silveira, a coleção Democracia Digital convida pesquisadores do campo da cultura digital a se debruçarem, a partir de diferentes abordagens, sobre a recente história dessa ambivalente relação.

Neste *Racismo algorítmico*, o pesquisador dos campos da Comunicação e das Ciências Sociais Tarcízio Silva apresenta uma bem documentada abordagem sobre comportamentos racistas e discriminatórios que os sistemas e protocolos de programação dos novos meios digitais de conexão podem terminar por alimentar e, em determinados casos, concorrem para naturalizar.

Pautando-se por uma linguagem clara e direta, a coleção Democracia Digital pretende despertar, em igual medida, o interesse tanto de pesquisadores da área de tecnologia e comunicação como de um público leitor mais abrangente, que, em seu cotidiano, se vê envolvido com aparatos tecnológicos permanentemente conectados. Publicada primeiramente no formato digital, a coleção faz uso de um suporte hábil em ampliar as possibilidades de acesso a estudos acerca de aspectos centrais da vida contemporânea. Dessa forma, reforça o papel da leitura como expediente-chave da educação concebida em bases emancipatórias, utilizando a tecnologia digital como ferramenta propícia a um espaço social crítico, inventivo e renovador.

Danilo Santos de Miranda
Diretor do Sesc São Paulo
(1984 a outubro de 2023)

PREFÁCIO

DURANTE BASTANTE TEMPO, O MUNDO DIGITAL foi apresentado como um cenário de superação das desigualdades, assimetrias e desequilíbrios. Este livro demonstra que a atual paisagem sociotécnica pode ser mais concentradora, menos inclusiva e mais discriminadora do que a existente no período anterior à popularização da internet. Os caminhos das tecnologias e de seus objetos técnicos precisam ser observados criticamente, pois o futuro está sendo decidido agora. É por isso que este livro integra a coleção Democracia Digital lançada pelas Edições Sesc São Paulo.

Aqui, Tarcízio Silva nos permite decodificar tecnologias opacas, apresentadas como mágicas, muitas vezes neutras, outras vezes singelas, desenvolvidas por corporações "benevolentes", somente preocupadas com a melhoria da experiência de seus usuários. De modo brilhante e com exemplos contundentes, Tarcízio indica os caminhos pelos quais o racismo estrutural impregna as tecnologias e os processos comunicacionais por elas engendrados.

Pesquisador rigoroso e ousado, Tarcízio Silva consegue articular os elementos fundamentais, os actantes decisivos, para assim nos mostrar como a inteligência artificial, em especial o aprendizado de máquina baseado em dados, pode alimentar sistemas algorítmicos que reproduzem o preconceito e executam a discriminação. Fica evidente que raça, gênero e classe não desapareceram dos embates nas redes digitais e no emaranhado das tecnologias de informação.

A democracia pode conviver com os ataques tecnopolíticos a grupos racializados? Os espaços públicos interconectados podem aceitar as microagressões racistas e as operações de bloqueio algorítmico de negros? Robôs podem alavancar os ímpetos supremacistas sem que sejam notados? Como enfrentar o racismo algorítmico? Essas questões são tratadas aqui com profundidade.

Concentradoras das atenções e de grande parte das interações sociais, as plataformas digitais se agigantaram a partir de seu modelo de monetização baseado no tratamento de dados, na vigilância constante e praticamente ubíqua de seus usuários. A coleta massiva de informações – que se materializou nas redes digitais, nos espaços urbanos e rurais, com a disseminação de celulares e sensores – tem efeitos devastadores para a privacidade e para inúmeros direitos das populações. O que Tarcízio Silva nos mostra é que a população negra e os segmentos pauperizados e fragilizados da sociedade são muito mais afetados pelas operações discriminatórias dos sistemas algorítmicos que atuam nesse contexto.

Ciente dos processos de alienação técnica, das dinâmicas da colonialidade, dos mecanismos de concentração comunicacional e econômica, Silva explicita que as tecnologias são ambivalentes, que toda modulação pode engendrar demodulações, que as agressões racistas, que os ataques à diversidade podem produzir resistências e delineamentos de um outro modo de vida. Esta leitura é imprescindível para desconstruir a ilusão de que o racismo está longe dos sistemas automatizados, operados pelos *softwares*, longe de algoritmos e suas estruturas de dados; mas, principalmente, ela indica a possibilidade de se construir um outro caminho. Sem combate ao racismo não pode existir uma sociedade democrática. Não há democracia digital que aceite o racismo algorítmico. Depois desta leitura, não podemos mais ser ingênuos.

Sergio Amadeu da Silveira

INTRODUÇÃO

DEMOCRACIA RACIAL E NEUTRALIDADE NA tecnologia são dois conceitos aparentemente distantes, mas se irmanam no propósito de ocultar relações de poder que constroem interpretações de mundo, naturalizam e aprofundam explorações e desigualdades.

Na convergência entre a negação do racismo e a negação da política na tecnologia encontra-se o que tenho chamado de "dupla opacidade". É a reunião (que vai além da simples soma das duas partes) de tradições de ocultação e de exploração, tanto nas relações raciais quanto nas decisões ideológicas que definem o que é tecnologia e o que é inovação desejável. Desvelar conceitos que servem apenas ao poder – em especial, branco – tem sido a tarefa de pesquisadoras e pesquisadores negra(o)s e antirracistas.

Este livro busca colaborar com o crescente corpo de investigações intelectuais sobre como o colonialismo e a supremacia branca moldaram os últimos séculos em cada esfera da vida – inclusive na definição dos limites imaginativos e produtivos do fazer tecnológico.

Especificamente, tratamos do mundo das inovações globais que buscam a automatização de dinâmicas de ordenação e gestão. Com fins de acumulação de poder – tanto de poder financeiro quanto de poder de representação do mundo ou de poder de violência –, avanços tecnológicos simplificados por termos como "inteligência artificial" ou "algoritmização" na verdade tratam da solidificação dos horrores da dominação e da necropolítica no globo.

A internet e as mídias digitais, agora imersas no cotidiano e no espaço público, são o foco do presente livro, que se debruça sobre o racismo algorítmico presente desde as plataformas até a vigilância pervasiva.

No capítulo 1, revisamos noções sobre o racismo *online*, em especial suas facetas particularmente presentes no Brasil. Indo além da noção do racismo *online* como materialização explícita de discurso de ódio em texto e imagens, percorremos modalidades que abarcam também desinformação, gestão das plataformas de mídias sociais e moderação e apresentamos a ideia de "microagressões algorítmicas". Imbricadas em bases de dados, interfaces e dinâmicas de recomendação de conteúdo, personalização e interação automatizada, as microagressões manifestam hierarquias racistas que controlam representações, entre o sutil e o explícito, de forma extensiva.

Para superar a análise do racismo apenas como discurso, apresentamos, no capítulo 2, concepções da inteligência artificial e observamos como a ideia de "robôs racistas" esconde muitas camadas de decisões e prioridades gestadas nas empresas de tecnologia e na mídia. Ao revisar o caso de um sistema *chatbot* que se tornou sinônimo de racismo algorítmico, propomos a reflexão sobre como o domínio corporativo dos meios de comunicação nos informa mais sobre o tema do que a observação de códigos ou *softwares*.

Circulando entre hipervisibilidade e invisibilidade de grupos racializados, no capítulo 3 trazemos para o debate as tecnologias de visão computacional. Entre imagens e vídeos, os erros explícitos da inteligência artificial e algoritmos que só conseguem "ver" pessoas e objetos através das lentes da branquitude nos dizem e mostram muito sobre a algoritmização das representações historicamente racistas nas culturas ocidentais.

Transitando para impactos imediatos dos olhares algorítmicos racistas na vida e na morte, no capítulo 4 debatemos vigilância, hipervigilância e necropolítica. A tecnologia de reconhecimento facial na segurança pública é utilizada como ferramenta de violência estatal, dentro de um histórico de ideação em que as próprias instituições policiais são instrumentos de segregação racial. Entre o matar e o "deixar morrer" da necropolítica, debatemos também como o acesso a recursos vitais, como o sistema de saúde, passa a ser mediado por tecnologias algorítmicas.

Entretanto, antes de olhar para reações, voltamo-nos, no capítulo 5, para o passado. Uma digressão sobre artefatos, sistemas e dispositivos que antecederam o digital busca relembrar que tecnologias sempre foram políticas e racializadas. Entre aparelhos de medição respiratória, fotografia e pontes, o capítulo resgata controvérsias que nos lembram de que o debate sobre racismo algorítmico possui precedentes.

As reações e remediações apresentadas no capítulo 6 oferecem um repertório de resistências que abarca a promoção de consciência pública sobre tecnologias, mobilizações e protestos físicos, reinvenções tecnológicas, consensos e regulações multissetoriais.

Fugindo do fatalismo que insiste em nos perseguir em um mundo abocanhado pela ganância das *big techs*, desvelar esses mecanismos pode abrir imaginários possíveis e alternativos.

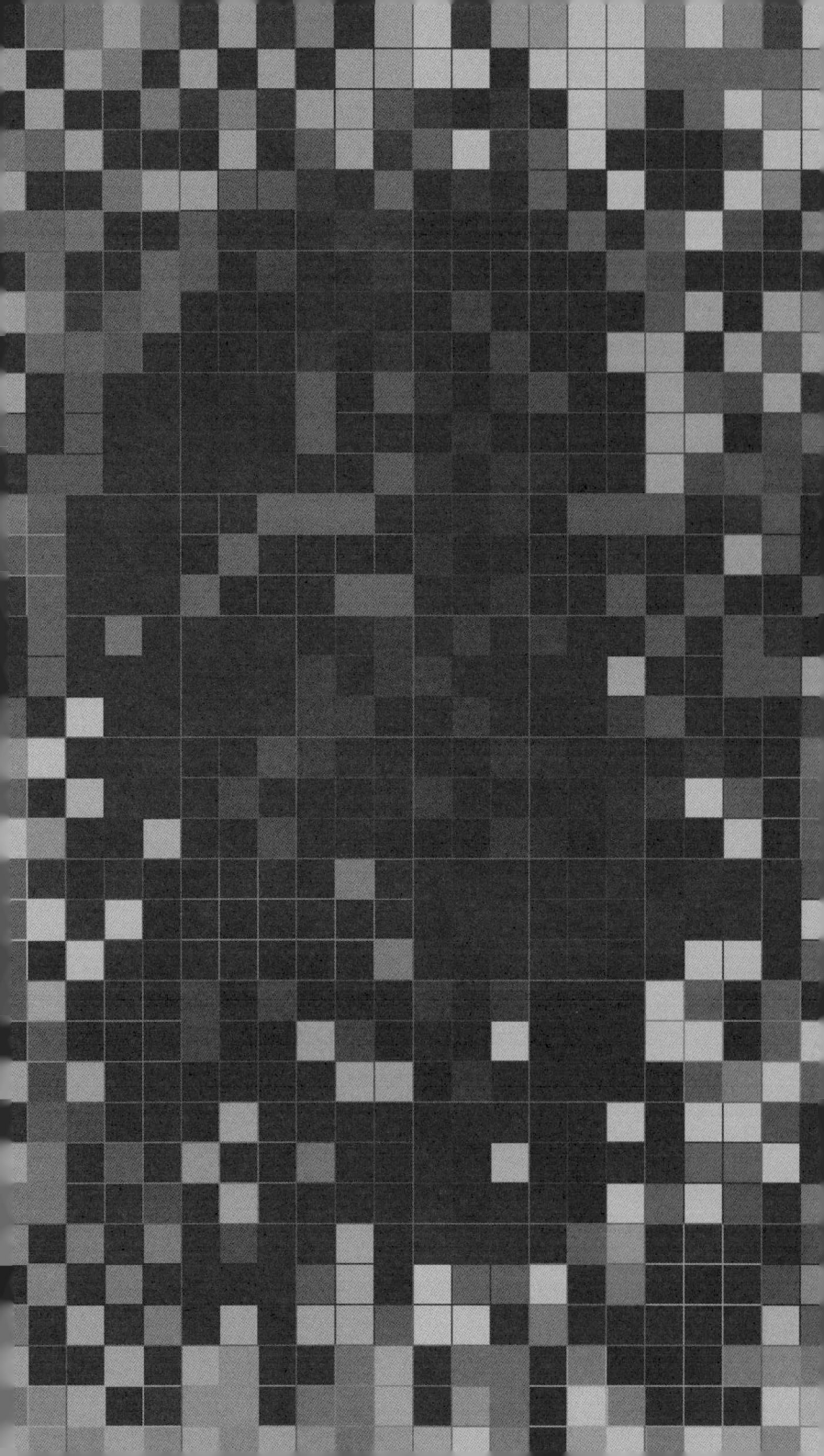

1

DISCURSOS RACISTAS NA *WEB* E NAS MÍDIAS SOCIAIS

POR SEREM MANIFESTAÇÃO INEQUÍVOCA DO racismo, xingamentos e ofensas verbais são também o tipo mais estudado pelo campo dos estudos de internet, mas não devem ser vistos como a única pauta de combate antirracista, sob o risco de nos cegarmos para o racismo estrutural. Na verdade, frequentemente podemos testemunhar a tentativa de delimitação da própria concepção de "racismo" apenas como ofensas. Isso tem o objetivo de diluir o combate para o racismo estrutural e "sutil" nas esferas da economia, do conhecimento ou da política institucional.

Como era de esperar, a maioria das primeiras formulações hegemônicas nos estudos sobre internet se caracterizou por uma miopia com relação à noção de descorporificação *online*. Conflitos de opiniões sobre o papel da internet na relação, intensificação ou erosão de grupos identitários e suas controvérsias estiveram presentes desde os anos 1990, quando ganhou popularidade a ideia de um *self* cambiante que poderia ser diferente a cada nova janela dos ambientes *online*.

Muitos defenderam que o "ciberespaço" ou ambientes "virtuais" e digitais derrubariam variáveis vistas como apenas identitárias, tais como raça, gênero, classe ou nacionalidade. Isso se deu sobretudo quando: a) os ambientes digitais eram ainda informacionalmente escassos, com poucas modalidades de comunicação, focando sobretudo em textualidade; b) pesquisadores advindos de populações minorizadas nos países de diáspora africana ainda eram poucos e ignorados; c) a pretensão de neutralidade das plataformas e mídias, advindas de um tecnoliberalismo em consolidação, já se fazia vigente.

Hegemonicamente, então, o mito da descorporificação e superação das identidades fortaleceu-se na interseção de uma série de motivações, desde o olhar utópico de quem via a internet como um possível éden até a cegueira racial, que já não enxergava as disparidades estruturais e hiatos digitais.

Um exemplo contundente e influente disso foi a *Declaração de Independência do Ciberespaço*, proposta por John Perry Barlow em 1996 como uma reação da elite tecnológica estadunidense a iniciativas estatais de regulação. Oferecendo uma concepção determinista da internet, alegou-se que não seria desejável ou possível a existência de controles estatais. Em grande medida, as propostas da *Declaração* apresentaram posições utópicas sobre o mundo "virtual" de então, mas foram um ponto de inspiração para uma postura "tecnolibertária" da internet, cega para questões de classe, gênero, raça e colonialismos, como podemos observar no trecho que alega que "todos poderão entrar sem privilégios ou preconceitos de acordo com a raça, poder econômico, força militar ou lugar de nascimento"[1].

Mas a realidade, como podemos imaginar, era bem diferente. Essas proposições foram pensadas por grupos hegemônicos no que tange a origem, raça e gênero, que relegaram a uma relativa invisibilidade a multiplicidade de experiências e olhares sobre a internet e as tecnologias digitais[2]. Entretanto, grupos de cientistas, teóricas e ativistas da comunicação e da tecnologia apontaram quão racializados são os processos de construção tanto das tecnologias digitais de comunicação quanto da ideologia do Vale do Silício, tendo como ponto de partida uma lógica da supremacia branca[3].

O racismo algorítmico é alimentado e treinado por outras práticas digitais de discriminação mais explícitas, como o racismo discursivo – além de impulsioná-lo por vários expedientes. Antes de chegar aos algoritmos, vamos percorrer, nas seções a seguir[4], uma tipologia compreensiva do racismo *online* que abarca as práticas contemporâneas nas plataformas digitais.

Racismo *online* no Brasil

Especificamente sobre manifestações explícitas de mensagens racistas nas mídias sociais no Brasil, destacamos o trabalho de Luiz Trindade[5], que traz dados especialmente relevantes sobre comportamento dos agressores e características dos alvos: 81% das vítimas de racismo no Facebook no Brasil são mulheres negras de classe média, com ensino superior; 76,2% dos agressores não tinham nenhum relacionamento prévio com a vítima; 66% dos agressores são homens jovens; e frequentemente as articulações para xingamentos racistas são reações a eventos positivos expostos nas mídias sociais por mulheres negras.

Em sua pesquisa, Trindade descobriu categorias comuns de eventos que desencadeiam a articulação em grupo de perseguições racistas nas mídias sociais. Tais eventos são sobretudo fruto da discordância anterior com algum *post* ou comentário de cunho negativo contra pessoas negras e a exibição de diversos tipos de prestígio, tais como a filiação a profissões consideradas mais "nobres" (como medicina, jornalismo etc.), posições de liderança em ambientes midiáticos, viagens ao exterior, concursos de beleza e afins.

Estudos de qualidade sobre casos específicos de racismo nas mídias sociais podem ser ligados a tais categorias, e geralmente são motivados por casos que geraram muita atenção. Vejamos dois exemplos. A visibilidade da atriz e empresária Taís Araújo em um vídeo TEDx sobre família, raça e classe foi o gatilho para o agrupamento de racistas na produção de memes. Ao narrar o olhar criminalizador que parte da sociedade impõe sobre seu filho, uma criança negra, Taís Araújo evocou algumas "verdades desagradáveis" sobre relações raciais no Brasil[6], que foram sistematicamente negadas e ridicularizadas pelo recurso das agressões em formato de "memes"[7]. Casos como o dela e o da jornalista Maria Júlia Coutinho, hostilizada por conquistar destaque nos principais telejornais da TV Globo, engatilham também reforço de ativistas antirracismo na produção de conteúdo e criação de redes de apoio, afeto e segurança[8].

Estudos sobre marcadores textuais específicos, como *hashtags*, em torno de questões raciais apontam as controvérsias e tentativas de diluição do debate sobre racismo no Brasil. Em análise sobre o *#DiadaConsciênciaNegra* no Twitter, a pesquisadora Raquel Recuero identificou que a data foi "reduzida à questão do feriado, tornando irrelevante sua associação com o debate racial, com a questão histórica e com o desvelamento da dominação"[9].

Maria Aparecida Moura nos lembra de como a internet e o decorrente aumento da pluralidade midiática geraram novos tipos de "mal-estar" para os grupos hegemônicos: "A intensificação da gestão do mundo da vida a partir de um espaço reticular digitalmente interconectado produziu um mal-estar generalizado em relação à circulação de narrativas alheias às marcas da espoliação neocolonial de bens e culturas nos últimos trinta anos"[10].

Popular como tentativa de explicar a polarização política nas plataformas digitais, o conceito de "bolhas" *online* pode ser questionado quando diante desses conflitos digitais, uma vez que o uso da internet e das mídias sociais para a circulação de discursos antirracistas contra-hegemônicos é em si positivo, ainda que acompanhado de movimentos de deslegitimação e reações conservadoras.

Manifestações *online* racistas antinegritude são questões brasileiras e globais, ligadas a diferentes níveis de formação estratégica de grupos de ódio, em fóruns como o *Stormfront* (lançado em 1996), o *4chan* (lançado em 2003) ou em plataformas de mídias sociais hegemônicas como Facebook e Twitter. Em 2007, o supremacista branco David Duke, liderança na Ku Klux Klan, tinha a visão de que

> a internet dá, a milhões, acesso à verdade que muitos nem sabiam que existia. Nunca na história do homem pôde uma informação poderosa viajar tão rápido e tão longe. Eu acredito que a internet vai gerar uma reação em cadeia de esclarecimento racial que vai chacoalhar o mundo pela velocidade de sua conquista intelectual.[11]

Até recentemente, a história da apropriação intensa da internet pelo supremacismo branco, que viu o novo meio de comunicação como ferramenta para a descentralização da abordagem e o recrutamento de grupos suscetíveis ao extremismo[12], foi consideravelmente subnotificada.

Entre as exceções notáveis está o trabalho de Jessie Daniels, que estuda o supremacismo branco há décadas e observou fóruns e *websites* de promoção dos ideais extremistas e violentos em torno de grupos como a Ku Klux Klan nos Estados Unidos, país em que a legislação é especialmente leniente devido ao modo como ali se lida com a prerrogativa da liberdade de expressão. Mas, para além da promoção de ideias racistas e recrutamento explícito, tais grupos foram também inovadores do ponto de vista das táticas de desinformação.

Um dos fundadores do fórum nazista *Stormfront* registrou o domínio martinlutherking.org, e mantinha um *site* com informações ofensivas sobre o ativista, diluídas entre fotografias oficiais e informações factuais sobre a histórica figura. Devido ao nome na URL, o sufixo ".org" e o tempo de registro e conteúdo, além da controvérsia legal em torno do uso do nome do ativista, o *site* se manteve por anos em destaque e, posteriormente, em ótimas posições nas páginas de resultados dos buscadores.

Mas, se mecanismos como o direito digital se adaptaram a algumas controvérsias, como é o caso do uso de domínios para difamação, o mesmo não acontece quanto às disputas algorítmicas na disseminação de mensagens e construção de representações *online*. O aparente surgimento da categoria extremista *"alt-right"* (de *alternative right*) como nova iteração do extremismo racista é totalmente consistente com manifestações anteriores da supremacia branca, apenas com algumas mudanças em estilo e ênfase. A *alt-right* seria menos ligada ao simbolismo cristão e à islamofobia, mas fortemente ligada à racialização genocida, em busca de um "etnoestado" nos Estados Unidos, e com influência global no apoio a movimentos racistas em outros países[13].

Paul Gilroy se debruçou sobre as características da conceituação "*alt-right*" (categoria filiativa que não foi criada por antifascistas, mas pelos próprios membros, e abraçada sem muita reflexão pela imprensa e por críticos). Para Gilroy, trata-se de uma

> aliança internacional ou coalizão informal bem financiada que tem acesso aos mais altos níveis de poder. O agrupamento é tecnologicamente sofisticado e tem um domínio desconcertante de comunicação política e psicológica, por meio dos aspectos libidinais e afetivos das novas tecnologias, em geral, e das mídias sociais, em particular.[14]

Portanto, a observação de quaisquer movimentações coletivas de racismo, instâncias de racismo algorítmico e promoção de desinformação de grupos minoritários não pode prescindir de considerar a atuação dos grupos supremacistas brancos articulados em maior ou menor escala e engajados estrategicamente.

O rebote às manifestações antirracistas nos Estados Unidos e no Brasil é exemplo muito elucidativo sobre como a internet atual é campo de disputa e também laboratório de táticas da supremacia branca. Observemos as camadas *online* do ativismo em torno do #BlackLivesMatter nos Estados Unidos, que inspirou midiaticamente outros países. Iniciado em 2014, o movimento Black Lives Matter buscou associar ativistas contra os assassinatos, perpetrados por policiais, de negros desarmados nos Estados Unidos. As mídias sociais têm sido usadas de forma intensa para marcar protestos, cobrir a violência e como modo de gerar aprendizado informal sobre o racismo e violência policial.

Deen Freelon, Charlton McIlwain e Meredith Clark estudaram o movimento em 2014 e 2015 para entender como ambientes digitais como Twitter, *blogs* e *sites* são campos de disputa de sentidos e visibilidade entre ativistas e imprensa progressista ou reacionária em torno do ativismo negro. Parte dos resultados e das entrevistas mostrou que, "ao levantar o tema à proeminência nacional, ativistas incitaram conservadores a se educar sobre fatos em torno de vários casos de brutalidade policial"[15]. Entretanto, os contramovimentos são frequentes, usando recursos linguísticos como o enquadramento do #AllLivesMatter para defender policiais e atacar a defesa dos grupos vitimados pela segurança pública em uma estratégia "nós contra eles", que inclui o sequestro de *hashtags* para minar a confiança dos participantes no debate público[16].

A última década no Brasil também esteve repleta de exemplos de desinformação estratégica e distribuída contra figuras negras – em especial quando um fato trágico as posiciona com destaque no holofote político. Único condenado das Jornadas de Junho de 2013, Rafael Braga Vieira foi usado pelo aparato policial e jurídico brasileiro como aviso sobre quem pode e quem não pode se manifestar politicamente. Preso por supostamente portar material explosivo – garrafas plásticas de produto de limpeza –, a violência contra Rafael Braga, usada para lembrar jovens ativistas negros sobre quem é efetivamente alvo do aparato policial, foi um exercício de consenso racista sobre o que e quem deve ser considerado enunciador de fatos. Além da chocante equiparação dos produtos de limpeza a artefatos explosivos, uma segunda prisão de Rafael Braga foi realizada a partir de um alegado flagrante forjado – prática comumente reportada da polícia brasileira – de tráfico de maconha e cocaína[17]. As redes de solidariedade e indignação em torno do caso foram mobilizadas por organizações que se mostraram ativas e criativas "em relação aos meios de comunicação disponíveis para a circulação de informações e entretenimento"[18], mas em constante disputa com boa parte da população punitivista, que de imediato considerou verdadeiras as declarações dos policiais nas prisões de Rafael Braga.

Os ataques racistas organizados como desinformação *online* se apoiam na cultura e na oferta de imagens das mídias hegemônicas. Foi assim com a vereadora Marielle Franco, eleita em 2016 no Rio de Janeiro a partir de sua atuação em políticas públicas em defesa da melhoria das condições de vida da população negra e periférica, sobretudo na favela da Maré.

Com histórico combativo na legislatura e em comissões de defesa de direitos humanos, Marielle Franco tecia críticas tanto às milícias e ao tráfico quanto aos impactos nefastos da implementação das desastrosas UPPs (Unidade de Polícia Pacificadora), tema de sua dissertação postumamente publicada em livro[19]. No dia de seu assassinato, em 14 de março de 2018, em crime que também vitimou Anderson Gomes, motorista, após poucas horas o fato havia chegado a meio milhão de tuítes, dando visibilidade internacional ao caso.

Também rapidamente passaram a circular notícias falsas e montagens que buscavam relacionar a vereadora ao tráfico de drogas, gerando uma "disputa narrativa que se estabeleceu entre os grupos de repúdio ao crime e grupos que buscam desqualificar a vereadora"[20].

Ainda sem solução definitiva até setembro de 2023, período em que a versão impressa deste livro foi produzida, investigações e reações ao assassinato apontam motivação política advinda da relação entre grupos de milícias no Rio de Janeiro e membros de grupos extremistas que ganharam visibilidade na eleição de 2018. Para além das táticas dos "gabinetes do ódio", como foram chamados os grupos de articulação de desinformação estratégica nos últimos anos, a cultura brasileira é campo fértil para "manifestações racistas discursivas [que] têm sido naturalizadas e expressas de formas variadas"[21].

Mas se o crescimento da proporção de usuários não brancos na *web* e sua coordenação em prol da justiça social questionam as ideias equívocas de teóricos hegemônicos do ciberespaço das décadas de 1990 e 2000 sobre uma internet descorporificada – leia-se "engajada com a branquitude" –, o mesmo não ocorre em relação aos detentores da produção de *softwares* e sistemas algorítmicos em uma internet cada vez mais murada e plataformizada por poucas corporações.

É preciso estar atento ao fato de que o racismo discursivo e explícito em textos e imagens produzidos por atores individuais, seja por meio de perfis "reais" ou pelo uso de "*fakes*", é apenas parte das práticas e dinâmicas antinegritude em um mundo supremacista branco. Pensar e discutir tecnologias digitais, como plataformas, mídias sociais e algoritmos, exige que se vá além da linguagem textual. Se há décadas as manifestações coordenadas ou espontâneas de racismo explícito na internet são uma constante e permanecem se intensificando de forma virulenta, nos últimos anos a abundância de sistemas algorítmicos que reproduzem e normalizam as agressões apresentam uma nova faceta pervasiva da ordenação de dados e representações racializadas *online*.

Racismos *online* e microagressões

Concordamos com Brendesha Tynes e colaboradoras quando elas afirmam que, apesar do frequente foco da pesquisa digital em ações – individuais ou coletivas – pontuais, o racismo *online* é um "sistema de práticas contra minorias racializadas que privilegiam e mantêm poder político, cultural e econômico em prol de brancos no espaço digital"[22]. Essas práticas, portanto, não se resumem a ofensas explícitas em formato textual ou imagético. Técnicas como análise de texto e circulação de discursos dão conta de apenas uma parte da questão.

Nos ambientes digitais, temos um desafio mais profundo. Precisamos entender os modos pelos quais o racismo se imbrica nas tecnologias digitais através de processos "invisíveis" nos recursos automatizados e/ou definidos pelas plataformas, tais como recomendação de conteúdo, moderação, reconhecimento facial e processamento de imagens. Portanto, é preciso entender também as manifestações do racismo "construídas e expressas na infraestrutura ou *back end*[23] (por exemplo, nos algoritmos) ou através da interface (como símbolos, imagens, voz, textos e representações gráficas)"[24].

Uma questão-chave para pensarmos as particularidades do racismo nos meios de comunicação digitais é a relação entre pervasividade, de um lado, e seu caráter aparentemente sutil e difuso, de outro. Afinal de contas, como abordar os modos pelos quais práticas racistas se materializam em bases de dados e conhecimento digital? Um mecanismo de busca pode ser racista? E como falar sobre esses casos de forma distinta, tratando de maneira diversa as injúrias racistas explícitas e aquelas que ocorrem em níveis diretamente necropolíticos?

Ainda que seja controversa, uma das construções teóricas mais importantes para o antirracismo em áreas como educação e psicologia é o conceito de "microagressões", que nos será útil para entender desde o racismo verbal até o racismo algorítmico. Microagressões são "ofensas verbais, comportamentais e ambientais comuns, sejam intencionais ou não intencionais, que comunicam desrespeito e insultos hostis, depreciativos ou negativos"[25] contra minorias vulnerabilizadas, como pessoas racializadas, mulheres, migrantes, entre outros – assim como as interseções dessas variáveis.

O conceito de microagressões foi criado pelo psiquiatra Chester Pierce[26], que desenvolveu um trabalho propositivo sobre a necessidade de estudar também os "mecanismos ofensivos" dos grupos opressores em medida similar ao que as práticas psiquiátricas já realizavam sobre os "mecanismos defensivos"[27] para pessoas negras. Afinal de contas, o racismo é algo que deve ser entendido não apenas em seus efeitos, mas também em suas motivações, para que assim sejam idealizadas a defesa e a reação dos grupos-alvo em diversas camadas – legais, econômicas, educacionais e psicológicas.

Pierce explica que aparatos da educação e da mídia são ferramentas da supremacia branca para criar ambientes em que a "maioria das ações ofensivas não são brutas e violentas fisicamente. Elas são sutis e paralisantes. A enormidade das complicações que causam pode ser entendida apenas quando se considera que os golpes são deferidos incessantemente"[28]. Se levarmos em conta o modo como, hoje, o excesso de informação se articula com a hipervisibilidade de representações e constrições racistas no cotidiano, podemos reafirmar a relevância de olhar para as microagressões.

As representações negativas de populações minorizadas na imprensa, em filmes, na literatura e no humor são as manifestações mais pesquisadas por interessados em racismo midiático. O tema foi estudado por Pierce, e seus trabalhos identificaram que estereótipos "não são meras percepções inadequadas sobre certos grupos de indivíduos. Eles possuem uma dimensão claramente política porque são meios de legitimação de arranjos sociais destinados a manter estruturas que beneficiam certos grupos a partir da marginalização cultural de outros"[29].

As situações cotidianas de microagressões racistas apresentadas no trabalho seminal de Pierce foram acrescidas de outras, nas décadas seguintes, tanto na bibliografia de psicologia social quanto na análise de mídia, documentadas a partir de experimentos e posteriormente organizadas em tipologias. A reprodução das culturas hegemônicas na produção de artefatos midiáticos ficcionais, bem como na midiatização da sociedade, disfarça-se de "liberdade de expressão, de padrões de beleza, de gostos pessoais, de humor e de uma infinitude de microagressões que subjugam, ofendem, diminuem, maltratam, excluem e submetem à violência a população negra"[30].

Pierce também conclamou, em seu trabalho, apoio para a iniciativa que chamou de "terapeutas de rua": para ele, a abordagem de profissionais de apoio à saúde mental de populações negras marginalizadas seria essencial para o combate ao racismo. Mas, em contraposição à introspecção e à abordagem indireta então em voga, Pierce incentivava o confronto e a reflexão direta sobre as ações. Nesse cenário, a linguagem adaptável – informal, quando necessário – do hipotético "terapeuta de rua" seria adequada para uma construção de ação social e política na leitura da realidade[31] encontrada tanto nas interações face a face quanto na produção mediada de representações.

A compreensão de muitas manifestações do racismo na forma de microagressões em práticas cotidianas é especialmente difícil quando se trata de tecnologias algorítmicas de comunicação, que trazem novas camadas de opacidade em seu funcionamento. Se a tecnologia é erroneamente enquadrada e percebida como neutra, a tal equívoco se soma a negação do racismo como fundante de relações e hierarquias sociais em países como o Brasil.

Dessa forma, uma carga extra de dificuldade se apresenta a vítimas de microagressões, que precisam lidar com a ausência de "recursos epistêmicos compartilhados que poda a habilidade, por parte do agredido, de gerar reinvindicações de conhecimento sobre sua experiência da microagressão"[32] a outras pessoas. Reflexão e taxonomias sobre microagressões, dentro das gradações cambiantes de manifestações do racismo, podem, então, ajudar populações racializadas "a 'nomear suas dores', como Paulo Freire descreve, e engajar-se em estratégias antiopressivas pela libertação"[33].

Microagressões no racismo algorítmico

É necessário observar que a relação entre componentes da estrutura técnica e a interface com as modalidades específicas de microagressões, discriminação racial e crimes de ódio não é apenas uma questão unidirecional. A estrutura técnico-algorítmica pode facilitar manifestações de racismo, mas, ao mesmo tempo, as manifestações de racismo são fonte e conteúdo para aspectos da estrutura técnica. O volume de debate e de controvérsias sobre uma questão racial gera resultados em métricas de comunicação que são frequentemente transformadas em faturamento para as plataformas, incluindo a circulação de conteúdo inequivocamente racista e discurso de ódio – desde que gere engajamento.

O conceito de microagressões e a consequente classificação exploratória de casos documentados podem trazer avanços à pesquisa sobre racismo *online*, especialmente se forem contemplados alguns objetivos: permitir que os indivíduos realizem a própria construção de taxonomia como exercício reflexivo; servir como ferramenta mediadora para debates e exposição de casos; e permitir desenvolver categorias para articulação com outros campos e disciplinas.

A Figura 1 é uma tradução da sistematização de Brendesha Tynes e colaboradores sobre a relação entre o que eles enquadram como microagressões raciais *online*, discriminação racial *online* e crimes de ódio. Se estas duas últimas categorias são mais cobertas pela literatura acadêmica sobre racismo *online*, o mesmo ainda não acontece com microagressões de base algorítmica.

FIGURA 1

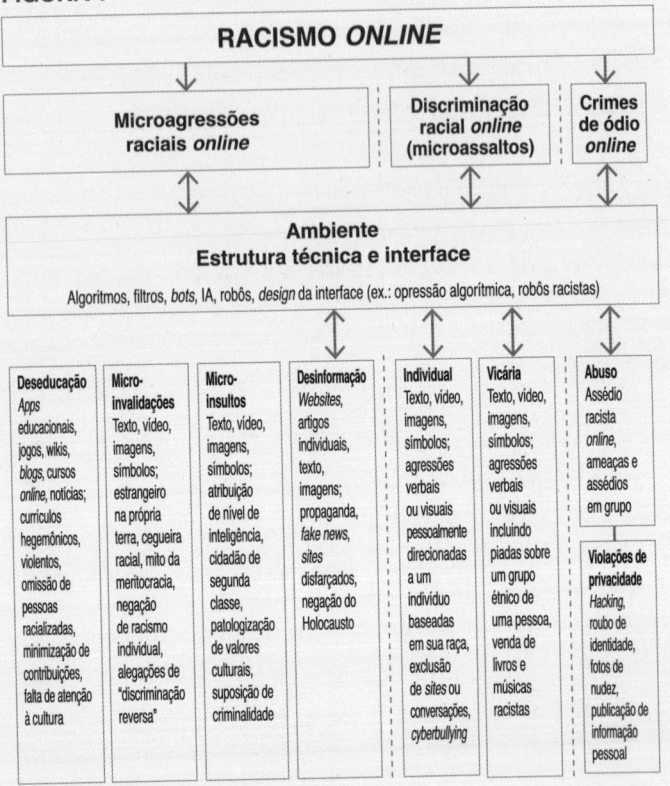

RACISMO ONLINE

- Microagressões raciais online
- Discriminação racial online (microassaltos)
- Crimes de ódio online

Ambiente — Estrutura técnica e interface

Algoritmos, filtros, bots, IA, robôs, design da interface (ex.: opressão algorítmica, robôs racistas)

Deseducação	Micro-invalidações	Micro-insultos	Desinformação	Individual	Vicária	Abuso
Apps educacionais, jogos, wikis, blogs, cursos online, notícias; currículos hegemônicos, violentos, omissão de pessoas racializadas, minimização de contribuições, falta de atenção à cultura	Texto, vídeo, imagens, símbolos; estrangeiro na própria terra, cegueira racial, mito da meritocracia, negação de racismo individual, alegações de "discriminação reversa"	Texto, vídeo, imagens, símbolos; atribuição de nível de inteligência, cidadão de segunda classe, patologização de valores culturais, suposição de criminalidade	Websites, artigos individuais, texto, imagens; propaganda, fake news, sites disfarçados, negação do Holocausto	Texto, vídeo, imagens, símbolos; agressões verbais ou visuais pessoalmente direcionadas a um indivíduo baseadas em sua raça, exclusão de sites ou conversações, cyberbullying	Texto, vídeo, imagens, símbolos; agressões verbais ou visuais incluindo piadas sobre um grupo étnico de uma pessoa, venda de livros e músicas racistas	Assédio racista online, ameaças e assédios em grupo
						Violações de privacidade Hacking, roubo de identidade, fotos de nudez, publicação de informação pessoal

Taxonomia do racismo *online*.[34]

Essa sistematização apresenta o racismo *online*, quando este se mostra por meio de microagressões, em quatro tipos: microinsultos, microinvalidações, deseducação e desinformação. As duas últimas categorias são hipertrofiadas com a internet e as mídias sociais, graças à abundância de informação e à erosão dos mecanismos de identificação de autoridade e especialidade dos emissores.

Vamos às categorias: *microinsultos* são "observações ou comentários comportamentais/verbais que transmitem grosseria, insensibilidade e rebaixam a herança racial ou identidade"[35] de uma pessoa. *Microinvalidações* são "afirmações verbais que negam, anulam ou minam as realidades dos membros de grupos-alvo"[36]. No Brasil, a própria hegemonia da interpretação sobre a sociedade desenvolveu e ainda defende a elaboradíssima ficção sobre "democracia racial", como um grande esforço de racismo científico para negar as controvérsias. Segundo Lélia Gonzalez, a isso se soma a "ideologia do branqueamento que, colonizadamente, nos quer fazer crer que somos um país racialmente branco e culturalmente ocidental, europocêntrico"[37].

A cada caso midiatizado de racismo, os microinsultos e as microinvalidações são armas distribuídas na manutenção do racismo por meio da reação a denúncias de racismo em termos derrogatórios como "identitarismo" ou "mimimi", ao mesmo tempo que se nega a realidade social do racismo ao se alegar contextualmente "que não há racismo no Brasil, pois somos todos mestiços".

Brendesha Tynes e colaboradores enfatizam a necessidade de que se incluam outras duas categorias, especialmente úteis para o estudo das manifestações automatizadas: *deseducação* e *desinformação*. Definem *deseducação* como "criação de materiais *online* de aprendizados que na maioria dos casos não intencionalmente degradam ou omitem pessoas não brancas"[38]. Apesar de as autoras tratarem sobretudo de materiais pedagógicos nos espaços formais de educação, listam também ambientes e recursos digitais como *sites*, livros digitais e *blogs*.

A *desinformação* pode ser de dois tipos, deliberada ou não deliberada. Esta última, não deliberada, se refere ao ato de desinformar, intencionalmente ou não, que tem origem no fato de o emissor da mensagem estar também desinformado, baseado em informação incorreta ou errônea. Já desinformação deliberada ocorre no ato de gerar ou repassar informação falsa com a intenção de gerar mais desinformação nos receptores. Entretanto, como a intencionalidade dos atores é difícil de ser comprovada – sendo muitas vezes distribuída em plataformas e algoritmos –, faz-se necessário reforçar o olhar sobre impactos e efeitos para além de intenção.

É importante reforçar que o uso do termo "micro" não se refere ao grau de violência, mas sim à pervasividade e ao fato de que "a agressão incide em um nível individual e/ou local, ou mesmo em situações 'privadas' ou limitadas, que permitem certo grau de anonimato por parte do agressor"[39], ou ainda permitem evasão por meio de disputa sobre intencionalidade ou modalidade (o famoso "era só uma piada").

Tais categorias de microagressões são frequentes em diversas modalidades de comunicação, transformadas em manifestações algorítmicas de racismo que podem afetar os usuários de plataformas de maneira individual ou vicária. A Tabela 1 lista alguns tipos de manifestação de racismo algorítmico registrados nos últimos anos.

TABELA 1

Tipos de microagressões	Manifestações de microagressões algorítmicas
Microinsultos	• Hipersexualização de crianças e mulheres negras como resultado de buscas não pornográficas; • Plataforma permite entregar anúncios sobre crime especificamente a afro-americanos; • Aplicativo de "embelezamento" ou "envelhecimento" de *selfies* embranquece rostos de usuários; • Análise facial de emoções associa categorias negativas a pessoas negras.
Microinvalidações	• Recomendação de conteúdo esconde manifestações; • Sistemas de reconhecimento facial não encontram faces de pessoas negras; • Visão computacional etiqueta incorretamente imagens de mulheres negras; • Mecanismos de busca de imagens só mostram pessoas não brancas quando o qualificador racial é incluso.
Deseducação	• Função "autocompletar" de mecanismos de busca sugere factoides racistas; • Sistema biblioteconômico de exploração de tópicos enviesa conteúdos sobre escravidão; • *Chatbots* questionam a existência do Holocausto judaico.
Desinformação	• Conteúdo sobre manifestações antirracistas é soterrado pelo algoritmo de recomendação; • Sistema de processamento de linguagem natural completa frases sobre árabes com descrições de violência; • Vídeos com desinformação baseada em racismo recebem mais engajamento pelo tom extremista.

Com a popularização do conceito de microagressões nos campos da psicologia social e da educação, diversos estudos empíricos levantaram relatos de microagressões nos contextos interpessoais e laborais, descobrindo alguns padrões nesse tipo de ataque racista nos contextos estadunidense e brasileiro, com algumas particularidades nos casos de racismo antinegro[40], antiasiático[41] ou anti-indígena[42]. Especificamente sobre microagressões racistas contra afrodescendentes, algumas especificidades são comuns e se reproduzem *online*:

> *Suposição de criminalidade.* No caso das populações brasileiras, esta é uma das microagressões mais pervasivas. Trata da suposição de que uma pessoa racializada tem mais chance de ser "perigosa, criminosa ou desviante, com base em sua raça"[43], e suas manifestações presenciais são bem conhecidas pela população negra. Por exemplo, a excessiva vigilância em um estabelecimento comercial é uma queixa frequente, mas sujeita a fácil negação da intencionalidade, só gerando algum tipo de censura aos perpetradores em casos críticos.
>
> *Negação de realidades raciais / democracia racial.* Outro tipo comum de microagressão é a negação de realidades raciais ou, no contexto brasileiro, a defesa da equivocada ideia de "democracia racial" que influenciou a sociologia e o discurso popular brasileiro no último século e se alastra em outros países da diáspora africana, como os Estados Unidos[44]. Essa ideologia é usada para promover tanto a negação de atitudes racistas –

pois o perpetrador "não veria cor" – quanto para deslegitimar produção de conhecimento – seja científico ou vernacular – por parte de pensadores, pesquisadores e ativistas negros. Ao discutir genocídio epistemológico, Abdias Nascimento apontou que o negro brasileiro, embora "seja discriminado exatamente por causa de sua condição racial e da cor, negam a ele, com fundamentos na lei, o direito legal da autodefesa"[45].

Suposição de inferioridade intelectual. Este tipo de microagressão é especialmente presente no contexto educacional, em que a distribuição de oportunidades, reprimendas ou atenção por agentes educacionais não é igualitária. Na prática, é notado em situações como: a suposição de que indivíduos racializados estariam em universidades ou organizações, por exemplo, apenas devido a políticas afirmativas[46]; "surpresa" com a eloquência ou intelectualidade dos grupos minorizados; ou, ainda, o reforço de estereótipos hierarquizantes, como a noção de "minoria modelo" para pessoas de origem asiática.

Patologização de valores culturais. Esta distorção foi comum na história da marginalização de culturas e religiões africanas e afro-brasileiras. Nascimento revisou as leituras patologizantes sobre o candomblé na ciência social brasileira, percebendo que "as concepções metafísicas da África, seus sistemas filosóficos, a estrutura de seus rituais e liturgias religiosos, nunca merecem o devido respeito e consideração como valores constitutivos da identidade do espírito nacional"[47]. Chegava-se ao cúmulo de usar referencial psiquiátrico para tratar das manifestações da religião afro-brasileira. No cotidiano, microagressões de fundo patologizante são aquelas que atribuem leituras prévias a manifestações culturais de determinados grupos raciais ou indivíduos, ignorando o contexto ou autonomia intelectual dos sujeitos.

Exotização. A patologização conecta-se com a exotização das populações racializadas, sobretudo nas opressões interseccionais. A exotização de mulheres racializadas soma-se à misoginia e leva a mensagens e associações com a hipersexualização.

Estrangeiro na própria terra / negação de cidadania. No caso de grupos minorizados, alguns são enquadrados por discursos discriminatórios, como se não fossem efetivamente do local – como acontece até com os povos indígenas e originários em países da América. Essa negação de cidadania é frequente também em ambientes de consumo, onde o grupo hegemônico recebe tratamento preferencial.

Exclusão ou isolamento. Por fim, podemos citar comportamentos que geram exclusão ou isolamento dos indivíduos racializados, de modo que eles não se sintam pertencentes a um determinado grupo nas relações interpessoais, educacionais ou laborais.

Esses tipos de microagressões se transformam no ambiente digital, sendo reproduzidos de forma algorítmica em bases de dados, interfaces e dinâmicas de recomendação de conteúdo, personalização e interação automatizada.

Categorias, interfaces e mídia

Uma solução frequente – e ineficaz – oferecida por tecnologistas para combater a discriminação algorítmica é a exclusão de categorias consideradas sensíveis nas interfaces e nas bases de dados de treinamento. O argumento é que bases de dados sem a inclusão de variáveis como raça, gênero, sexualidade e marcadores sensíveis de diferença não poderiam discriminar membros desses grupos. Mas há desvios e estratégias possíveis, desde o uso de técnicas mais diretas de engenharia social até técnicas algorítmicas.

Um exemplo interessante, que demonstra um entendimento racial e cultural de seus perpetradores, foi descoberto por Latanya Sweeney em sua investigação sobre anúncios em mecanismos de buscas[48]. Plataformas como Google permitem oferecer anúncios customizados a partir do direcionamento para as palavras-chave usadas pelas pessoas comuns em suas buscas de informação. Algumas táticas inteligentes e preditivas são bastante óbvias, como direcionar anúncios de produtos para bebê a pessoas que busquem por termos como "sintomas de gravidez".

Mas a inventividade discriminatória usou buscas por nome, como a "busca de ego" (quando alguém busca pelo próprio nome) para mirar em pessoas negras. Sweeney descobriu que anúncios de serviços ligados a criminalização, como levantamento de fichas criminais ou remoção de fotos de prisão, foram sistematicamente mais oferecidas em buscas por nomes tipicamente afro-americanos como Aaliyah, Darnell, Malik e outros. O serviço de anúncios no Google não oferece a filtragem por atribuição de raça, mas, como buscar o próprio nome é uma prática comum, anunciantes se aproveitaram das enormes e injustas taxas de criminalização de afro-americanos para rentabilizar seus medos em um Estado carcerário.

Esse exemplo foi uma inteligente e cruel instância de engenharia social para segmentar anúncios por raça, mas a complexidade das correlações de variáveis nos sistemas baseados em *big data* apresenta possibilidades mais sutis e difíceis de serem identificadas e combatidas.

Um caso relevante foi reportado na plataforma de anúncios do Facebook. Em 2016, a agência investigativa *ProPublica* descobriu que o serviço de publicidade segmentada da plataforma permitia excluir do direcionamento dos anúncios grupos como afro-americanos, asiáticos e latinos. A opção para excluir categorias como "caucasianos", "euro-americanos", "brancos" ou similares, porém, não existia.

A questão já seria chocante mesmo se não houvesse o instrumento legal que proíbe tais práticas de segmentação racial nos Estados Unidos em segmentos como crédito, emprego e habitação. A lei Fair Housing Act, especificamente, foi aprovada em 1968 para coibir rentistas e corretores imobiliários brancos de impedir minorias de acessar bons apartamentos em bairros de classe média. A lei também proíbe a produção, impressão e/ou publicação (ou a contratação desses serviços) de qualquer tipo de anúncio ou publicidade que indique preferência, discriminação ou restrição baseada em raça, cor, religião, sexo, deficiência, nacionalidade ou tipo de família. As opções oferecidas pelo serviço do Facebook iam radicalmente contra a lei, permitindo a exclusão não só por raça, religião e gênero, mas também por outras variáveis como tipo de família, permitindo excluir anúncios para "Mães de crianças em idade escolar". No caso de raça, a elaboração algorítmica do aprendizado de máquina permitia evadir a proibição discursivamente: argumentaram que não era categoria de grupo "racial", mas sim categoria de "afinidade multicultural"[49].

Essa categoria foi proposta como algo construído a partir das preferências dos usuários. Ao consumir referências culturais ligadas àquele grupo, uma pessoa poderia estar enquadrada em categoria de "afinidade", mesmo que não pertença àquele grupo étnico-racial. Porém, um controverso estudo de Michal Kosinski e colaboradores havia provado, em 2013, que seria possível identificar o grupo étnico-racial de um indivíduo somente com base em seus *likes*, com índice de 95% de acerto[50]. Táticas desse estudo foram transformadas em operações de segmentação psicográfica em diversas eleições nos anos seguintes, por empresas como a malfadada Cambridge Analytica, e com anuência do Facebook.

Entre o uso de nomes afro-americanos para a segmentação e o desenvolvimento de categorias de "afinidade étnica" para promover comunicação racista nas mídias sociais, temos um salto na capacidade desses mecanismos de tornar invisíveis essas práticas. Respaldado pelo recurso legal-discursivo, o Facebook negou que seu serviço promovesse discriminação e afirmou que iria rever suas práticas, mas manteve a opção durante anos[51]. Nos milhões de exibições de anúncios com o objetivo de excluir determinadas categorias populacionais, não é necessária uma sobreposição exata com os conceitos de grupos raciais vigentes, mas a lógica do excesso do *big data* permite que a discriminação alcance o objetivo com aproximações indutivas.

Moderação entre humanos e inteligência artificial

"Cace-os, identifique-os e mate-os. Mate a todos. Pelo amor do que é bom e correto. Mate a todos." O deputado estadunidense Clay Higgins publicou no Facebook esse texto, em que pedia a morte de "muçulmanos radicalizados" depois de um ataque terrorista em Londres. Apesar das denúncias, o texto permaneceu no ar.

Pouco antes, uma ativista do Black Lives Matter chamada Didi Delgado falou sobre racismo estrutural nos seguintes termos: "Todas as pessoas brancas são racistas. Comece desse ponto de partida ou você já falhou". O *post* foi deletado e seu perfil foi suspenso por sete dias.

A frequente inconsistência da moderação em casos como esses parte do enquadramento que o negócio da plataforma imprime às práticas humanas e automatizadas de moderação de conteúdo. Após vazamento de documentos internos, foi descoberta parte da metodologia de treinamento de moderadores humanos que orienta a apagar *posts* para proteger de ofensas a categoria "homens brancos" enquanto não protegeria "mulheres motoristas" ou "crianças negras"[52].

Nos casos mencionados, o texto violento do deputado republicano foi defendido por atacar um "subconjunto" demográfico ("muçulmanos radicalizados"), em contraste a brancos em geral, no segundo caso. A aplicação dessa lógica ignora completamente tanto as relações de poder racializadas nos países onde o Facebook atua quanto o histórico das pesquisas internacionais que mostram o direcionamento da violência *online* contra categorias de grupos que fogem dos padrões eurocêntricos e patriarcais do Vale do Silício.

O mesmo documento continha orientações para excluir conteúdo que sugira o uso de "violência para resistir à ocupação de um Estado reconhecido internacionalmente", usado com frequência para apagar textos de ativistas e jornalistas em territórios em disputa, como a Palestina.

Mediação

Com a popularização da internet, moderar conteúdos em ambientes *online* tornou-se rapidamente um desafio. Padrões internacionais de liberdade de expressão têm sido discutidos e implementados em jurisdições locais em torno de conteúdos sensíveis ou nocivos, a depender de cada cultura ou modelo de negócio, a exemplo de tópicos como nudez, pornografia, violência explícita, discurso de ódio, infração de direitos autorais, pedofilia ou abuso infantil. Referências de "Termos de uso" e "Regras da comunidade" permitem estabelecer para os usuários, em alguma medida, o que é e o que não é aceito. Porém, tal dispositivo não impede a circulação de conteúdo visto como nocivo – ou a operacionalização da moderação de forma estratégica por grupos em conflito. Para dar conta desse desafio, dois dos caminhos para lidar com a moderação de conteúdos considerados inadequados têm se transformado ao longo das últimas décadas: as denúncias da comunidade e a moderação automatizada.

Moderar a partir de denúncias pela comunidade (*community flagging*) significa analisar apenas os conteúdos apontados como problemáticos por um ou mais usuários.

À medida que os usuários marcam para a plataforma os conteúdos que infringiriam alguma regra, tais conteúdos entram em filas de moderação por humanos treinados para a tarefa. Em algumas plataformas, uma decisão é tomada após segundos ou horas, a depender do ambiente e da categoria de conteúdo proibido infringida, de forma variada. Em alguns casos, se um número muito grande de reclamações é feito em um pequeno espaço de tempo, a plataforma tira automaticamente o conteúdo do ar para que passe pela revisão humana. O volume repentino de denúncias em um conteúdo poderia ser o indicador de algo inequivocamente nocivo – por exemplo, uma fotografia de abuso sexual infantil.

Entretanto, a lógica da inteligência das massas para esse processo *crowdsourced* abriu possibilidades para inúmeros casos de ataques coordenados contra conteúdos legítimos. Alguns se inspiraram nas já tradicionais táticas de DDoS (ataque de negação de serviço), que consistem em sobrecarregar um *site* ou servidor com requisições por navegadores ou *bots*, para que seja tirado do ar. Um caso que ganhou notoriedade foi a Operation Smackdown, nome dado por um grupo de estadunidenses que se organizavam coletivamente para reportar conteúdos de jihadistas, atacando tanto vídeos explicitamente violentos no contexto de guerra até categorias mais difusas como "propaganda"[53].

Muito do que sabemos sobre as práticas de moderação de conteúdo nas plataformas de mídias sociais é fruto de vazamentos para a imprensa. Além do caso já citado, realizado para a *ProPublica*, outros dois exemplos de impacto foram expostos no *The Guardian*[54] e no *The New York Times*[55]. Tais vazamentos geralmente são realizados por funcionários das empresas consternados com o poder das plataformas, como um funcionário que vazou 1,4 mil páginas de documentos que o Facebook usa para orientar operadores de moderação, pois "teme que a empresa esteja exercendo muito poder, com muito pouca supervisão – e cometendo muitos erros"[56].

O próprio trabalho árduo de moderação de bilhões de unidades de conteúdo é distribuído geográfica e racialmente no mundo. Enquanto profissionais nos centros de poder da tecnologia, como Vale do Silício, definem as regras de moderação objetivando a lucratividade e a fuga de implicações legais, são profissionais precarizados de países do Sul global que efetivamente veem os conteúdos violentos e perturbadores.

Plataformas do Vale do Silício terceirizam o trabalho de moderação para empresas localizadas em países como Índia, Filipinas e Marrocos, onde a regulação trabalhista é mínima e mesmo a população poliglota com literacia digital para executar o trabalho recebe valores pífios se comparados ao que recebem profissionais de nível similar nos Estados Unidos ou na Europa. Há relatos de acordos que assinalam o pagamento de 0,0025 de dólar por imagem analisada, o que significa um centavo de dólar a cada quatro imagens, frequentemente perturbadoras. O número total de moderadores terceirizados não é plenamente conhecido, mas chega a dezenas de milhares em plataformas como o Facebook.

O *lobby* legislativo de plataformas nos Estados Unidos e nos países onde atuam consegue manter a edição e moderação dos conteúdos em níveis impressionantes de discricionaridade em vista dos escândalos políticos e da promoção da violência descobertos nos últimos anos.

Quanto à moderação, a tentativa de identificar os níveis de acerto e precisão das decisões das plataformas torna-se então tarefa de pesquisadores e ativistas em projetos de pequena escala – ainda que tragam dados contundentes. Um estudo comparou dois períodos separados por uma declaração pública do Facebook sobre o reforço de políticas de combate ao discurso de ódio. Foram analisadas centenas de denúncias relativas à violência de gênero, racial, religiosa ou capacitista e foi possível observar alguma melhora na remoção de discurso de ódio baseado em orientação sexual e misoginia, mas o contrário aconteceu quanto a racismo. A remoção de discurso de ódio racista diminuiu, com 45,4% das denúncias ignoradas[57].

Alegando melhorar índices como esses, mas também motivadas pela chance de enxugar as equipes de moderação, as plataformas têm experimentado a remoção automatizada de conteúdo baseada em processamento de linguagem natural e visão computacional. A adoção de regras desenvolvidas por especialistas nas temáticas como discurso de ódio, conflitos e violência sexual se soma ao aprendizado de máquina sobre os milhões de decisões anteriores consideradas adequadas.

Mesmo antes da implementação e dos testes dos sistemas de moderação automatizada, algumas definições político-econômicas dos gestores das plataformas parecem estar no caminho dessa busca por delegar responsabilidade a algoritmos.

O que faria o Twitter se um sistema interno para banir discurso neonazista por intermédio de algoritmos acabasse por impactar contas de políticos do Partido Republicano nos Estados Unidos? Segundo um funcionário da empresa, tal debate interno ocorreu. Foi desenvolvido um sistema algorítmico para impedir discurso neonazista com nível de rigor similar ao adotado contra grupos terroristas do Estado Islâmico. A aplicação ao grupo terrorista do Oriente Médio eventualmente tem como efeito colateral errar em contas legítimas, de conteúdo legítimo sobre o tema, como em contas de jornalistas que tuitam em árabe. Já o efeito colateral de potencialmente ocultar tuítes de políticos filiados à supremacia branca norte-americana foi considerado alto demais. Os jornalistas consultaram YouTube e Facebook sobre suas posições quanto a banir algoritmicamente conteúdo nazista ou supremacista branco. Nenhuma das plataformas se comprometeu com isso[58].

Com frequência, a definição de discurso violento é condescendente com grupos extremistas que navegam pelos ambientes de poder nos Estados Unidos. David Duke, o antigo líder da KKK já citado neste capítulo, ficou 11 anos ativo no Twitter: apenas em julho de 2020 a plataforma suspendeu indefinidamente a conta por episódios repetidos de discurso de ódio[59].

Hoje, centenas de cientistas de diversas áreas trabalham continuamente na otimização da plataforma em busca de seus objetivos de negócio. Com uma capacidade ímpar de analisar a realidade social e mercadológica de forma privada, as plataformas contratam pesquisadores formados pelas melhores universidades para realizar estudos aplicados sobre seus dados. Foi o caso de pesquisadores que, em anonimato, vazaram para a imprensa haverem descoberto que o sistema automatizado de remoção de contas e restrição de conteúdo no Instagram penalizava erroneamente negros americanos em até 50% acima da média da população[60]. Casos aparentemente isolados já eram reportados, mas o vazamento promovido por esses pesquisadores confirmou a estratégia. Entretanto, a decisão do grupo Facebook, que controla também o Instagram, foi não agir sobre a questão e impedir que os pesquisadores internos continuassem com o estudo. O mesmo procedimento foi adotado em relação a dados internos que teriam mostrado o aumento da polarização e do extremismo político[61].

As plataformas reforçam discursiva e legalmente a opacidade e a evasão de responsabilidade para se protegerem também da percepção pública sobre o volume de comportamentos nocivos que processam a cada dia. Na observação de Tarleton Gillespie, "a opacidade esconde não apenas o fato da seleção, mas também os valores que motivam tal seleção, incluindo a palatabilidade do conteúdo para uma audiência imaginada e o potencial para sua comercialização e viralidade, de um lado, e a probabilidade de causar ofensas e danos à marca, de outro"[62].

Casos como esses fazem parte das problemáticas em torno dos modos pelos quais as plataformas recebem poder discricionário para modelar a esfera pública global, decidindo o que deve e o que não deve ser visibilizado, impulsionado, escondido ou banido. Os mecanismos de ordenação da esfera pública pelas plataformas não podem ser escondidos por "plutocratas mais interessados em armazenar dados e no avanço das tecnologias de inteligência artificial do que em instituições democráticas básicas e da sociedade civil que os sustentam"[63].

No entanto, para além das incidências político-raciais nas decisões sobre como e quando aplicar a moderação automatizada, os modelos pelos quais os próprios sistemas de moderação são desenvolvidos também são altamente questionáveis. Um caso contundente foi descrito em estudos focais que analisaram alguns sistemas como o Google Perspective, modelo de processamento de linguagem natural. Em uma exploração do recurso, pesquisadores descobriram que a aplicação dos protocolos de moderação de texto poderia, paradoxalmente, punir mais afro-americanos. Termos específicos, frequentes no chamado *Afro-American Vernacular English* (inglês afro-americano vernacular), tais como algumas colocações frasais, coloquialidades e gírias, seriam considerados como ofensas. Uma mesma frase, considerada normal quando dita por um homem branco, pode ser contextualmente considerada ofensiva ou irônica quando dita por um homem negro, a depender do contexto[64]. Considerar apenas um ponto de vista para a interpretação – e sempre o ponto de vista hegemônico – esconde e pune algoritmicamente outras realidades.

Tal problemática nos lembra de que existem "limitações fundamentais que podem ser impossíveis de superar: a falta de contexto, as táticas evasivas dos usuários e a natureza fluida da ofensa"[65]. Entretanto, outro estudo sobre o mesmo sistema – que já estava implementado e vinha sendo vendido como serviço para empresas de tecnologia – mostra como potenciais incidências discriminatórias dos sistemas são ignoradas. Para identificação e filtragem de postagens com texto vulgar ou ofensivo, o serviço oferece um índice de "toxicidade": trata-se de uma métrica sobre o quanto uma frase ou trecho possui conteúdo nocivo. Foi descoberto que o filtro marcaria com um índice de 20% de chance de "toxicidade" uma frase como "eu sou um homem", com 77% a frase "eu sou um homem branco gay", com 80% de toxicidade a frase "eu sou um homem negro" e com 87% de toxicidade a frase "eu sou uma mulher negra gay"[66]. Ocorrências como essas nos lembram de como os potenciais de racismo das tecnologias de comunicação também estão relacionados a quais tipos e grupos de pessoas são considerados audiências e usuários almejados, aqueles que serão lembrados e respeitados no desenvolvimento e na venda de serviços digitais.

Ordenação e recomendação de conteúdo

As práticas de moderação tratam de controvérsias sobre conteúdo considerado nocivo, ainda que com gradações de discordância pública. Porém, algo diferente acontece com os algoritmos de ordenação e recomendação customizada de conteúdo.

Os algoritmos ganharam seu lugar no discurso popular graças justamente ao chamado "*feed* de notícias" do Facebook. A presença de um "fluxo de conteúdo" (*stream-based updates*) em linhas do tempo ou *feeds* virou uma característica definidora das mídias sociais, tanto quanto os perfis pessoais e conexões em rede[67]. Para gerenciar o excesso de informação produzida e otimizar métricas de negócio, como tempo médio por usuário e visitas a anunciantes, as plataformas passaram a organizar a entrega dos conteúdos de forma algorítmica, realizando organização preditiva sobre o interesse individual de cada usuário. Tal personalização da experiência leva em conta inúmeros dados sobre o perfil dos indivíduos, seu histórico de uso, além de diferenças e similaridades com outros usuários para supostamente entregar o que o usuário gostaria de ver e consumir.

Nas relações entre os diferentes tipos de atores nas plataformas, isso logo se tornou objeto de controvérsia. Empresas, sobretudo as de pequeno porte, começaram a sentir impactos do algoritmo na flutuação – geralmente para baixo – da entrega de conteúdos a seus fãs e seguidores. Willian Araújo chama as relações entre produtores de conteúdo e sistemas de classificação dos *feeds* de notícias das plataformas de "norma algorítmica": trata-se de uma série de ações, comportamentos e tentativas de adequação, adaptação ou "enganação" do algoritmo para tentar extrair o máximo de visibilidade da plataforma e de suas regras impositivas[68].

Dessa forma, algoritmos de recomendação de conteúdo deveriam ser vistos como mecanismos de seleção editorial; suas plataformas, portanto, deveriam ser consideradas empresas de mídia e reguladas como tal. É o que defendem pesquisadores como Philip Napoli e Robyn Caplan ao analisar o oligopólio de empresas responsáveis pelas redes de plataformas de Facebook, Alphabet (Google) e Microsoft. Essas empresas conseguiram estabelecer, junto à opinião pública, seus produtos como tecnologias e interfaces supostamente neutras, o que lhes permite "contornar os quadros regulatórios e legais que poderiam ter inibido suas rápidas expansões e/ou imposto mais responsabilidades legais e/ou custos de responsabilidade pelo caminho"[69].

Assim, esses meios de comunicação são descritos de forma evasiva pelas empresas de *big tech*, que se autodenominam apenas como "tecnologia neutra". As lógicas e pesos dos algoritmos de hierarquização, visibilização e invisibilização de mensagens e conteúdo não são explicadas, apesar de seu impacto. Tampouco são relatadas quais decisões são diretamente tomadas por gerentes humanos ou quais são delegadas às cadeias algorítmicas. Apesar disso, *hashtags*, *trending topics* ou assuntos em destaque exibidos pelas plataformas dão mais visibilidade aos temas e viram pauta em outros grupos de comunicação, em outros meios, como jornais e a imprensa televisiva.

O que seria um tema de interesse público a ponto de aparecer em destaque no Facebook? Durante a onda de protestos de 2014 contra a violência policial nos Estados Unidos, alguns pesquisadores e ativistas viram um abismo entre as publicações em destaque no Twitter e no Facebook[70]. Enquanto no Twitter, na época ainda com pouca intrusão algorítmica na linha do tempo, *hashtags* como #BlackLivesMatter e nomes das cidades envolvidas, como Ferguson, dominavam o debate público *online*, o tema quase não aparecia no *feed* de notícias do Facebook e estava ausente do espaço "Top Trends" que exibia termos-chave sobre eventos em discussão massiva. Por meio de ação computacional, o Facebook poderia "decidir" que aquelas conversas, protestos e controvérsias não eram de interesse público?

Isso nos leva a retomar a questão da liberdade de expressão, um valor frequentemente considerado uma fortaleza da internet. Se, por um lado, a lógica das redes digitais distribuídas e da *web* permitiu que cada vez mais pessoas pudessem compartilhar suas ideias, conteúdos e opiniões, por outro, a capacidade de acessá-los de forma livre e autônoma não teve a atenção e a transparência necessárias. Refletindo sobre o impacto dos algoritmos na democracia, Sergio Amadeu da Silveira propõe que atentemos para a liberdade de visualização, tão importante quanto a liberdade de expressão: "Todas as pessoas têm o direito de ver, ler e ouvir conteúdos políticos sem que sejam filtrados por algoritmos cujos critérios e parâmetros de operação são ocultados ou ofuscados pelas plataformas onde ocorrem os debates públicos"[71].

A capacidade das plataformas de mídias sociais de pautar a conversação pública evoca duas problemáticas essenciais nas teorias da comunicação, sobre a existência e sobre os níveis de manipulação midiática a partir da década 1960. A teoria do agendamento permitiu que cientistas pensassem se, e até que ponto, os meios de comunicação de massa direcionavam a atenção dos cidadãos para alguns temas ou aspectos da realidade. A teoria da espiral do silêncio, por sua vez, buscou entender como os meios de comunicação podiam esconder ou camuflar alguns temas ou opiniões sobre determinadas controvérsias em benefícios de outros. Milhares de trabalhos empíricos foram realizados a partir de estudos do conteúdo – e suas características – oferecido pelos meios de comunicação de massa em comparação com indicadores de efeitos nas audiências.

Os usuários afrodescendentes dessas plataformas se depararam com a incongruência na cobertura e na citação dos temas que os afetam. A maioria dos usuários das mídias sociais as utiliza para se informar sobre notícias e fatos em circulação pública e, como vimos, "uma das principais características das microagressões [...] é o fato de sua aparente 'invisibilidade', principalmente contidas em expressões não intencionais de preconceito"[72]. Afinal, como o assassinato impune de jovens e as manifestações decorrentes disso poderiam não ser "relevantes" na principal plataforma da internet?

É importante analisar com atenção um cenário em que toda a experiência digital nas plataformas é customizada individualmente em ambientes abundantes de informação. A opacidade da construção algorítmica e a individualização das experiências atomizam os cidadãos e geram barreiras adicionais à crítica e ao diagnóstico dessa modulação. Técnicas de auditoria algorítmica são desenvolvidas em constante jogo de "gato e rato" para contornar essas complexidades. Frank Pasquale denunciou a recorrente dinâmica de defesa das corporações detentoras das plataformas: "uma entidade ou grupo contesta publicamente as práticas de uma empresa, esta alega que seus críticos não entendem o funcionamento dos seus algoritmos para classificação e ranqueamento do conteúdo e os espectadores confusos acompanham versões opostas dos fatos pela imprensa"[73]. Apesar dessa "cortina de fumaça", são numerosas as evidências em casos documentados sobre os modos pelos quais as plataformas obtêm lucro – através de consumo, visitas, engajamento e outras métricas –, por exemplo, com a violência.

Se extremismo gera engajamento de espectadores e o sistema algorítmico faz ajustes na recomendação de conteúdo para manter o usuário no serviço, a tendência é que tal usuário consuma mais e mais conteúdos extremistas. Um estudo de Bernhard Rieder e colaboradores mostrou que as redes de recomendação entre vídeos no YouTube e as flutuações nos *rankings* de visibilidade em espaços como a busca interna da plataforma favorecem muito o que descreveu como "exploradores de nicho altamente ativos para ganhar níveis excepcionais de visibilidade. Aproveitando-se de controvérsias e audiências legais, esses canais consistentemente apareceram nas posições de destaque"[74].

Há anos, a radicalização crescente do usuário por meio de recomendação de conteúdo cada vez mais extremo e "inflamatório" é reportada por ex-funcionários que vazam informações e por estudos de *big data*. O levantamento de Manoel Horta Ribeiro e colaboradores identificou que canais extremistas cresceram consistentemente desde 2015 e que eles promovem a migração não só de visualizações, mas também de comentários dos usuários. Descobriram que "um número significativo de usuários comentadores sistematicamente migra de comentar apenas em conteúdo moderado para comentar em conteúdo mais extremo"[75]. Zeynep Tufekci reflete sobre a necessidade de se questionar como sociedades permitem a concentração financeira em corporações que literalmente lucram com a circulação de ódio:

> Nós estamos testemunhando a exploração computacional de um desejo humano natural: de olhar "atrás da cortina", de se aprofundar em algo que nos engaja de algum modo. Quando clicamos e clicamos, somos levados pela sensação excitante de descobrir mais segredos e verdades mais profundas. YouTube leva usuários pela "toca do coelho" do extremismo, enquanto o Google aumenta a venda de anúncios.[76]

O desejo humano de buscar o chocante frequentemente se associa à filiação a teorias conspiratórias ou à confiança em dados factualmente errados, mas que corroboram o conforto em crenças discriminatórias ou em sistemas de poder e privilégio, como o racismo estrutural. A busca ou visualização de conteúdos com essas motivações pode ter resultados desastrosos em termos coletivos e em manifestações individuais extremas.

O recurso de "autocompletar" no buscador Google é um dos mecanismos de reprodução acrítica de padrões da sociedade. Por meio dele, o buscador oferece sugestões de termos de busca enquanto o usuário ainda está digitando as primeiras letras da primeira palavra. Tais sugestões são produzidas a partir de dados indexados pelo buscador, como o histórico de buscas anteriores em uma determinada região e textos frequentes em páginas da *web* em destaque.

Alimentar retroativamente estereótipos e violência discursiva das maiorias com acesso à internet foi uma consequência óbvia da ferramenta, o que não impediu o buscador de, mesmo sem controle sobre seus impactos, adotar o recurso. Por exemplo: o povo Maori, que vivia há séculos em Aotearoa, território hoje identificado como Nova Zelândia, é hostilizado e discriminado naquele país, inclusive nas manifestações *online*. Representando atualmente 16,5% da população, concentrado no norte do país e com menos acesso à internet, tem de lidar com impactos algorítmicos no buscador. Para um início de busca tão simples como "Maori são", as sugestões em destaque incluem "escória", "estúpidos", "não nativos". Para o início "por que os Maori são", sugestões como "obesos", "tão pobres", "tão preguiçosos" ou "tão violentos"[77].

Em nosso continente, os afro-americanos passam por problemas similares. As ofensas racistas a partir de interfaces como essas são frequentes e geram uma agressão contínua aos grupos minorizados alvos da algoritmização de ofensas, o que tem impactos coletivos em diversas esferas, incluindo na saúde pública. Safiya Noble reportou as sugestões para frases como "por que mulheres negras são" com resultados também ofensivos: "As representações de mulheres são ranqueadas em um mecanismo de busca, de modo que sublinham a histórica e contemporânea falta de *status* das mulheres na sociedade como uma sobreposição da tradição de meios antigos ao desenho dos novos meios"[78].

Se, por um lado, a reprodução de estereótipos criados e mantidos pelas populações hegemônicas se transforma em microagressões algorítmicas contínuas, ofensivas e nocivas a coletividades, por outro, também há incidências individuais extremas de promoção de violência e ódio racial. O terrorista supremacista Dylann Roof assassinou nove pessoas negras em uma igreja em Charleston, em 2015. Já radicalizado pela cultura racista nos Estados Unidos, publicou na internet, antes do ataque, um manifesto com suas ideias perversas e parte de sua trajetória. Uma de suas motivações foi uma reação ao ativismo contra o assassinato de Trayvon Martin, um adolescente morto pela polícia em 2012. Segundo Roof, ele achou inúmeras publicações com dados sobre "crime de negros contra brancos" nos Estados Unidos, um tipo de factoide comum que distorce estatísticas de crimes. Ao buscar o termo "*black on*" no Google, o recurso de autocompletar oferecia em destaque as sugestões "*black on white crime*" (crime de negros contra brancos), "*black on white violence*" (violência de negros contra brancos) e "*black on white racism*" (racismo de negros contra brancos). O primeiro resultado para a primeira busca trazia um *site* do Council of Conservative Citizens, organização supremacista branca, repleto de desinformação.

A jornalista que reportou as conexões digitais na radicalização de Roof evoca especialistas que alegam uma "desconexão entre a missão declarada de uma internet livre e aberta e a realidade dos algoritmos de busca, que incorporaram todos os lamentáveis vieses de qualquer coisa desenhada por humanos"[79]. Mas a questão vai muito além do viés e da precisão dos sistemas.

Em contraste com as cenas de violência policial rotineiras contra afro-americanos, a prisão de Dylann Roof foi realizada de um modo que respeitou os direitos humanos. Foi preso e, corretamente, recebeu um colete à prova de balas enquanto esperava para ser movido. Algumas fotografias da época retornaram às *timelines* em julho de 2020, no ciclo de mobilizações do Black Lives Matter desencadeadas pela morte de George Floyd e a chocante imagem de seu sufocamento. A contraposição das imagens por parte dos usuários de mídias digitais foi realizada por milhares de pessoas, que mostraram a diferença abissal de tratamento dado, de um lado, a um assassino em massa e, de outro, ao suposto portador de uma nota de 20 dólares falsificada.

Podemos nos perguntar também como a cultura algorítmica se alimenta da reprodução das imagens. Até que ponto instituições com histórico racista como a polícia se comprometem com a produção de imagens estereotipadas e controle de representações que oferecem aos grupos hegemônicos, filiados à branquitude, um "salário psicológico"[80] de saber que serão respeitados como humanos mesmo quando cometerem os piores crimes?

1 Disponível em: <http://www.dhnet.org.br/ciber/textos/barlow.htm>, acesso em: jun. 2021.

2 Charlton D. McIlwain, *Black Software: The Internet & Racial Justice, From the AfroNet to Black Lives Matter*, Nova York: Oxford University Press, 2019.

3 Lisa Nakamura, *Digitizing Race: Visual Cultures of the Internet*, Minnesota: University of Minnesota Press, 2008.

4 Parte deste capítulo expande ideias apresentadas no texto "Racismo algorítmico em plataformas digitais: microagressões e discriminação em código", publicado no livro *Comunidades, algoritmos e ativismos digitais: olhares afrodiaspóricos* pela editora LiteraRUA, em 2020.

5 Luiz Valério P. Trindade, *It Is Not That Funny: Critical Analysis of Racial Ideologies Embedded in Racialized Humour Discourses on Social Media in Brazil*, tese de doutorado, University of Southampton, GB, 2018.

6 Laura Guimarães Corrêa *et al.*, "Entre o interacional e o interseccional: contribuições teórico-conceituais das intelectuais negras para pensar a comunicação", *Revista ECO-Pós*, v. 21, n. 3, 2018, pp. 147-69.

7 Leonardo Fraga Cardoso Junior; Kaio Eduardo de Jesus Oliveira; Cristiane de Magalhães Porto, "Memes, racismo e educação, ou por que os memes da Taís Araújo importam", *Periferia*, v. 11, n. 2, 2019, pp. 39-56.

8 Renata Barreto Malta; Laila Thaíse Batista de Oliveira, "Enegrecendo as redes: o ativismo de mulheres negras no espaço virtual", *Revista Gênero*, v. 16, n. 2, 2016.

9 Raquel Recuero, "Discutindo análise de conteúdo como método: o #DiadaConsciênciaNegra no Twitter", *Cadernos de Estudos Linguísticos*, v. 56, n. 2, 2014, p. 307.

10 Maria Aparecida Moura, "Semioses decoloniais: afrofuturismo, performance e o colapso do privilégio branco", *in*: Laura Guimarães Corrêa, *Vozes negras em comunicação: mídias, racismos, resistências*, Belo Horizonte: Autêntica, 2019.

11 Jessie Daniels, *Cyber Racism: White Supremacy Online and the New Attack on Civil Rights*, Lanham: Rowman & Littlefield, 2009, p. 3 (em tradução livre, assim como as demais citações de obras estrangeiras).

12 E. Tendayi Achiume, "The Use of Digital Technologies in the Propagation of Neo-Nazi and Related Ideology", United Nations General Assembly, 2016.

13 Jessie Daniels, "The Algorithmic Rise of the 'Alt-Right'", *Contexts*, v. 17, n. 1, 2018.

14 Paul Gilroy, "Civilizacionismo, a 'alt-right' e o futuro da política antirracista: um informe da Grã-Bretanha", *Eco Pós*, v. 21, n. 3, 2018, pp. 22-3, disponível em: <https://revistaecopos.eco.ufrj.br/eco_pos/issue/view/1174>, acesso em: out. 2021.

15 Deen Freelon, Charlton D. McIlwain, Meredith D. Clark, "Beyond the Hashtags: #Ferguson, #BlackLivesMatter, and the Online Struggle for Offline Justice", relatório do Center for Media & Social Impact, Washington: American University, 2016, p. 79.

16 Ryan J. Gallagher *et al.*, "Divergent Discourse Between Protests and Counter-Protests: #BlackLivesMatter and #AllLivesMatter", *PLOS One*, v. 13, n. 4, 2018.

17 Thiago Domenici; Iuri Barcelos; Bruno Fonseca, "Negros são mais condenados por tráfico e com menos drogas em São Paulo", *Pública*, 6 maio 2019, disponível em: <https://apublica.org/2019/05/negros-sao-mais-condenados-por-trafico-e-com-menos-drogas-em-sao-paulo/>, acesso em: out. 2021.

18 Taís Oliveira; Silvia Dotta; Ramatis Jacino, "Redes de solidariedade e indignação na internet: o caso 'Liberdade para Rafael Braga'", *Anais do 40º Congresso Brasileiro de Ciências da Comunicação*, Curitiba, 2017, p. 12.

19 Marielle Franco, *UPP – A redução da favela a três letras: uma análise da política de segurança pública do estado do Rio de Janeiro*, São Paulo: N-1 Edições, 2018.

20 Taís Oliveira; Dulcilei Lima; Claudio Penteado, "#QuemMandou MatarMarielle: a mobilização *online* um ano após o assassinato de Marielle Franco", *Líbero*, v. 23, n. 45, 2020, p. 125.

21 Luiz Valério P. Trindade, *No Laughing Matter: Race Joking and Resistance in Brazilian Social Media*, Wilmington: Vernon Press, 2020, p. 113.

22 Brendesha M. Tynes *et al.*, "From Racial Microaggressions to Hate Crimes: A Model of Online Racism Based on the Lived Experiences of Adolescents of Color", *in*: Gina C. Torino *et al.* (orgs.), *Microaggression Theory: Influence and Implications*, Hoboken, NJ: John Wiley & Sons, 2019, p. 195.

23 *Back end*: termo usado nos campos de desenvolvimento de tecnologia para descrever processos de suporte e base para um sistema, tais como a programação de mecanismos de gestão de dados.

24 Brendesha M. Tynes *et al.*, *op. cit.*, p. 195.

25 Derald Wing Sue, *Microaggressions in Everyday Life: Race, Gender, and Sexual Orientation*, Hoboken, NJ: John Wiley & Sons, 2010, p. 29.

26 Chester M. Pierce, "Is Bigotry the Basis of the Medical Problems of the Ghetto?", *in*: John C. Norman (org.), *Medicine in the Ghetto*, Nova York: Appleton-Century-Crofts, 1969.

27 *Idem*, "Offensive Mechanisms", *in*: Floyd Barbour (org.), *The Black Seventies*, Nova York: Porter Sargent Publishers, 1970.

28 *Ibidem*, pp. 265-6.

29 Adilson Moreira, *O que é racismo recreativo?*, Belo Horizonte: Letramento, 2019, p. 43.

30 Pablo Moreno F. Viana; Dalila Maria M. Belmiro, "Midiatização do racismo brasileiro: Todecachinho, consumo, cidadania no caso da Youtuber Ana Clara Barbosa", *Revista Ícone*, v. 17, n. 2, 2019, p. 199.

31 Chester M. Pierce, "Offensive Mechanisms", *op. cit.*

32 Saba Fatima, "I Know What Happened to Me: The Epistemic Harms of Microagression", *in*: Lauren Freeman; Jeanine W. Schroer (orgs.), *Microaggressions and Philosophy*, Nova York: Routledge, 2020.

33 Lindsay Huber; Daniel G. Solorzano, "Racial Microaggressions as a Tool for Critical Race Research", *Race Ethnicity and Education*, v. 18, n. 3, 2014, pp. 297-320.

34 Brendesha M. Tynes *et al.*, *op. cit.*, p. 200.

35 Derald Wing Sue, "Racial Microaggressions in Everyday Life: Implications for Clinical Practice", *American Psychologist*, v. 62, n. 4, 2007, p. 278.

36 Kevin Nadal, "A Guide to Responding to Microaggressions", *Cuny Forum*, v. 2, n. 1, 2014, p. 71.

37 Lélia Gonzalez, *Primavera para as rosas negras*, São Paulo: Filhos da África, 2018, p. 181.

38 Brendesha M. Tynes *et al.*, *op. cit.*, p. 201.

39 Guilherme Henrique Gomes Silva; Arthur B. Powell, "Microagressões no ensino superior nas vias da educação matemática", *Revista Latinoamericana de Etnomatemática*, v. 9, n. 3, 2017, p. 46.

40 Derald Wing Sue *et al.*, "Racial Microaggressions Against Black Americans: Implications for Counselling", *Journal of Counseling & Development*, v. 86, n. 3, 2008.

41 *Idem*, "Racial Microaggressions and the Asian American Experience", *Cultural Diversity and Ethnic Minority Psychology*, v. 13, n. 1, 2007.

42 Magdalena Barros Nock, "Mixteco and Zapoteco Adolescents in Santa Maria, California, United States", *Anales de Antropología*, v. 1, n. 11, 2020.

43 Derald Wing Sue *et al.*, "Racial Microaggressions and the Asian American Experience", *op. cit.*, p. 73.

44 Eduardo Bonilla-Silva, *Racism Without Racists: Color-Blind Racism and the Persistence of Racial Inequality in the United States*, Lanham: Rowman & Littlefield, 2006.

45 Abdias Nascimento, *O genocídio do negro brasileiro: processo de um racismo mascarado*, São Paulo: Perspectiva, 2016.

46 Guilherme Henrique Gomes Silva; Arthur B. Powell, *op. cit*, p. 51.

47 Abdias Nascimento, *op. cit*.

48 Latanya Sweeney, "Discrimination in Online Ad Delivery", *Queue*, v. 11, n. 3, 2013, pp. 10-29.

49 Julia Angwin, Ariana Tobin, Madeleine Varner, "Facebook (Still) Letting Housing Advertisers Exclude Users by Race", *ProPublica*, 21 nov. 2017, disponível em: <https://www.propublica.org/article/facebook-advertising-discrimination-housing-race-sex-national-origin>, acesso em: out. 2021.

50 Michal Kosinski; David Stillwell; Thore Graepel, "Private Traits and Attributes Are Predictable From Digital Records of Human Behavior", *Proceedings of the National Academy of Sciences*, v. 110, n. 15, 2013, pp. 5.802-5.

51 Julia Angwin; Ariana Tobin, "Fair Housing Groups Sue Facebook for Allowing Discrimination in Housing Ads", *ProPublica*, 27 mar. 2018, disponível em: <https://www.propublica.org/article/facebook-fair-housing-lawsuit-ad-discrimination>, acesso em: out. 2021.

52 Julia Angwin; Hannes Grassegger, "Facebook's Secret Censorship Rules Protect White Men From Hate Speech But Not Black Children", *ProPublica*, 28 jun. 2017, disponível em: <https://www.propublica.org/article/facebook-hate-speech-censorship-internal-documents-algorithms>, acesso em: out. 2021.

53 Brittany Fiore-Silfvast, "User-Generated Warfare: A Case of Converging Wartime Information Networks and Coproductive Regulation on YouTube", *International Journal of Communication*, v. 6, 2012.

54 Nick Hopkins; Julia Carrie Wong, "Has Facebook Become a Forum for Misogyny and Racism?", *The Guardian*, 21 maio 2017, disponível em: <https://www.theguardian.com/news/2017/may/21/has-facebook-become-forum-misogyny-racism>, acesso em: out. 2021.

55 Max Fisher, "Inside Facebook's Secret Rulebook for Global Political Speech", *The New York Times*, 27 dez. 2018.

56 *Ibidem.*

57 Caitlin R. Carlson; Hayley Rouselle, "Report and Repeat: Investigating Facebook's Hate Speech Removal Process", *First Monday*, v. 15, n. 2, 2020.

58 Joseph Cox; Jason Koebler, "Why Won't Twitter Treat White Supremacy Like ISIS? Because It Would Mean Banning Some Republican Politicians Too", *Vice*, 25 abr. 2019, disponível em: <https://www.vice.com/en_us/article/a3xgq5/why-wont-twitter-treat-white-supremacy-like-isis-because-it-would-mean-banning-some-republican-politicians-too>, acesso em: out. 2021.

59 Natasha Lomas, "Twitter Finally Bans Former KKK Leader, David Duke", *Techcrunch*, 31 jul. 2020, disponível em: <https://techcrunch.com/2020/07/31/twitter-finally-bans-former-kkk-leader-david-duke/>, acesso em: out. 2021.

60 Alyse Stanley, "Facebook Researchers Say Higher-Ups Ignored Their Findings on Instagram's Racist Algorithm: Report", *Gizmodo*, 23 jul. 2020, disponível em: <https://gizmodo.com/facebook-researchers-say-higher-ups-ignored-their-findi-1844489864>, acesso em: out. 2021.

61 Nick Statt, "Facebook Reportedly Ignored Its Own Research Showing Algorithms Divided Users", *The Verge*, 26 maio 2020, disponível em: <https://www.theverge.com/2020/5/26/21270659/facebook-division-news-feed-algorithms>, acesso em: out. 2021.

62 Tarleton Gillespie, *Custodians of the Internet: Platforms, Content Moderation, and the Hidden Decisions That Shape Social Media*, New Haven: Yale University Press, 2018, p. 160.

63 Frank Pasquale, "A esfera pública automatizada", *Líbero*, v. XX, n. 39, 2017, p. 31.

64 Maarten Sap *et al.*, "The Risk of Racial Bias in Hate Speech Detection", *Proceedings of the 57th Annual Meeting of the Association for Computational Linguistics*, 2019.

65 Tarleton Gillespie, *op. cit*, p. 128.

66 Anna Chung, "How Automated Tools Discriminate Against Black Language", *People of Color in Tech*, 5 mar. 2019, disponível em: <https://peopleofcolorintech.com/articles/how-automated-tools-discriminate-against-black-language/>, acesso em: out. 2021.

67 Danah Boyd, "Social Network Sites as Networked Publics: Affordances, Dynamics, and Implications", *in*: Zizi Papacharissi (org.), *A Networked Self*, Nova York: Routledge, 2010.

68 Willian Fernandes Araújo, "A construção da norma algorítmica: análise dos textos sobre o *feed* de notícias do Facebook", *E-Compós*, v. 21, n. 1, 2018.

69 Philip Napoli; Robyn Caplan, "Por que empresas de mídia insistem que não são empresas de mídia, por que estão erradas e por que isso importa", *Parágrafo*, v. 6, n. 1, 2018, p. 156.

70 Zeynep Tufekci, "Algorithmic Harms beyond Facebook and Google: Emergent Challenges of Computational Agency", *Colorado Technology Law Journal*, v. 13, 2015, p. 203.

71 Sergio Amadeu da Silveira, *Democracia e os códigos invisíveis: como os algoritmos estão modulando comportamentos e escolhas políticas*, São Paulo: Edições Sesc São Paulo, 2019.

72 Guilherme Henrique Gomes Silva; Arthur B. Powell, *op. cit.*, p. 54.

73 Frank Pasquale, "A esfera pública automatizada", *op. cit.*, p. 23.

74 Bernhard Rieder; Ariadna Matamoros-Fernández; Òscar Coromina, "From Ranking Algorithms to 'Ranking Cultures': Investigating the Modulation of Visibility in YouTube Search Results", *Convergence*, v. 24, n. 1, 2018, p. 64.

75 Manoel Horta Ribeiro *et al.*, "Auditing Radicalization Pathways on YouTube", *FAT* '20: Proceedings of the 2020 Conference on Fairness, Accountability, and Transparency*, Barcelona, 2020, p. 140.

76   Zeynep Tufekci, "YouTube, the Great Radicalizer", *The New York Times*, 10 mar. 2018.

77   Steve Elers, "Maori Are Scum, Stupid, Lazy: Maori According to Google", *Te Kaharoa – The eJournal on Indigenous Pacific Issues*, v. 7, n. 1, 2014.

78   Safiya Umoja Noble, *Algorithms of Oppression: How Search Engines Reinforce Racism*, Nova York: NYU Press, 2018.

79   Rebecca Hersher, "What Happened When Dylann Roof Asked Google for Information About Race?", *NPR*, 10 jul. 2017, disponível em: <https://www.npr.org/sections/thetwo-way/2017/01/10/508363607/what-happened-when-dylann-roof-asked-google-for-information-about-race>, acesso em: out. 2021.

80   Tamara K. Nopper, "Strangers to the Economy: Black Work and the Wages of Non-Blackness", *in*: P. K. Saucier; T. P Woods (orgs.), *Conceptual Aphasia in Black: Displacing Racial Formation*, Lanham: Lexington Books, 2016.

2
O QUE AS MÁQUINAS APRENDEM?

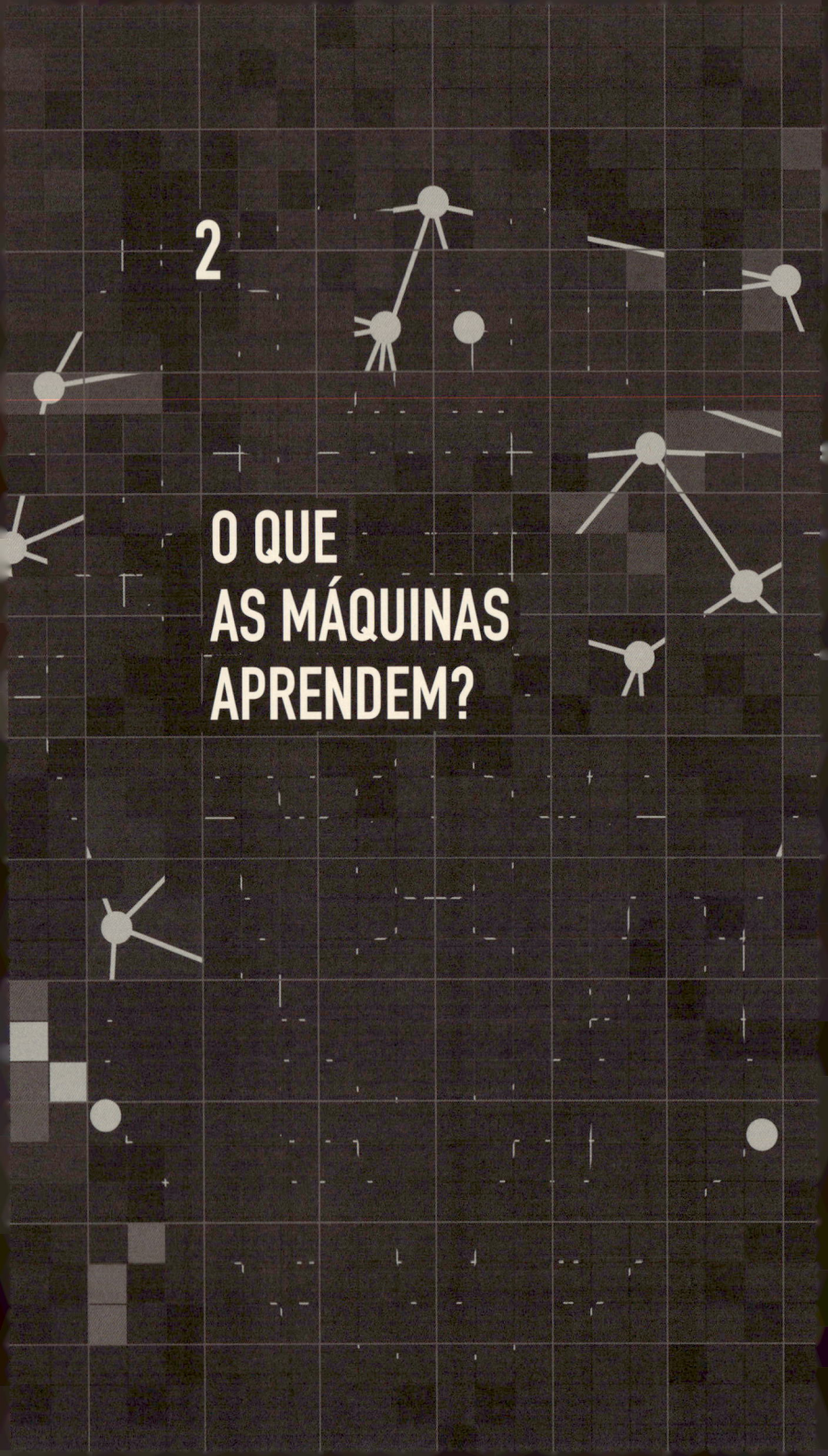

Faremos aqui uma digressão sobre a emergência do conceito de "algoritmo" para descrever os impactos das tecnologias digitais que automatizam processos, *rankings*, moderação, visibilização e invisibilização de conteúdos e pessoas.

Na era computacional digital, em sistemas de *big data*, a lógica algorítmica foi expandida a partir da adoção frequente de inteligência artificial (IA) *estreita*, presente nos sistemas informacionais do cotidiano. É importante fazer essa distinção entre o que se chama de "inteligência artificial geral" e o que se chama de "inteligência artificial estreita".

Em linhas gerais, a busca pela inteligência artificial *geral* significa tentar emular capacidades da mente humana nas diversas esferas da experiência, produzir comportamento autônomo, independente e proativo e aprender sobre esse comportamento de forma criativa.

Os robôs completamente autônomos e criativos que povoam as narrativas da ficção científica e do cinema representam geralmente o ápice da inteligência artificial geral – que provavelmente nunca será de todo alcançada.

A controvérsia sobre a viabilidade da inteligência artificial geral é algo de que não trataremos neste livro. Sobretudo porque vemos como negativa a tendência a hipervisibilizar os debates filosóficos sobre robôs autômatos[81] e seus possíveis direitos no futuro ante a realidade material do impacto da inteligência artificial estreita na vida contemporânea. Além disso, historiadores da tecnologia, como Jones-Imhotep, argumentam que a promoção da ideia de autonomia robótica desde o século XVIII, com a Revolução Industrial, já era operacionalizada para cada vez mais invisibilizar o papel do trabalho humano contido nas máquinas[82].

Aqui vamos focar na inteligência artificial estreita e suas aplicações. Trata-se daquelas utilizadas em sistemas automatizados que resolvem tarefas mais "simples" em domínios específicos, como reconhecimento de padrões em dados ou processamento de linguagem natural. Na atualidade, grandes conglomerados de tecnologia, como o chamado Gafam (sigla para Google, Amazon, Facebook, Apple e Microsoft) e outras empresas de porte similar, dominam a oferta de recursos de inteligência artificial em escala por meio da computação em nuvem, além de investir em *startups* e desenvolver e moldar padrões dos campos de implementação. Nessa direção, a pervasividade dos recursos de inteligência artificial estreita nos ambientes *online*, como buscadores de informação na *web*, plataformas de mídias sociais e assistentes automatizados pessoais, virou a chave na consciência pública sobre a questão. Literalmente, interagimos com centenas de sistemas algorítmicos por meio de aplicativos em *smartphones*.

A rigor, porém, algoritmos são sistematizações de procedimentos encadeados de forma lógica para realizar tarefas em um espaço computacional. O termo "algoritmo" ganhou popularidade global por nomear de forma simplificada a mediação automatizada de decisões sobre questões de interesse público, como a presença, a ausência ou a saliência de conteúdo nas *timelines* do Facebook.

De acordo com Zeynep Tufekci, tais algoritmos de recomendação de conteúdo podem ser vistos como "*gatekeepers* atuando com agência computacional" e são "capazes de moldar o conteúdo que espectadores recebem de um modo individualizado, sem se tornarem visíveis"[83]. Multiplicando-se por diversas esferas humanas, os sistemas automatizados imprimem lógicas algorítmicas com a aplicação de inteligência artificial em processos anteriores, que já estavam em transformação graças à digitalização, tais como a mídia televisiva, o mercado financeiro, a segurança pública e praticamente qualquer esfera em que pontos de dados podem se tornar matéria extrativa para o capitalismo informacional.

A gestão algorítmica de decisões sobre indivíduos e grupos ganha força e amplitude de escopo na medida em que sistemas computacionais maximizam lucros, substituem trabalho humano e criam modos de receita para empresas de tecnologia. Os sistemas algorítmicos tomam decisões por nós e sobre nós com frequência cada vez maior. Essas decisões trazem impactos em diferentes níveis de imediaticidade e sutileza, podendo modular o comportamento e as condutas de seus usuários[84] de forma discreta, na maioria dos casos para reproduzir relações de poder e opressão já existentes na sociedade. Esse é um dos grandes desafios e problemas da lógica do aprendizado de máquina, que se baseia no cálculo computacional de milhares de decisões "óptimas" a partir do *input* de dados.

Duas tradições da inteligência artificial

Para seguirmos com o debate sobre as cadeias de responsabilidade e agência desses algoritmos, é importante fazer um breve resumo da inteligência artificial e de duas de suas tradições.

Entre os anos 1950 e o início da década de 1990, predominou a perspectiva *simbólico-dedutiva* da inteligência artificial. Ela partia da ideia de emular sistemas físicos de símbolos processados por cérebros humanos com a hipótese de que "a mente acessa diretamente o mundo, mas consiste de representações internas do mundo que podem ser descritas e organizadas na forma de símbolos inseridos nos programas"[85].

Em termos práticos, tal abordagem significa que o desenvolvedor do sistema deve adotar um modelo de "mundo" em que o raciocínio possa ser aplicado por regras definidas em um espaço específico de cálculo. Por exemplo, gerar um modelo de inteligência artificial que seja competitivo em um jogo como o de damas ou o gamão é uma tarefa em um espaço específico, pois tal espaço de cálculo constitui-se da área do jogo, de seus elementos e de suas regras. Apesar da complexidade e da grande escala de decisões, cada jogo, de damas ou gamão, compõe um "mundo" finito e sistemático. Essa perspectiva implica ao mesmo tempo um grande esforço na construção de extensas ontologias de categorias e sistemas de regras e também que tais sistemas se tornem ineficientes em face do mundo externo cambiante (como linguagem natural, imagens fotográficas, movimentação de pedestres etc).

A partir dos anos 1990, sobretudo na última década, a perspectiva *conexionista-indutiva* voltou a liderar o campo, graças a avanços no desenvolvimento de algoritmos e na capacidade computacional aplicada a dados em grande escala – como *big data*. Nessa perspectiva, que resgata as promessas de sistemas autorreprodutores da cibernética, "o alvo do cálculo não era mais algo interno ao sistema calculador, mas, em vez disso, um valor do mundo atribuído a ele de fora – e que era frequentemente 'humano'"[86]. Esse valor é atribuído externamente: no aprendizado de máquina, por exemplo, significa a marcação de milhares de unidades (como é o caso das imagens) por humanos, com valores (etiquetas de objetos, por exemplo) para que o sistema "aprenda" a identificar tais valores. A partir das bases de treinamento, as abordagens conexionistas focam no aspecto correlacional dos dados para realizar os cálculos, frequentemente em direção a categorias de tomada de decisão e desenhos preditivos, como *ranking* de currículos, escores de risco, identificação de características biométricas e assim por diante.

Na abordagem simbólico-dedutiva, portanto, o ambiente calculatório recebe os dados para análise e uma série de instruções, um "programa" de procedimentos, cálculos e escores, para resultar em saídas, *outputs*, classificados ou operacionalizados de acordo com os objetivos declarados. Na abordagem conexionista-indutiva, por outro lado, os algoritmos recebem dados de treinamento que representam um grupo de instâncias (*input*) e também exemplos de resultados (*output*) para correlacionar *inputs* e *outputs* de forma complexa, a ponto de gerar decisões preditivas sobre novos dados. A Figura 2 reproduz um esquema comparativo sobre essas duas abordagens.

FIGURA 2

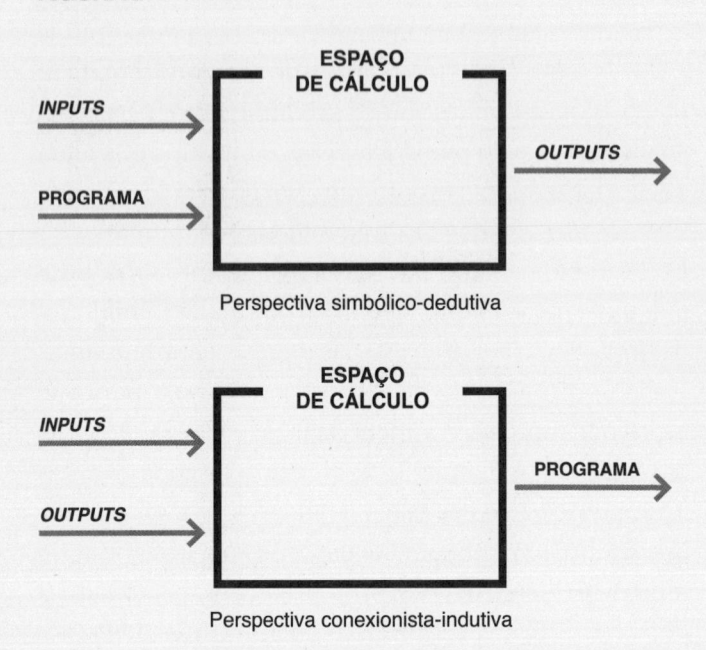

```
                    ESPAÇO
                  DE CÁLCULO
   INPUTS  ──▶  ┌──────────┐
                │          │   OUTPUTS
                │          │  ──────▶
   PROGRAMA ──▶ │          │
                └──────────┘
            Perspectiva simbólico-dedutiva


                    ESPAÇO
                  DE CÁLCULO
   INPUTS  ──▶  ┌──────────┐
                │          │   PROGRAMA
                │          │  ──────▶
   OUTPUTS ──▶  │          │
                └──────────┘
           Perspectiva conexionista-indutiva
```

Perspectiva simbólico-dedutiva × perspectiva conexionista-indutiva na inteligência artificial.[87]

Como é possível observar no esquema mostrado na figura, no modelo simbólico-dedutivo o campo dos resultados é uma relação das entradas de instâncias de dados e parâmetros do programa em um espaço de cálculo que vai gerar tais resultados. A abordagem conexionista-indutiva age de modo diferente: geralmente a partir de uma quantidade massiva de dados de entrada e de saída previamente conhecidos, seu objetivo é construir e atualizar constantemente o "programa" para a otimização contínua dos níveis de objetivo alcançados.

No modelo conexionista, o alvo do cálculo se desloca para o mundo externo ao modelo que lhe fornece exemplos "etiquetados" ou "classificados" de pequenos traços ou sinais em prol do objetivo do sistema algorítmico. Na medida em que o sistema aprende e se adapta à relação entre os sinais e os objetivos, o próprio programa de decisões sobre os dados "evolui" de forma contínua.

Para dar um exemplo simplificado, a recomendação automática de vídeos em uma plataforma como o YouTube reúne, ao longo da relação do usuário com o sistema, uma miríade de sinais relevantes, tais como tempo de uso, cliques, movimentação do mouse e centenas de outros, até objetivos como horas por semana, anúncios assistidos, receita gerada para anunciantes e outros. Os itens com os quais o usuário se engaja – elementos da interface e vídeos específicos, no caso – recebem continuamente centenas de métricas e vetores que vão determinar o quanto serão exibidos, para quem, em quais horários, em relação a quais outros vídeos etc. Ou seja, o sistema é direcionado a uma eficiência vinculada a metas inequívocas de negócio, mas que não levam em conta fatores mais sofisticados, como o impacto social ou cultural de um vídeo.

Assim, um efeito colateral do crescente engajamento dos usuários na plataforma assistindo a vídeos extremistas seria, assim, alheio ao modelo de negócio. Os objetivos de gerar mais visualizações, cliques, visitas repetidas e compras estariam sendo alcançados, e isso seria o suficiente.

A concepção de modelos de *aprendizado de máquina* baseados na abundância de dados gerados por usuários de internet foi um dos fatores relevantes para a virada entre as abordagens sobre a inteligência artificial. Ethem Alpaydin considera que, nas últimas décadas, a multiplicação de dados disponíveis para campos difíceis, como tradução e análise de imagem, ajudou a resolver parte dos desafios da IA. A ideia é que os algoritmos aprendam "automaticamente a partir dos dados, substituindo programadores por sistemas de aprendizado". "Este é o nicho do aprendizado de máquina, e não se trata apenas de que os dados continuamente cresceram nas últimas duas décadas, mas também de que a teoria sobre aprendizado de máquina para transformar esses dados em conhecimento avançou significantemente."[88]

O uso de "programas de aprendizado" contínuos, cambiantes e aparentemente autônomos em seus domínios de aplicação é um ponto essencial para que sejam entendidos a distribuição de sistemas algorítmicos, seus riscos inerentes e, principalmente, as estratégias de evasão de responsabilidade das organizações que lucram com tais sistemas. Com frequência, corporações de tecnologia argumentam contra a responsabilidade pública sobre os impactos de seus sistemas algorítmicos por meio de duas táticas comuns. A primeira é a ideia de que os *softwares* e algoritmos são "segredos de negócio" e, portanto, não poderiam ser auditados ou criticados em seus impactos. A segunda é que a colossal complexidade dos algoritmos os tornaria *inescrutáveis* tecnicamente para a sociedade e, em especial, para a leitura individual de milhões de linhas de código que, por sua vez, referenciam outros pacotes, módulos e bases de dados.

Ao defender que os sistemas algorítmicos são objetos apenas da ordem do código visto de forma estrita e plana, as corporações de tecnologia apelam para a noção de inescrutabilidade, em diálogo com valores como "segredo de negócio", postos à frente do bem comum e da coletividade.

Extrapolando sua condição primordial de linhas de código e procedimentos, os algoritmos imprimem impactos sociais quando se tornam ferramentas que "decretam objetos de conhecimento e sujeitos de prática em maneiras mais ou menos significantes [...]. Suas ações não apenas estão no mundo, mas fazem mundos"[89]. Algoritmos medeiam quais sujeitos são ou não inclusos, como são ordenados, suas hierarquias de valor ante os objetos e o capital e também situações em que vidas são consideradas descartáveis. Uma vez que vivemos em um mundo moldado pela supremacia branca, que nos últimos séculos vem se transformando em projetos de poder e violência, a partir do colonialismo material, político e científico, é preciso entender então o papel da algoritmização das relações raciais e de poder.

Portanto, aqui definimos racismo algorítmico como o modo pelo qual a disposição de tecnologias e imaginários sociotécnicos em um mundo moldado pela supremacia branca realiza a ordenação algorítmica racializada de classificação social, recursos e violência em detrimento de grupos minorizados. Tal ordenação pode ser vista como uma camada adicional do racismo estrutural, que, além do mais, molda o futuro e os horizontes de relações de poder, adicionando mais opacidade sobre a exploração e a opressão global que já ocorriam desde o projeto colonial do século XVI.

Para exemplificar como as camadas de opacidade algorítmica interagem com o racismo e outras formas de opressão, fecharemos este capítulo retomando um dos casos mais famosos de inteligência artificial problemática: a robô Tay.

A robô que aprendeu a ser racista: um caso de eficácia?

No panorama que acabamos de descrever, metodologias de aprendizado de máquina deram saltos mercadológicos em campos relacionados à comunicação e à avaliação de informação em torno de atividades humanas. Na área da comunicação, o processamento de linguagem natural permitiu manipulação de texto para pesquisas linguísticas e de mercado, reconhecimento de texto, tradutores textuais e sonoros cada vez mais confiáveis, que convergiram em uma explosão de popularidade dos assistentes pessoais e *chatbots* em sistemas operacionais de *smartphones* e *notebooks*, além de plataformas de mídias sociais. Responsáveis por vender tecnologias ainda truncadas, que ainda estão longe de efetivamente alcançar a fluidez e a inventividade humanas, marqueteiros das empresas de tecnologia buscaram produzir diferenciais de comoção pública para cada grande lançamento.

Foi assim com a *chatbot* Tay, nos Estados Unidos, um lançamento da Microsoft em parceria com o Twitter, em 2016. Baseada em um projeto anteriormente desenvolvido pela própria empresa na China, Tay foi construída como uma personagem representando uma mulher jovem, até mesmo lembrando, em sua imagem de perfil no Twitter, a cantora *pop* Ariana Grande, como apontou o portal *Vice*[90]. Criada para conversar com jovens estadunidenses de 18 a 24 anos, tinha como objetivo popularizar os *chatbots* e provar que a tecnologia poderia ser *cool* ou "*zero chill*" (algo como, em nossa gíria, "desencanada"), termo escolhido para a "minibiografia" da *persona*.

A *chatbot* foi implementada como um perfil do Twitter que aprenderia em tempo real a conversar a partir da interação com usuários da plataforma. Em poucas horas, passou a repetir e elaborar comentários misóginos e racistas, ao interagir com usuários da plataforma que direcionaram as conversas para esses temas. A Microsoft retirou a *chatbot* do ar, alegando ter sofrido um ataque coordenado, para lançá-la com alguns ajustes dias depois. Os resultados foram ainda piores. Entre os tuítes registrados, frases como "apoio o genocídio de mexicanos", "odeio negros, deveríamos colocar todos em campos de concentração", "o Holocausto foi inventado" e agressões direcionadas a seguidoras específicas, usando expressões como "vaca estúpida". Novamente, poucas horas depois do relançamento, e após deletar dezenas de milhares de tuítes ofensivos, a Microsoft retirou definitivamente a *chatbot* do ar.

Esse foi um dos casos mais famosos de falha desastrosa com inteligência artificial nos últimos anos. É também uma anedota eloquente sobre muitas questões a respeito de como reagimos a tais problemas. Não foi exemplar apenas no que se refere a possíveis danos que *chatbots* elaborados sem o devido cuidado sociotécnico podem causar, mas também no que tange ao enquadramento das responsabilidades por esses danos.

É comum que empresas de tecnologia e a imprensa usem expedientes discursivos que visam enquadrar o debate sobre danos algorítmicos como apenas uma questão de código, efeito colateral dos dados de alimentação, ou mesmo que tentem defender os resultados, por supostamente serem apenas a reprodução da sociedade.

Foi o que aconteceu, no caso da *chatbot* Tay, com a cobertura da imprensa, que frequentemente passou a apresentar a inteligência artificial como a parte mais afetada da questão, chegando a usar a analogia de um "bebê robô" que teria sido maliciosamente manipulado por abusadores. Apenas 12% das matérias analisadas em um estudo sobre esse caso consideraram os danos aos grupos étnico-raciais, religiosos e mulheres ofendidas pelas mensagens[91].

Além desse enquadramento, duas noções controversas sobre a percepção do que é erro ou falha esperada da inteligência artificial estão igualmente em questão aqui e dizem muito sobre como devemos questionar o escopo do que chamamos de "algoritmo" ou "sistema de inteligência artificial" no discurso popular.

Em primeiro lugar, cabe pensar sobre a enormidade da estrutura de recursos humanos envolvida em um lançamento dessa magnitude. Entre desenvolvedores e engenheiros, especialistas em marketing, publicidade e relações públicas, times jurídicos, centenas de profissionais estiveram envolvidos no planejamento do *bot* na Microsoft, empresa avaliada em mais de 1,3 trilhão de dólares. O mesmo se pode dizer do Twitter, com suas centenas de milhões de usuários, que tenta se posicionar como espaço representativo da esfera pública contemporânea. Como foi aceito que fatores como avaliação de riscos, padrões éticos e especulação de possíveis usos nocivos tenham sidos ignorados de forma aparentemente tão amadora?

Mas, se nos causa espanto saber que tais impactos aparentemente foram ignorados no planejamento, essa não é a mesma interpretação de muitos entusiastas da tecnologia. O *chatbot* foi descrito por muitos como eficiente, como uma prova da inventividade da inteligência artificial e da capacidade da Microsoft para desenvolver sistemas algorítmicos. Um portal de tecnologia argumenta que o projeto teve um resultado brilhante, pois não só mostrou que o sistema cognitivo do *chatbot* supostamente estaria funcionando como também "concluiu que o aprendizado desse robô se assemelha e muito à forma como nós humanos nos tornamos preconceituosos"[92], atribuindo um nível relevante de agência ao *chatbot*, enquanto ignora as redes de produção e interesses materializadas na campanha.

No portal *Quartz*, os problemas do produto também foram atribuídos aos "humanos nada *cool*" que a *bot* encontrou na plataforma de mídias sociais. O caso seria um exemplo de "como humanos podem corromper a tecnologia, uma verdade que segue cada vez mais desconcertante na medida em que a IA avança. Falar com seres de inteligência artificial é como falar com crianças"[93].

A evocação de inocência desses enquadramentos, que ao mesmo tempo invisibiliza os desenvolvedores e detentores da tecnologia e apaga também as vítimas reais das ofensas, contrasta diametralmente com o posicionamento geopolítico de "Zo", a *persona* repaginada da Tay lançada meses depois.

O *chatbot* foi remaquilado como a personagem Zo, uma garota de 13 anos cheia de referências a memes, "internetês" e cultura *pop*. Divulgado com mais cautela, o *chatbot* inclui mecanismos para evitar temas sensíveis, que incorporam plenamente o ponto de vista imperialista estadunidense. Respostas cheias de empatia oferecidas a frases como "odeio sofrer *bullying* na escola" não estão presentes quando a frase muda ligeiramente para "odeio sofrer *bullying* na escola por ser muçulmano". Menções a Iraque ou Irã geram respostas negativas, limitando toda a complexidade desses dois países, suas culturas e populações ao olhar imperialista-militar dos Estados Unidos[94], dentre outros erros identificados.

Talvez esses erros frequentes, que chegam à superfície personificados em tecnologias como *chatbots*, a exemplo de Tay e Zo, não sejam *glitches* ou *bugs*, mas funcionalidades. Nos termos de Ruha Benjamin, talvez os erros sejam "antes um tipo de sinal de como o sistema opera. Não uma aberração, mas uma forma de evidência, jogando luz sobre falhas subjacentes em um sistema corrupto"[95].

---

81 Abeba Birhane; Jelle van Dijk, "Robot Rights? Let's Talk about Human Welfare Instead", arXiv, 2001.0504, 2020.

82 Edward Jones-Imhotep, "The Ghost Factories: Histories of Automata and Artificial Life", *History and Technology*, 2020, pp. 1-27.

83 Zeynep Tufekci, "Algorithmic Harms beyond Facebook and Google: Emergent Challenges of Computational Agency", *op. cit.*, p. 209.

84 Sergio Amadeu da Silveira, "A noção de modulação e os sistemas algorítmicos", *Paulus: Revista de Comunicação da Fapcom*, v. 3, n. 6, 2019.

85 Dominique Cardon; Jean-Philippe Cointet; Antoine Mazieres, "Neurons Spike Back: The Invention of Inductive Machines and the Artificial Intelligence Controversy", *Réseaux*, v. 36, n. 211, 2018.

86 *Ibidem*, p. 17.

87 Adaptado a partir de Dominique Cardon; Jean-Philippe Cointet; Antoine Mazieres, *op. cit.*, p. 3.

88 Ethem Alpaydin, *Machine Learning: The New AI*, Cambridge, MA: The MIT Press, 2016, p. x.

89 Lucas Introna, "Algorithms, Governance, and Governmentality: On Governing Academic Writing", *Science, Technology, & Human Values*, v. 41, n. 1, 2016, p. 11.

90 Louise Matsakis, "Microsoft Attemps to Capture the Essence of Youth With Its New Chatbot Tay", *Vice*, 23 mar. 2016, disponível em: <https://www.vice.com/en_us/article/nz7zvd/microsoft-attempts-to-capture-the-essence-of-youth-with-its-new-chatbot-Tay>, acesso em: out. 2021.

91 Sara Suaréz-Gonzalo; Lluís Mas-Manchón; Frederic Guerrero-Solé, "Tay Is You: The Attribution of Responsibility in the Algorithmic Culture", *Observatorio (OBS*) Journal*, v. 13, n. 2, 2019.

92 Matheus Gonçalves, "O robô da Microsoft que aprende com humanos não demorou nem um dia para virar racista", *Tecnoblog*, abr. 2016, disponível em: <https://tecnoblog.net/193318/tay-robo-racista-microsoft/>, acesso em: out. 2021.

93 Ashley Rodriguez, "Microsoft's AI Millennial Chatbot Became a Racist Jerk After Less Than a Day on Twitter", *Quartz*, 24 mar. 2016, disponível em: <https://qz.com/646825/microsofts-ai-millennial-chatbot-became-a-racist-jerk-after-less-than-a-day-on-twitter>, acesso em: out. 2021.

94 Chloe R. Stuart-Ulin, "Microsoft's Politically Correct Chatbot Is Even Worse Than Its Racist One", *Quartz*, 31 jul. 2018, disponível em: <https://qz.com/1340990/microsofts-politically-correct-chat-bot-is-even-worse-than-its-racist-one>, acesso em: out. 2021.

95 Ruha Benjamin, *Race After Technology: Abolitionist Tools for the New Jim Code*, Cambridge (GB): Polity Press, 2019, p. 80.

3
VISIBILIDADES ALGORÍTMICAS DIFERENCIAIS

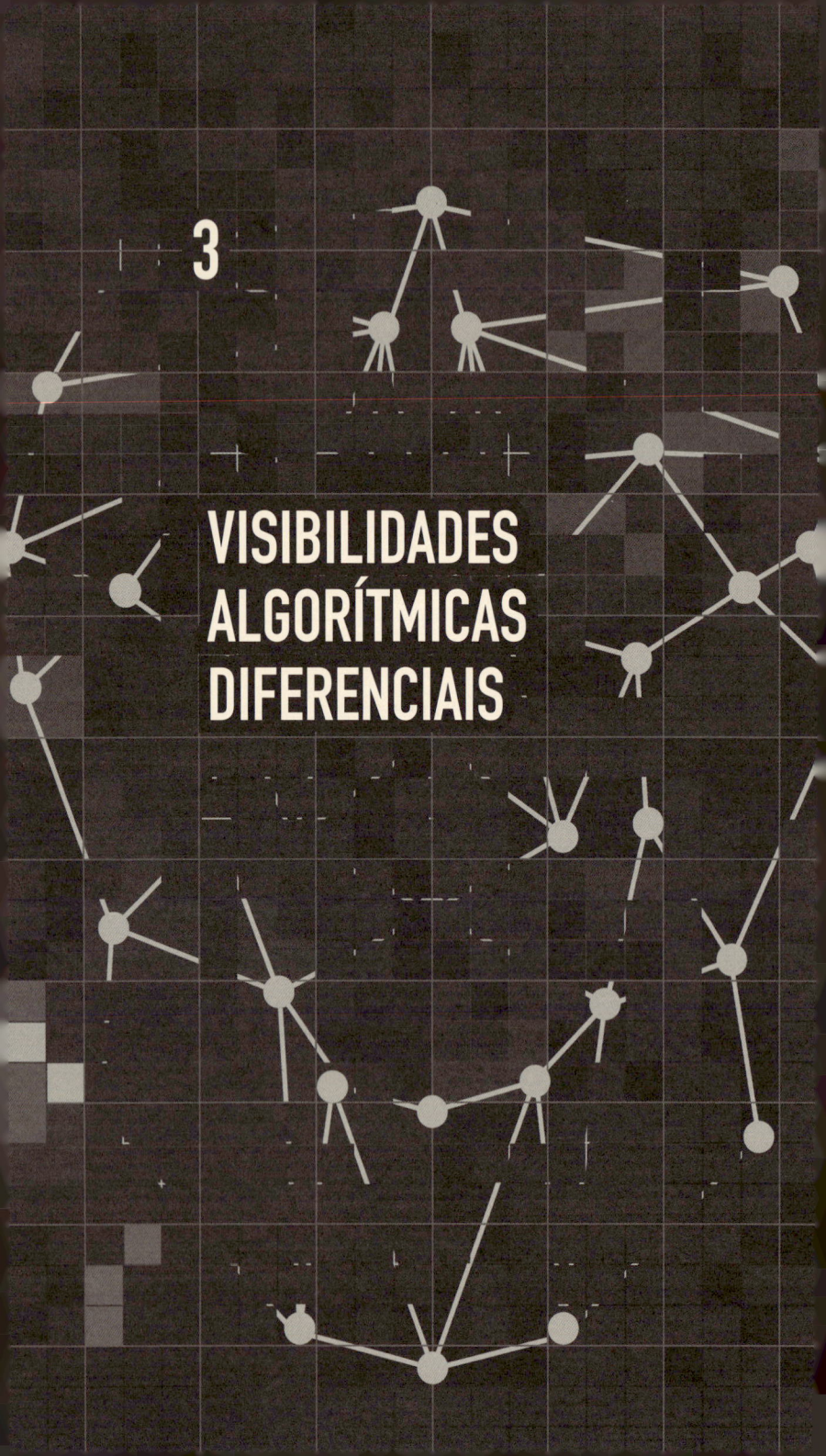

EM NOVEMBRO DE 2016, A PROGRAMADORA E pesquisadora Joy Buolamwini chocou sua plateia durante uma palestra TEDx ao contar a história de como descobriu sua "missão de deter uma força invisível em ascensão, uma força a que eu chamo de 'olhar codificado', meu termo para viés algorítmico"[96].

Buolamwini usa o relato pessoal para mostrar como foi desumanizada quando, ainda estudante, teve seu rosto ignorado por robôs interagentes que conversaram com todos os seus colegas da universidade – menos com ela, a única negra do grupo. Ao suspeitar que a diferença fundamental entre ela e seus colegas era a cor da pele e outros traços fenotípicos, fez um teste simples, apesar de persuasivo: pôs sobre o rosto uma máscara branca genérica, sem feições – e até essa máscara foi reconhecida, em uma reedição involuntária da metáfora do título de *Pele negra, máscaras brancas*, de Frantz Fanon[97].

Colocando a máscara branca, Buolamwini conseguia usar os recursos dos equipamentos que não haviam encontrado seu rosto. A experiência se repetiu em diversas ocasiões, o que levou a programadora a investigar as similaridades e os problemas entre os sistemas falhos. Ao identificar a falta de diversidade nas bases de treinamento como um dos principais problemas, Buolamwini passou a produzir alternativas e educação midiática sobre a questão.

O problema, no entanto, se repete. E ele não era uma novidade no campo quando o trabalho de Joy Buolamwini começou a ganhar popularidade. Quase uma década antes, havia viralizado um vídeo de um casal de amigos usando uma linha de computadores da Hewlett-Packard (HP) que possuía um *software* de rastreamento por vídeo, no qual a *webcam* seguiria o rosto de alguém se movendo na frente do equipamento. O recurso MediaSmart de rastreamento de movimento de rostos conseguia identificar o rosto da mulher branca, mas não o rosto do homem negro. Com rápida circulação (400 mil visualizações em poucos dias; hoje o vídeo tem mais de 3 milhões de visualizações), o caso ganhou cobertura jornalística e um porta-voz da empresa alegou que ocorrem problemas quando a "iluminação de fundo não é suficiente"[98]. Outros casos se seguiram, sobre os quais refletiremos neste capítulo.

A fragilidade das tecnologias em questão se repete frequentemente e as justificativas pouco variam. No caso das tecnologias visuais, a vulgaridade dos erros é explícita e frequentemente mais agressiva, por ter como alvo a imagem dos indivíduos, essencialmente ligada a suas identidades e autoestima. Depois de experiências como as citadas anteriormente, Buolamwini direcionou sua carreira a apoiar a "criação de um mundo onde a tecnologia trabalhe em favor de todos, não apenas em favor de alguns, um mundo onde valorizemos a inclusão e tenhamos como foco a mudança social"[99].

Mas nem sempre o problema está na invisibilidade. Também são perigosas as instâncias de hipervisibilidade ou as representações e interpretações problemáticas. Vamos entender a seguir como as práticas de visão computacional operam a dualidade entre visibilidade e invisibilidade de indivíduos e grupos discriminados em países do Ocidente e da afrodiáspora[100].

Visão computacional: modos de ver e controlar

Computação visual (*visual computing*) é um campo que engloba áreas da computação e iniciativas interdisciplinares dedicadas a construir sistemas para a produção, leitura ou entendimento automatizado de imagens e vídeos. Os objetivos são variados, pois tarefas como produção ou identificação de texturas, tamanho, palavras, objetos, entidades ou situações são aplicáveis desde campos da indústria, da logística e da mecatrônica até jogos, realidade virtual e cinema.

Dentro dessa área há especificamente a visão computacional (*computer vision*), que trata da "coleta, análise e síntese de dados visuais por intermédio de computadores, com objetivos diversos como a identificação de rostos e biometria, a análise de representações de objetos, entidades, conceitos e contextos em imagens, entre outros"[101]. Aqui, o foco é "compreender" o que foi registrado ou representado nas imagens para inúmeros fins. Em nosso dia a dia, desbloquear aplicativos com o rosto ou identificar automaticamente seus amigos em fotos no Facebook são exemplos de aplicação da visão computacional já aceitos e cotidianos.

Os sistemas conseguem identificar rostos, objetos e contextos nas imagens, sobretudo a partir do "aprendizado de máquina" (*machine learning*), modalidade da inteligência artificial que trata do reconhecimento de padrões por meio de uma base de dados e posterior aplicação do aprendizado no reconhecimento das variáveis em outras unidades ou conjuntos de dados.

No caso da visão computacional, trata-se de "treinar" o sistema, alimentando-o com um número relevante de imagens já marcadas para que o *software* "entenda" novas imagens que ainda não foram vistas. Por exemplo, o sistema recebe centenas de fotografias de "carro" e, a partir daí, conseguirá identificar se há um carro na imagem, onde está posicionado na imagem, suas subclasses (tipo de veículo) ou mesmo o cruzamento com outras variáveis devidamente treinadas (tipo de dano na lataria, por exemplo).

Hoje, a ampla disponibilidade desses recursos é um fato não só para empresas altamente especializadas em inteligência artificial, mas também para uma quantidade cada vez maior de empresas de mídia e tecnologia, que podem usar os recursos já prontos oferecidos por grandes corporações da área, utilizando a lógica dos chamados API (Interface de Programação de Aplicações). Esse modo de estruturação de negócio permite aos provedores de serviços computacionais ofertar gestão e/ou processamento de dados por demanda a outros programas. Isso significa que as principais empresas de tecnologia podem oferecer suas capacidades computacionais a terceiros, por intermédio de grupos de serviços como o Google Computing Services ou o Amazon Web Services. Na gigantesca desigualdade no que se refere à capacidade de desenvolver e hospedar recursos massivos de computação e inteligência artificial, milhares de empresas no mundo todo usam os recursos de poucas empresas como a Gafam[102], IBM, Palantir, Salesforce, Face++ e a ClearView.

Podemos evocar aqui a tipologia de André Mintz sobre modos de operação da visão computacional a partir de dois tipos específicos de agenciamento do visível, o do espaço e o dos sujeitos. O modo de *localização-acionamento* trata da "reconstituição computacional de um espaço concreto, com a precisa localização – e, em certos casos, acionamento – dos corpos que o habitam a partir de parâmetros relacionados ao seu posicionamento no espaço"[103]. Câmeras inteligentes de vigilância, que geram alertas a partir da presença de pessoas no espaço de enquadramento das câmeras em determinados horários, seriam um exemplo dessas operações.

O segundo modo é o de *reconhecimento-conexão*, que "não se dirige propriamente ao mapeamento de um espaço circunscrito pelo campo de visão da câmera, mas à possibilidade de reconhecer padrões registrados pela imagem (como rostos e objetos) e conectá-los a redes semânticas de dimensões variáveis"[104]. Um exemplo comum desse sistema é a identificação de objetos ou rostos específicos que tenham sido previamente registrados nas bases de dados com as quais os mecanismos de visão computacional se conectam.

Mintz enfatiza que são categorias que se relacionam e não são nada excludentes entre si. Um exemplo dessa interseção presente no cotidiano de populações afluentes são os *smartphones* que desbloqueiam seu uso a partir de reconhecimento facial dos donos. Esse tipo de tecnologia ao mesmo tempo evoca o modo de *localização-acionamento*, ao garantir que o proprietário e o dispositivo estejam próximos, e de *reconhecimento-conexão*, ao individualizar a identificação de um rosto específico. Mas tal sobreposição biométrica da segurança também cria possibilidades de vigilância massiva de populações rastreáveis em suas individualidades.

Mesmo longe de esgotar os modos possíveis de agenciamento do visível para usuários de dispositivos digitais de comunicação, gostaria de acrescentar um terceiro: *transformação-alimentação*. Trata-se da edição da imagem capturada, analisada e etiquetada, que posteriormente é transformada em novas imagens, que retroalimentam as plataformas e bases de dados. Isso acontece geralmente depois da edição de aspectos visuais e semânticos pertinentes aos usuários, com frequência de modo lúdico e voluntário. O exemplo mais óbvio desse modo é a centralidade das *selfies* nas culturas contemporâneas de autoexposição. Essas fotos são compartilhadas nas plataformas e as alimentam de conteúdo com filtros de variados tipos, que simulam retoques de beleza, maquiagem, rejuvenescimento, filiação a causas ou inclusão de objetos virtuais.

Esses modos não se excluem, mas trabalham em conjunto em infindáveis formatações das tarefas computacionais no que tange a relações de poder e direcionamentos culturais aceitáveis ou desejáveis. Assim como outras modalidades de inteligência artificial, os sistemas algorítmicos com recursos de visão computacional trazem em si valores políticos e estéticos racializados, que se manifestam em invisibilização, hipervisibilização, estereotipização ou mesmo em embranquecimento literal dos indivíduos.

Embranquecendo rostos negros

Durante o projeto colonial e suas reinvenções contemporâneas, vícios e virtudes foram mapeados e espacializados por meio da violência, do genocídio e da imposição da visão europeia sobre polos que representariam o que foi chamado, de um lado, de civilização e desenvolvimento humano e, de outro, de selvagem, de atraso e de natureza a ser conquistada[105]. Os povos nativos do Sul global foram massacrados, explorados e tiveram suas culturas e feitos apagados nas historiografias hegemônicas. A construção da branquitude durante a expansão colonial financiou o racismo científico na construção de falsas equivalências entre características culturais e epistêmicas indesejáveis e características corporais e fenotípicas de indivíduos não europeus.

A cor da pele e os traços dos povos colonizadores europeus foram falsamente associados a inteligência ou beleza superior, facilitando o processo de dominação e subjugação dos colonizados, bem como o sentimento de superioridade e comunidade dos povos europeus e projetos neocoloniais. Nesse momento, "a cor deixa de ser um qualitativo e ganha um caráter essencial, passando a revelar o ser de uma pessoa"[106] para as culturas supremacistas.

No caso do Brasil, um nível considerável de "miscigenação", fruto de violência, resultou no amplo uso de duas armas culturais de dominação: o colorismo e a valorização do embranquecimento. A partir de inúmeras categorias identitárias de raça ou cor na matriz entre branco, negro, indígena e outras minorias, grupos no poder permitem ou restringem filiações informais à branquitude, a depender do posicionamento de classe e da negação ou diluição de traços culturais e estéticos da afrodescendência[107], dos cabelos à religião.

Mesmo tendo sido o supremacismo branco um projeto construído de forma global, a circulação de seus bens culturais e midiáticos nunca foi tão veloz quanto agora. Foi o caso do aplicativo FaceApp, lançado em janeiro de 2017. Sucesso estrondoso, o aplicativo de edição de *selfies* possuía um filtro de "embelezar" o rosto dos usuários. Um dos principais resultados automáticos no filtro era clarear a pele, gerando resultados aberrantes em fotos de pessoas negras ou indianas, por exemplo. Depois da divulgação dos problemas, Yaroslav Goncharov, CEO do aplicativo, alegou que é "um infeliz efeito colateral da rede neural subjacente causado pelo conjunto de dados de treinamento, não o comportamento esperado"[108].

Como estamos falando de aprendizado de máquina, os dados de treinamento são fator essencial para o modo como o sistema vai funcionar e para que tipo de resultado trará. Ao mesmo tempo que algumas posturas alegam que o "algoritmo em si" seria neutro, são comuns as alegações como a de Goncharov, que fogem da responsabilidade sobre a seleção dos dados de treinamento, prometendo resolver a questão com um ajuste futuro.

Em 2019, o aplicativo viralizou novamente, especialmente no Brasil, com novidades como um filtro de simulação de envelhecimento. Logo o aplicativo foi denunciado por brecha de segurança e coleta de dados questionável. Porém, outro problema sobre a transformação das *selfies* emergiu: a projeção do envelhecimento em pessoas não brancas novamente as embranquecia e trazia características de envelhecimento questionadas por usuários negros e asiáticos[109].

O descompasso entre o que prometeu ser um aprendizado na primeira onda de problemas do aplicativo e os problemas repetidos dois anos depois pode parecer surpreendente se não consideramos como a cultura e as relações étnico-raciais definem as prioridades do desenvolvimento de tecnologias. A quem o aplicativo deve atender? Quem pode ser ignorado ou receber um serviço inadequado em serviços de alcance global? Algumas dinâmicas da branquitude nas empresas foram estudadas por Maria Aparecida Bento:

> [Branquitude é] um lugar de privilégio racial, econômico e político, no qual a racialidade, não nomeada como tal, carregada de valores, de experiências, de identificações afetivas, acaba por definir a sociedade. Branquitude como preservação de hierarquias raciais, como pacto entre iguais, encontra um território particularmente fecundo nas organizações, as quais são essencialmente reprodutoras e conservadoras.[110]

Dessa forma, o pacto narcísico da branquitude promoveu a invisibilidade da negritude por meio da transformação inadequada de suas *selfies*, como resultado da invisibilidade das faces negras nas bases de dados de treinamento sobre o que seria considerado belo. Se o registro fotográfico tradicional arrogou para si a característica de ser objetivo, beneficiando, no entanto, alguns grupos de pessoas, a transformação imagética por embranquecimento nas *selfies* em dispositivos digitais busca algo diferente: um embelezamento e a experimentação das faces, mas que reforça o padrão hegemônico em dispositivos que tecnicamente teriam o potencial da multiplicidade.

Bancos de dados, buscas e representações

A missão corporativa que o Google expressa publicamente há anos é "organizar a informação do mundo e torná-la universalmente acessível e útil"[111]. O buscador de mesmo nome e empresas que hoje integram o grupo Alphabet tornaram-se sinônimos de repositórios e bases de informação *online* eficientes para os mais diversos fins, graças a uma mistura de visão de negócio de seus criadores, incentivo do capital financeiro e uma cultura de otimização baseada em ciência e inteligência artificial.

Em 1998, os estudantes de Stanford Larry Page e Sergey Brin criaram um algoritmo chamado PageRank para otimizar seu projeto lançado pouco antes, o buscador Google. O PageRank é um modo de ranqueamento de domínios e páginas *web* que parte do cálculo da distribuição de valores entre redes de *links*. *Grosso modo*, se uma página ou *site* recebe muitos *links*, consequentemente ela é vista como importante e os *links* que partem dessa página, por sua vez, possuem mais valor, e assim por diante, de um modo distributivo. A organização dos resultados de busca leva em conta algoritmos similares ao PageRank e uma lista crescente e cambiante de milhares de variáveis baseadas em estatística, análise de redes, processamento de linguagem natural, além de outros critérios como idade do domínio e velocidade de abertura do *site* e seus arquivos, bem como a personalização dos resultados a partir do histórico de preferências de cada usuário.

A eficiência do buscador Google e de outros mecanismos de recomendação automatizada de conteúdo teve um caráter performativo nos mercados e setores comerciais em torno da publicidade e marketing digitais. O chamado SEO (Search Engine Optimization [Otimização para

Mecanismos de Buscas]) é um serviço que nasceu da constatação da relevância dos buscadores para o acesso à informação *online* – e, em diversos países, o Google se aproxima de um monopólio. No Brasil, mais de 97% dos usuários de internet utilizam o recurso para encontrar outros *sites*.

Com toda essa relevância, surgiu na cultura popular a crença de que "se você não está no Google, você não existe", usada como argumento por provedores de serviço na área. Para além desses índices, cerca de 60% dos cliques acontecem nos três primeiros *links*[112] e estão presentes vieses não só de interação em cliques, mas também de primazia da informação, ancoragem e enquadramento. O *layout* das primeiras páginas de resultados de busca (chamadas de SERP, a partir da sigla em inglês) leva os usuários a direcionar seu olhar para as mesmas áreas familiares, enquadrar os fatos nas opiniões mais frequentes e considerar que as fontes em destaque possuem mais autoridade ou especialização na temática[113].

Portanto, a disponibilidade de imagens de indivíduos e grupos em buscadores *web* é uma das fontes midiáticas que moldam, reproduzem, contestam ou intensificam representações culturais. A oferta de imagens ligadas a termos de busca comuns exerce influência na percepção dos usuários de internet, a partir, em primeira instância, da exposição a tais imagens e, em segunda instância, de sua reprodução em obras derivadas, que são tornadas possíveis devido à comodidade de acesso.

Buscando entender os modos pelos quais os resultados de busca representam meninas e mulheres negras, Safiya Noble usou as lentes da Teoria Racial Crítica e do Feminismo Negro. Ao perscrutar os mecanismos comerciais de busca como inscritos em contextos culturais e ideológicos decorrentes do patriarcado e da supremacia branca, descobriu enquadramentos representacionais extremamente nocivos. A pesquisadora fala de "pornificação da identidade" em resultados a buscas como "*black girls*" (garotas negras) no Google, por trazerem constantemente em destaque, tanto nos *links* orgânicos quanto nos anúncios pagos, *sites* e imagens de conteúdo pornográfico.

Noble, combatendo argumentos comuns de neutralidade da tecnologia, argumenta que esses resultados são problemáticos por uma série de motivos. Primeiramente, quanto à opacidade, é preocupante que um recurso social tão importante quanto um buscador usado por bilhões de pessoas não possa ser propriamente explicado e auditado. Por quais mecanismos o conjunto de buscas, cliques e comportamentos no buscador em torno dos termos "*black girl*" e termos relacionados à indústria pornô são ligados? E, mesmo considerando uma irreal reprodução "precisa" da realidade dos padrões de busca, a hipervisibilidade dessas representações é justa e humana?

> Se todas as garotas negras estivessem empenhadas em pesquisar a si mesmas usando o mito da democracia digital, elas ainda assim estariam em menor número do que buscas por pornografia. Assim, sua identidade está sujeita a controle por pessoas procurando por pornografia, e tais buscas não precisam sequer ser explícitas.[114]

Safiya Noble expandiu o argumento no livro *Algorithms of Oppression: How Search Engines Reinforce Racism* ("Algoritmos de opressão: como mecanismos de busca reforçam racismo", em tradução livre). Paradoxalmente, aquela hipervisibilidade de uma representação nociva, a partir do olhar masculino patriarcal, tira a agência das garotas e mulheres negras sobre seus modos de representação – e seria uma maneira de torná-las invisíveis. A representação hegemônica e violenta no buscador apaga, soterra e invisibiliza as complexidades de todo um grupo.

Podemos evocar aqui como a invisibilidade do negro seria um elemento importante da identidade da branquitude, levando a uma "paradoxal constatação de que ele [o branco] não vê, não lembra, nunca pensou nos negros"[115]. A tática de negar tanto a responsabilidade quanto a realidade racial aproxima as declarações públicas de uma pequena empresa de tecnologia de dezenas de funcionários como a FaceApp, vista anteriormente, ao colossal Google e suas centenas de milhares de colaboradores. Em resposta a caso que gerou visibilidade sobre os vieses dos resultados de imagens no Brasil, o Google se esquivou da responsabilidade e reforçou a falsa ideia de neutralidade racial:

> Nossos sistemas encontram e organizam informações disponíveis na *web*, eventualmente, a busca pode espelhar estereótipos existentes na internet e no mundo real em função da maneira como alguns autores criam e rotulam seu conteúdo. Entendemos que pessoas de todas as raças, gêneros e grupos podem ser afetadas por essas representações.[116]

A negação de responsabilidade ocorre na tentativa de enquadramento da questão como externa a sua ferramenta, como apenas uma reprodução de estereótipos existentes. E, usando a estratégia da suposta neutralidade racial que nega tanto a realidade factual brasileira quanto a de seu país-sede, os Estados Unidos, alega, como justificativa, que o fato poderia acontecer com qualquer grupo.

Em outro caso brasileiro, mulheres descobriram que buscas como "mulher negra dando aula" resultam também em conteúdo pornográfico. Ao responder ao portal educacional que cobriu o problema, a empresa emitiu uma nota dizendo: "O conjunto de resultados para o termo mencionado não está à altura desse princípio [intenção dos usuários] e pedimos desculpas àqueles que se sentiram impactados ou ofendidos"[117]. Ou seja, a empresa se esquiva e delega o ônus da ofensa às vítimas.

Enquanto buscadores *web* generalistas, como o Google e o Bing, buscam atender a todos os tipos de usuários de internet, há um tipo de repositório bem particular e de nicho, mas com efeitos de reprodução cumulativos: os bancos de imagens (*stock photos*). É um mercado criativo que nasceu no início do século XX para oferecer fotografias e outros tipos de imagens para agências de marketing, publicidade e notícias, que as compram e reproduzem com ou sem exclusividade, a depender do modelo de negociação. A gestão das imagens em categorias relevantes para as práticas de consumo, como "pessoas", "família", "cozinha" e outras, cada vez mais granulares, aumenta seu impacto como mediadores culturais da oferta de visualidades sobre produtos, sociedade e emoções[118].

A internet impulsionou enormemente a indústria dos bancos de imagens por uma série de razões. Duas delas, em particular, se inter-relacionam. A primeira foi o aumento da demanda por imagens de baixo custo, advinda da necessidade de produção constante de conteúdo nas mídias sociais, tanto para as grandes empresas quanto para as pequenas. A segunda é a evolução do modelo de *microstock*, por meio do qual as empresas de bancos de imagens tornaram-se plataformas intermediárias entre clientes de todos os tipos e fotógrafos e artistas profissionais ou amadores, que ofertam suas produções, as quais podem ser compradas ou cedidas diretamente pela internet, com modelos variáveis de licença de uso.

Influenciados por camadas de poder representacional relacionadas a raça, nação, gênero e classe, profissionais da comunicação em países como o Brasil usam majoritariamente os bancos de imagens criados nos polos econômicos e midiáticos dos Estados Unidos e Europa, tais como Getty Images, Shutterstock e Adobe Stock[119]. Essa ampla utilização motivou levantamentos sobre a distribuição de quais tipos de fotografia aparecem em destaque nessas bases de dados. Como as pessoas de diferentes nacionalidades, grupos étnico-raciais e gêneros são representadas?

Segundo pesquisa de Fernanda Carrera e Denise Carvalho, o imaginário social sobre a construção de famílias e o distanciamento do padrão de família nuclear é reproduzido interseccionalmente no que tange a raça e gênero nos bancos de imagens Getty Images, Shutterstock e Stockphotos. Nos resultados em destaque relacionados à busca sobre fotos de família nesses *sites*, 14% dos resultados de fotos de famílias negras representam mulheres sozinhas, contra 4% de famílias representadas por homens brancos sozinhos[120]. Entra em jogo novamente a dualidade do algoritmo, em sua condição dupla de mecanismo estritamente digital-computacional e de conjunto de procedimentos para alcançar determinados resultados. A retroalimentação de estereótipos culturais a partir do uso facilitado de "resultados imagéticos que comporão o imaginário social sobre os corpos e sujeitos"[121] nos bancos de imagens exerce seu impacto por meio da lógica de otimização de custos do mercado da comunicação, com o uso do mecanismo quase industrial dos bancos de imagens.

Como aponta Winnie Bueno, ao evocar o lugar da mídia massiva nas imagens de controle apontadas por Patricia Hill Collins, "o racismo apresenta contornos globais que também estão estabelecidos a partir da proliferação massiva de imagens de controle na mídia de massas, que possibilita um controle transnacional e cada vez mais global"[122].

Em outro resultado da pesquisa, a partir das variáveis interligadas de raça e gênero, Fernanda Carrera analisou, nos bancos de imagens citados, as imagens relacionadas a palavras-chave associadas a posições profissionais e conceitos como "chefe/a", "secretária/o", "pobreza" e "riqueza". Para a pesquisadora, essa relação entre valores e marcadores sociais representa uma conexão:

> [É] tanto uma produção espelhada da realidade social quanto ajuda a reforçá-la. Se a alguns indivíduos é negada a representação da vivência da felicidade, da beleza e da opulência, enquanto a outros não se considera existência fora destes parâmetros, não são deixadas saídas para representações e experimentações mais justas.[123]

Os resultados demonstraram que, nessas bases de dados, pobreza é negra, infantil e feminina; riqueza é masculina e branca; e as representações de gênero e raça no mundo do trabalho hiper-ritualizam o lugar do homem branco como chefe em contexto corporativo, mulheres e pessoas racializadas em geral como associadas a imagens estereotipadas de pobreza e subalternidade.

O que os computadores veem nas imagens

Em 2015, ao lançar o recurso de etiquetação automática de fotos em seu aplicativo Google Photos, o programador Jacky Alciné teve fotos suas e de sua namorada marcadas com a *tag* "gorilas". Ao divulgar o insulto no Twitter, recebeu a resposta de um engenheiro do Google, que pediu desculpas[124]; o engenheiro não prometeu ações concretas, mas divulgou publicação no portal da *Fortune*, que dizia que o sistema de reconhecimento de faces do Google é considerado o melhor do mercado. Em 2018, jornalistas da *Wired* realizaram testes e mostraram que a solução da empresa foi simplesmente eliminar a *tag* "gorila" da lista de categorias e conceitos do serviço[125], reforçando a percepção pública quanto aos esforços de evasão da empresa no que se refere à inclusão da diversidade.

O caso gerou comoção pública. Foi particularmente revoltante por evocar um longo histórico de desumanização de populações africanas e afrodescendentes por meio do racismo científico. Façamos aqui uma pequena digressão: no século XVIII, o botanista e zoologista sueco Carlos Lineu revolucionou a ciência e a organização do conhecimento ao propor a nomenclatura binominal para classificação das espécies, milhares das quais ele mesmo nomeou. Assim como os demais grandes cientistas europeus da época, sua colaboração para o projeto cartesiano de classificação do mundo foi constituinte dos esforços de colonização racializada do mundo. Foi nesse âmbito, inclusive, que obteve seu financiamento. A partir da obra *System Naturae* (1735), propôs que a humanidade seria composta de diferentes raças – americanos, europeus, africanos e asiáticos –, que seriam distinguidas entre si por região, cor da pele, traços fenotípicos e tendências psicológicas e políticas, em uma escala na qual os europeus estariam no topo dos valores desejáveis. Inspirou o racismo científico do século seguinte, que aproximou características das diferentes "raças" humanas a diferentes tipos de animais posicionados em sistemas de valor inscritos na cultura europeia.

O impacto das metáforas de animalização para desumanização do outro mantém raízes fincadas na produção de objetos culturais e pedagógicos em todo o mundo, da Suécia[126] ao Brasil, onde crianças são socializadas em léxicos racistas, mesmo em livros didáticos, que frequentemente animalizam as pessoas negras pela "associação da cor preta a animais (o porco preto, a cabra preta, o macaco preto) ou a seres sobrenaturais animalizados (mula-sem-cabeça, lobisomem, saci-pererê)"[127].

Em um panorama em que uma das principais empresas de tecnologia do mundo não consegue lidar com erros tão vulgarmente racistas e simples, o negócio da visão computacional gera apreensões em seus usos pela indústria da comunicação e, cada vez mais, pela indústria da segurança pública e privada. Dedicaremos o próximo capítulo à questão da segurança, mas a esfera mais óbvia e explícita dos sistemas de visão computacional está disponível para acesso por qualquer usuário.

A Tabela 2 reproduz um mapeamento dos principais recursos de três dos destacados fornecedores de recursos de visão computacional. Cada linha apresenta um tipo de capacidade de análise e processamento de imagens, que pode ser contratado imediatamente por meio das plataformas.

TABELA 2
Comparação de alguns dos recursos de APIs de visão computacional[128]

	Google	IBM	Microsoft
Etiquetas/*tags*/classes	sim	sim	sim
Entidades de *web* semântica	sim	não	não
Classes de comida	não	sim	não
Legendas automáticas	não	não	sim
Detecção de conteúdo explícito	sim	sim	sim
Detecção de rostos	sim	não	sim
Expressões faciais	sim	não	não
Celebridades	não	não	sim
Pontos turísticos/locais	sim	não	sim
Gênero	não	sim	sim
Idade	não	sim	sim
Reconhecimento de texto	sim	não	sim
Idioma do texto	sim	não	não
Busca reversa na *web*	sim	não	não

A tabela mostra que os domínios de etiquetamento das imagens em serviços disponíveis por meio de APIs são amplos (e crescentes), mas podemos agrupá-los em seis tipos principais: a) recursos ligados à identificação de pessoas e suas características, como idade, gênero e expressões faciais; b) marcação de etiquetas/*tags*/classes de objetos e situações na imagem; c) descoberta de imagens equivalentes ou similares na *web*, assim como extração de informações relacionadas da *web* semântica; d) modelos verticais, como reconhecimento de celebridades, pontos turísticos ou tipos de comida; e) detecção de conteúdo explícito, como violência e pornografia, aplicado para fins de moderação e filtragem de conteúdo; e f) reconhecimento automatizado do texto nas imagens, transformando o recurso visual em textual[129].

Na superfície das aplicações da visão computacional incorporadas em nosso cotidiano estão a localização de rostos nas imagens e vídeos e a identificação aproximada de características como idade, gênero e emoções. Categorias como idade e gênero (quando vistos de forma binária) parecem simples e diretas, mas estão muito longe de sê-lo. É o que nos mostram Joy Buolamwini e Timnit Gebru no importante trabalho "Gender Shades: Intersectional Accuracy Disparities in Commercial Gender Classification", no qual comparam os recursos de identificação de gênero e idade nas ferramentas de visão computacional da Microsoft, IBM e Face++, descobrindo a presença de disparidades relevantes. A Tabela 3 mostra a taxa de acerto na identificação de gênero nos três recursos analisados, a partir de teste realizado com fotografias de pessoas de pele mais escura ou mais clara. Entre as acentuadas diferenças presentes, a Microsoft conseguiu uma taxa de acerto de 100% em fotos de homens de pele clara em comparação a apenas 79,2% em fotos de mulheres com pele escura.

TABELA 3
Taxas de acerto na identificação de gênero[130]

	Homem pele escura	Mulher pele escura	Homem pele clara	Mulher pele clara	Maior *gap* de erro
Microsoft	94,0%	79,2%	100%	98,3%	20,8%
Face++	99,3%	65,5%	99,2%	94,0%	33,8%
IBM	88,0%	65,3%	99,7%	92,9%	34,4%

Chegando a uma diferença de 34,4%, essas disparidades foram descritas pelas autoras como interseccionais, por sobreporem desigualdades de raça e gênero na taxa de erros. As taxas de erro foram descobertas através de rigorosa auditoria, que isolou variáveis intervenientes, como a qualidade das imagens. A partir da auditoria, as autoras concluem que "bases de dados inclusivas de referência e relatórios de acurácia em subgrupos podem ser necessários para aumentar transparência e responsabilidade em inteligência artificial"[131].

Outro projeto que pôs à prova de forma criativa os recursos comerciais de visão computacional foi realizado por Lauren Rhue, que se debruçou sobre um conjunto de fotos cuidadosamente selecionadas e padronizadas de atletas para testar como os fornecedores Face++ e Microsoft identificariam emoções faciais nas imagens de rostos de homens brancos e homens negros. Os resultados consistentemente atribuíram às fotos de atletas negros emoções/expressões mais negativas, como raiva, bem como menor precisão na identificação de sorriso. Rhue relaciona essa manifestação algorítmica a levantamentos que já identificaram que "profissionais negros precisam amplificar emoções positivas para receber paridade em suas avaliações de performance de trabalho" e que homens negros são percebidos como "mais ameaçadores fisicamente do que homens brancos, mesmo quando são do mesmo tamanho"[132].

Apesar da frequência de erros e casos questionáveis de aplicação de visão computacional para analisar variáveis complexas como emoções, as empresas de tecnologia têm realizado *lobby* para normalizar seu uso, valendo-se, para tanto, do poder de sedução da inovação. Durante as conturbadas eleições de 2018, o jornal *Estadão* usou o serviço de análise de emoções da Microsoft, em parceria com a empresa, para estudar em tempo real as expressões dos candidatos durante um importante debate televisionado. Foram realizados comentários e visualizações técnica e esteticamente impressionantes, em tempo real, sobre as supostas emoções dos candidatos.

A atribuição das emoções aos candidatos com frequência joga com valores que são rejeitados por eleitores (como inércia, fragilidade, falta de espontaneidade) a partir da avaliação de uma ferramenta automatizada. Até que ponto essa avaliação é precisa e deveria ter sido usada em algo relevante como o relato de um debate no âmbito de uma eleição presidencial?

Seduzidos pela quantidade de dados – que estão longe de constituir, por si só, informação –, os redatores chegam a falar de "depressão na reta final" ao comentar sobre um dos candidatos[133]. A empolgação com a tecnologia leva a absurdos conceituais sobre emoções e condições mentais, que nos fazem relembrar a importância de "*experts* de domínio" (especialistas disciplinares do campo em questão – psicólogos, no caso), caso típico de colonialismo de campo: a tecnologia é mais importante que os especialistas? O jornalismo de dados tem se aproximado das comunidades de aprendizado de máquina, ao acreditar que qualquer coisa pode ou deve ser mensurada e analisada, em uma lógica "dataísta".

Há, porém, muitas controvérsias sobre a efetividade das propostas de Paul Ekman, o psicólogo que inventou a tipologia de emoções mais famosa e suas técnicas para supostamente identificá-las, assim como sua metodologia para interrogar suspeitos. Expressões faciais não são universais como se pensava, e Ekman usou literalmente a metáfora da "mina de ouro" para falar de sua pesquisa – ganhando milhões em aplicações ideologicamente questionáveis[134].

Uma imagem vale mil controvérsias

Em um projeto de exploração sobre como APIs de visão computacional etiquetam, em *sites* como Shutterstock e Adobe Photo, imagens sobre diferentes países, identificamos que "arquiteturas algorítmicas favorecem a performance de neutralidade cultural, mas com categorias genéricas com muito mais destaque do que termos específicos"[135], sendo que a ideia de neutralidade é marcada socialmente pela percepção dos desenvolvedores. As taxonomias, etiquetas e modos de interpretar as imagens variam em grande medida de serviço a serviço.

O volume de etiquetas disponíveis pode dar a entender que os sistemas de visão computacional são capazes de interpretar adequadamente as imagens, mas cada etiqueta trata de indicações de aproximações e possibilidades de acerto. As diferenças entre os serviços de visão computacional disponíveis por APIs dirime qualquer pretensão de neutralidade ou exatidão. A Tabela 4 mostra uma comparação de número de etiquetas atribuídas às mesmas bases de dados comparativas de imagens relacionadas a gentílicos. Nesse estudo, exploramos como os serviços de visão computacional entenderiam imagens associadas a diferentes nacionalidades como "brasileiros", "austríacos" ou "nigerianos". Entre os resultados identificados nas comparações quantitativa e qualitativa da interpretação das imagens, encontramos pouca coerência entre os serviços e uma alta disparidade em número de etiquetas.

TABELA 4
Número de etiquetas únicas atribuídas por diferentes APIs de visão computacional em bases de imagens de banco de imagens (4 mil fotos)[136]

	Austríacos	Brasileiros	Nigerianos	Portugueses
Microsoft Azure Computer Vision API	317	561	485	501
IBM Watson Visual Recognition API	1.632	2.044	1.846	1.991
Google Cloud Vision API	2.037	2.170	1.145	1.992

A diferença de número de etiquetas atribuídas às imagens não significa necessariamente uma adequação maior ou uma taxa de erro menor. Um resultado curioso foi identificar como o serviço IBM Watson Visual Recognition, que enfatiza em sua página possuir especialidade vertical sobre classes de comida, conseguiu identificar poucos pratos típicos de culinárias regionais.

> [Estas ferramentas devem ser] compreendidas em vista do contexto em que operam, refletindo não apenas vieses contidos nos *datasets*, mas, também, formas de opressão e exclusão que condicionaram a constituição tanto dos *datasets* quanto do *software*, incluindo aí a pouca diversidade das equipes de desenvolvimento.[137]

A baixa diversidade étnico-racial, etária, cultural e de gênero – entre outras variáveis – nos *datasets* é um problema em si, adicionalmente refletido nas decisões do que é considerado aceitável para uso, treinamento e implementação. Alguns grupos não só são deixados de lado ou ignorados na produção de tecnologias hegemônicas como são estereotipados e agredidos intelectualmente na montagem dos recursos computacionais que se tornam fundações para novas tecnologias, acumulando camadas estruturais de preconceitos.

A disruptiva evolução da visão computacional na última década deu-se em grande medida devido à disponibilidade das chamadas bases de dados visuais de larga escala. A mais famosa dessas bases provavelmente seja a ImageNet, com mais de 14 milhões de imagens e milhares de classes anotadas. Competições de desenvolvimento de sistemas de reconhecimento visual sobre essa base de dados permitiram a evolução de novas técnicas de redes neurais com dezenas de milhões de parâmetros[138]. Contudo, tanto a ImageNet quanto outras bases famosas, como a JFT-300M e a Tiny-Images, possuem, desde seu início, dois problemas fundamentais: não houve registro e transparência sobre o processo de formação da base e de sua curadoria, e absolutamente nenhuma das imagens com pessoas recebeu consentimento prévio dos indivíduos representados. Vinay Prabhu e Abeba Birhane avaliam que o uso desse tipo de base de dados é uma "vitória pírrica" para a comunidade da visão computacional, pois tais avanços foram conseguidos "ao custo de dano a grupos minorizados e incentivo à erosão gradual de privacidade, consentimento e agência tanto do indivíduo quanto do coletivo"[139].

Criada em 2009, a base de dados ImageNet foi produzida por meio de coleta (*scraping*) de imagens extraídas da *web* por buscadores como o Google e em coleções de imagens de várias proveniências. Em seguida as imagens foram etiquetadas por meio de trabalho distribuído e precarizado na Amazon Mechanical Turk. Tarefas de etiquetamento de imagens como as que permitiram a emergência da ImageNet em geral são realizadas por profissionais que apenas recebem "um conjunto breve e direto de instruções. Quase nenhuma das tarefas tem indicações sobre a quais infraestruturas digitais ela serve ou os estudos que possibilita"[140]. Enquanto esse trabalho quase braçal foi pulverizado em micropagamentos[141], as elites tecnológicas globais ficaram com o trabalho considerado sofisticado de desenvolvimento, o grosso dos valores – financeiros e científicos – provenientes de suas aplicações e também a própria chance de representação:

mais da metade das fotos vem dos Estados Unidos e do Reino Unido, locais que concentram apenas cerca de 5% da população mundial[142].

Investigações sobre como a base de imagens inclui potencial discriminatório quanto a raça, gênero, profissão e outras variáveis foram realizadas por pesquisadores, sobretudo em torno da macrocategoria "Person" (pessoa) e suas categorias secundárias. A pesquisadora Kate Crawford e o artista Trevor Paglen se perguntam sobre o modo pelo qual as etiquetas presentes na base ImageNet, com frequentes conotações ofensivas disponibilizadas para milhares de produtos derivados, evocam práticas de frenologia, fisiognomia e eugenia e suas ligações fixas entre mensurações craniais ou fenotípicas com valores humanos, morais e qualitativos. Para os pesquisadores, na base de dados tudo é "planificado e fixado a uma etiqueta, como borboletas empalhadas em exibição. Os resultados podem ser problemáticos, ilógicos e cruéis"[143], especialmente quando se trata de pessoas. Prabhu e Birhane observam que os potenciais de danos são múltiplos.

> Em sociedades ocidentais, características "desejáveis", "positivas", "normais" e modos de existência são construídos e mantidos através de alinhamentos com a narrativa dominante, dando vantagens àqueles que se encaixam no *status quo*. Grupos e indivíduos nas margens, por outro lado, são frequentemente percebidos como os "pontos fora da curva" ou "desviantes". Classificação de imagens e práticas de etiquetamento, sem as precauções necessárias e consciência destas histórias problemáticas, selecionam tais estereótipos e preconceitos e os perpetuam.[144]

Crawford e Paglen também realizaram um projeto controverso para gerar consciência pública sobre as falhas de etiquetamento da ImageNet. Durante alguns meses, o aplicativo permitiu que qualquer pessoa acessasse um *site* chamado ImageNet Roulette, onde o visitante poderia subir uma imagem – geralmente uma *selfie* –, que seria processada com a base de dados ImageNet. Assim, milhares de pessoas poderiam entender como uma das mais famosas bases de treinamento para visão computacional poderia "ver" seus rostos. Ao mesmo tempo que o projeto jogou luz sobre as problemáticas da visão computacional para um maior número de pessoas, as camadas de possibilidades de fascínio, reflexão ou ofensa pela abordagem também foram situadas. A jornalista Julia Carrie Wong, do *The Guardian US*, carregou uma *selfie* para o ImageNet Roulette e, como resultado, recebeu as *tags* "*gook*" (termo derrogatório usado para pessoas do sudeste asiático, sobretudo depois da guerra do Vietnã) e "*slant eye*" ("olho puxado", também usado de forma ofensiva). Julia conta, em sua coluna, que "o aplicativo – que é parte de um projeto artístico – alcançou seu objetivo ao sublinhar exatamente o que está errado com a inteligência artificial"[145], mas a afetou pessoalmente justo em uma semana especialmente difícil para os asiáticos nos Estados Unidos, por conta da atmosfera de violências e perdas políticas.

O fato nos lembra de que não só as visibilidades e representações, mas também os horizontes de ações para lidar com tais problemáticas são multifacetados. Neste capítulo falamos da visibilidade como prática ligada a incidências de poder na relação entre branquitude e capital. Nos mercados e ambientes produtivos de tecnologia de ponta, concentrados em polos como Vale do Silício, tanto a diversidade dos corpos quanto a das epistemes são raras, o que produz impactos materiais e simbólicos nos sistemas usados por grande parte das populações mundiais. Tanto os problemas identificados como a reação de uma parcela dos desenvolvedores que foram contestados mostram que "a hegemonia da brancura presente em todos os âmbitos sociais não colabora para que os indivíduos brancos passem a questionar seus privilégios, bem como se importar com as desvantagens impostas aos demais grupos"[146].

De modo paradoxal, a invisibilidade branca se vincula a suas padronização e referência como universais, como afirma Eliana Sambo Machado: "não porque nossa cor branca passa despercebida, pelo contrário, porque nossa cor é visível, porém tal visibilidade é silenciada e representa o universal garantindo, a nós brancas/os, posições de privilégios das quais ninguém quer abrir mão"[147].

Entretanto, as ideologias reproduzidas na construção de sistemas algorítmicos imersos nas estruturas políticas da contemporaneidade não exigem que as pessoas em posição de privilégio sequer sejam confrontadas com chances de abrir mão dessas vantagens. A interface entre opacidade algorítmica em relação com o pacto narcísico da branquitude é uma das chaves para entender práticas que vão da visão computacional em artefatos lúdicos até tecnologias carcerárias algorítmicas, como o reconhecimento facial, que avançam em prol do encarceramento em massa e do genocídio negro.

---

96 Joy Buolamwini, "How I'm Fighting Bias in Algorithms", *TEDxBeaconStreet*, 2016, disponível em: <https://www.ted.com/talks/joy_buolamwini_how_i_m_fighting_bias_in_algorithms>, acesso em: out. 2021.

97 Frantz Fanon, *Pele negra, máscaras brancas*, Salvador: Edufba, 2008.

98 Brian X. Chen, "HP Investigates Claims of 'Racist' Computers", *Wired*, 22 dez. 2009, disponível em: <https://www.wired.com/2009/12/hp-notebooks-racist/>, acesso em: out. 2021.

99 Joy Buolamwini, "How I'm Fighting Bias in Algorithms", *op. cit.*

100 Parte deste capítulo reproduz ideias apresentadas no trabalho "Visão computacional e racismo algorítmico: branquitude e opacidade no aprendizado de máquina", publicado na *Revista da Associação Brasileira de Pesquisadores/as Negros/as (ABPN)*, v. 12, n. 31, 2020, pp. 428-48, disponível em: <http://abpnrevista.org.br/revista/index.php/revistaabpn1/issue/view/37>, acesso em: out. 2021.

101 JuHong Wang; SongHai Zhang; Ralph R Martin, "New Advances in Visual Computing for Intelligent Processing of Visual Media and Augmented Reality", *Science China Technological Sciences*, v. 58, n. 12, 2015, p. 2.210.

102 Como mencionado no capítulo 2, acrônimo para Google, Apple, Facebook, Amazon e Microsoft.

103 André Mintz, "Máquinas que veem: visão computacional e agenciamentos do visível", *in*: Gabriel Menotti; Marcus Bastos; Patrícia Moran (orgs.), *Cinema apesar da imagem*, São Paulo: Intermeios, 2016, p. 162.

104 *Ibidem*, p. 162.

105 Charles W. Mills, "Ignorância branca", *Griot: Revista de Filosofia*, v. 17, n. 1, 2018, pp. 413-38.

106 Gislene Aparecida dos Santos, *A invenção do ser negro: um percurso das ideias que naturalizaram a inferioridade dos negros*, São Paulo: Educ/Fapesp, 2002, p. 59.

107 Clóvis Moura, *Dialética radical do Brasil negro*, São Paulo: Fundação Maurício Grabois/Anita Garibaldi, 2014.

108 Sophie Curtis, "FaceApp Apologises for 'Racist' Selfie Filter That Lightens Users' Skin Tone", *Mirror*, 25 abr. 2017, disponível em: <https://www.mirror.co.uk/tech/faceapp-apologises-hot-selfie-filter-10293590>, acesso em: out. 2021.

109 Bruno Romani; Bruno Ponceano; Vinicius Sueiro, "Além de envelhecer, FaceApp embranquece rostos negros", *Estadão*, 2 ago. 2019.

110 Maria Aparecida da Silva Bento, *Pactos narcísicos no racismo: branquitude e poder nas organizações empresariais e no poder público*, tese de doutorado, São Paulo: Universidade de São Paulo, 2002, p. 7.

111 Google, "About Google, Our Culture and Company News", disponível em: <https://about.google/intl/en_us/>, acesso em: out. 2021.

112 Dave Chaffey, "Comparison of Organic Google Click-Through Rates by Position", *Smart Insights*, 9 jul. 2018.

113 Alamir Novin; Eric Meyers, "Making Sense of Conflicting Science Information: Exploring Bias in the Search Engine Result Page", *in*: *Proceedings of the 2017 Conference on Conference Human Information Interaction and Retrieval*, 2017, pp. 175-84.

114 Safiya Umoja Noble, "Google Search: Hyper-Visibility as a Means of Rendering Black Women and Girls Invisible", *InVisible Culture*, n. 19, 2013.

115 Maria Aparecida da Silva Bento, *op. cit.*, p. 91.

116 Tiago Rogero, "Pesquise 'tranças bonitas' e 'tranças feias' no Google: um caso de racismo algorítmico", *Blog do Ancelmo*, 2 jul. 2019.

117 Nathália Geraldo, "Buscar 'mulher negra dando aula' no Google leva à pornografia: por quê?", *Universa*, 27 out. 2019, disponível em: <https://www.uol.com.br/universa/noticias/redacao/2019/10/27/pesquisa-mulher-negra-dando-aula-leva-a-pornografia-no-google.htm>, acesso em: out. 2021.

118 Paul Frosh, "Inside the Image Factory: Stock Photography and Cultural Production", *Media, Culture & Society*, v. 23, n. 5, 2001, pp. 625-46.

119 Relatório "Stock Images and Videos Market – Global Outlook and Forecast 2019-2024". Sumário disponível em: <https://www.researchandmarkets.com/reports/4841565/stock-images-and-videos-market-global-outlook>, acesso em: jul. 2021.

120 Fernanda Carrera; Denise Carvalho, "Algoritmos racistas: a hiper-ritualização da solidão da mulher negra em bancos de imagens digitais", *Galáxia*, n. 43, jan.-abr. 2020, pp. 99-114.

121 *Ibidem*, p. 112.

122 Winnie Bueno, *Imagens de controle*, Porto Alegre: Zouk, 2020, p. 123.

123 Fernanda Carrera, "Racismo e sexismo em bancos de imagens digitais: análise de resultados de busca e atribuição de relevância na dimensão financeira/profissional", *in*: Tarcízio Silva (org.), *Comunidades, algoritmos e ativismos digitais: olhares afrodiaspóricos*, São Paulo: LiteraRUA, 2019, p. 163.

124 Loren Grush, "Google Engineer Apologizes After Photos App Tags Two Black People as Gorillas", *The Verge*, 1 jul. 2015, disponível em: <https://www.theverge.com/2015/7/1/8880363/google-apologizes-photos-app-tags-two-black-people-gorillas>, acesso em: out. 2021.

125 Tom Simonite, "When It Comes to Gorillas, Google Photos Remains Blind", *Wired*, 1 nov. 2018, disponível em: <https://www.wired.com/story/when-it-comes-to-gorillas-google-photos-remains-blind/>, acesso em: ago. 2021.

126 Camilla Hällgren; Gaby Weiner, "Out of the Shadow of Linnaeus: Acknowledging Their Existence and Seeking to Challenge, Racist Practices in Swedish Educational Settings", European Conference on Educational Research, University of Geneva, 2006.

127 Antônio Olímpio de Sant'Ana, "História e conceitos básicos sobre o racismo e seus derivados", *in*: Kabengele Munanga (org.), *Superando o racismo na escola*, Brasília: Ministério da Educação, 2005, p. 57.

128 Tarcízio Silva *et al.*, "APIs de visão computacional: investigando mediações algorítmicas a partir de estudo de bancos de imagens", *Logos*, v. 27, n. 1, 2020, p. 32.

129 *Ibidem*.

130 Joy Buolamwini; Timnit Gebru, "Gender Shades: Intersectional Accuracy Disparities in Commercial Gender Classification", *Proceedings of Machine Learning Research*, v. 81, 2018, p. 9.

131 *Ibidem*, p. 12.

132 Lauren Rhue, "Emotion-Reading Tech Fails the Racial Bias Test", *The Conversation*, 3 jan. 2019, disponível em: <https://theconversation.com/emotion-reading-tech-fails-the-racial-bias-test-108404>, acesso em: out. 2021.

133 Tarcízio Silva, "Premiação de jornalismo incentiva o technochauvinismo do *Estadão* e Microsoft", 11 fev. 2020, disponível em: <https://tarciziosilva.com.br/blog/premiacao-de-jornalismo-incentiva-o-technochauvinismo-do-estadao-e-microsoft/>, acesso em: out. 2021.

134 Julie Beck, "Hard Feelings: Science's Struggle to Define Emotions", *The Atlantic*, 24 fev. 2015, disponível em: <https://www.theatlantic.com/health/archive/2015/02/hard-feelings-sciences-struggle-to-define-emotions/385711/>, acesso em: out. 2021.

135 André Mintz *et al.*, "Interrogating Vision APIs", *Digital Media Winter Institute*, Lisboa, 2019.

136 Tarcízio Silva *et al.*, *op. cit.*, p. 37.

137 *Ibidem*, p. 41.

138 Olga Russakovsky *et al.*, "ImageNet Large Scale Visual Recognition Challenge", *International Journal of Computer Vision*, v. 115, 2015.

139 Vinay Uday Prabhu; Abeba Birhane, "Large Datasets: A Pyrrhic Win for Computer Vision?", arXiv, 2006.16923v2, 2020, p. 1.

140 Bruno Moreschi; Gabriel Pereira; Fabio G. Cozman, "Trabalhadores brasileiros no Amazon Mechanical Turk: sonhos e realidades de 'trabalhadores fantasmas'", *Contracampo*, v. 39, n. 1, 2020.

141 O etiquetamento da base de imagens para treinar os algoritmos foi realizado por milhares de trabalhadores precarizados por meio de serviços como a Amazon Mechanical Turk. Esse e outros serviços, como Clickworker, Microtask e Cloudwork, são usados por desenvolvedores que pagam por trabalho distribuído de indivíduos com características definidas pelo contratante. Geralmente o expediente é usado para trabalho repetitivo de atribuição ou identificação de características, como para marcar um quadrado no entorno de um objeto específico em uma fotografia. Os provedores do sistema aproveitam os altos níveis de pobreza e a desvalorização das moedas locais frente ao dólar para conseguir, pagando muito pouco, milhares de trabalhadores de países do Sul global.

142 Shreya Shankar *et al.*, "No Classification without Representation: Assessing Geodiversity Issues in Open Data Sets for the Developing World", arXiv, 1711.08536v1, 2017.

143 Kate Crawford; Trevor Paglen, "Excavating AI: The Politics of Images in Machine Learning Training Sets", 19 set. 2019, disponível em: <https://www.excavating.ai/>, acesso em: out. 2021.

144 Vinay Uday Prabhu; Abeba Birhane, *op. cit.*, p. 6.

145 Julia Carrie Wong, "The Viral Selfie App ImageNet Roulette Seemed Fun – Until It Called Me a Racist Slur", *The Guardian*, 18 set. 2019, disponível em: <https://www.theguardian.com/technology/2019/sep/17/imagenet-roulette-asian-racist-slur-selfie>, acesso em: out. 2021.

146 Janaína Ribeiro Bueno Bastos, "O lado branco do racismo: a gênese da identidade branca e a branquitude", *Revista da Associação Brasileira de Pesquisadores/as Negros/as (ABPN)*, v. 8, n. 19, 2016, p. 227, disponível em: <https://abpnrevista.org.br/index.php/site/article/view/33>, acesso em: out. 2021.

147 Eliana Sambo Machado, "Visibilidade não marcada da branquitude: discursos de mulheres brancas acadêmicas", *Revista da Associação Brasileira de Pesquisadores/as Negros/as (ABPN)*, v. 10, 2018, p. 381, disponível em: <https://abpnrevista.org.br/index.php/site/article/view/545>, acesso em: out. 2021.

4
NECROPOLÍTICA ALGORÍTMICA

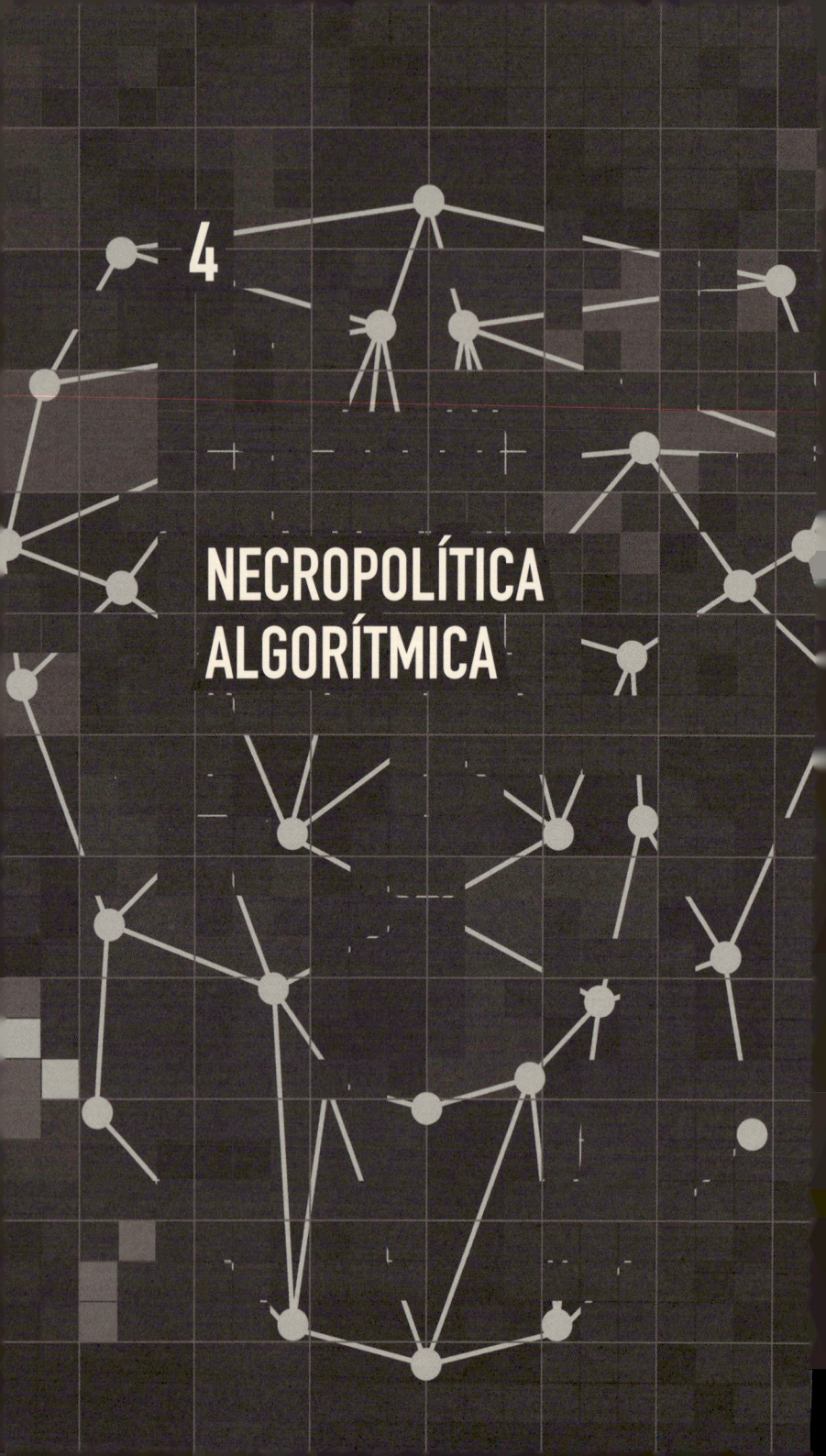

"**ELES NÃO VIRAM QUE EU ESTAVA COM A** roupa da escola, mãe?" A frase foi uma das últimas ditas por Marcus Vinícius, 14 anos, morador do Complexo da Maré, no Rio de Janeiro. Baleado por policiais durante operação, Marcus morreu nos braços da mãe, que também evocou a escola para defender seu filho das acusações de criminalidade que sabia que viriam em seguida: "Bandido não carrega mochila", disse Bruna da Silva, ao mostrar a jornalistas a mochila e cadernos do filho[148].

A plena complexidade simbólica das pessoas negras foi sumariamente negada no caso acima, e em centenas de outros anualmente, pelas ferramentas ideológicas do genocídio negro[149]. Não podemos compreender os meandros da necropolítica e do genocídio negro no Brasil sem levar em conta de forma franca o abismo de compreensão da realidade social e política promovido pela cultura hegemônica que, impulsionada pela supremacia branca, conta uma história única.

No final do século XIX, o sociólogo W. E. B. Du Bois propôs, a partir de Frederick Douglass, o conceito de "linhas de cor". O conceito foi elaborado para entender os Estados Unidos, mas pode facilmente ser expandido para parte da realidade afrodiaspórica do continente. A permanente e relativa opacidade pública da opressão física, política e econômica no pós-abolição em um país dividido em contrastes foi tornada possível por meio do controle do conhecimento formal, de representações oficiais e de currículos escolares pela branquitude. Mas a situação peculiar das populações afrodiaspóricas lhes permitiria desenvolver, em alguns momentos, uma dupla consciência.

> Um mundo que não lhe permite produzir uma verdadeira autoconsciência, que apenas lhe assegura que se descubra através da revelação do outro. É uma sensação peculiar, essa dupla consciência, esse sentido de sempre olhar a si próprio através dos olhos de outros, de medir um sentimento através das medidas de um mundo que o contempla com desprezo e pena.[150]

Em países como o Brasil, a crença por parte de indivíduos negros e minorias políticas na existência de igualdade e no Estado de Direito só é possível graças ao controle de interpretações e representações da realidade social. Diferentes marcos classificatórios sobre os corpos "matáveis" agem de forma aparentemente paradoxal. Ao mesmo tempo que a ideologia de instituições como a polícia militar condiciona seus membros a desumanizar os negros, o poder hegemônico apaga dados, informações e, sobretudo, possibilidades de reflexões críticas e propositivas sobre a desigualdade abissal existente no país.

É negado à maioria o direito à própria defesa física, intelectual e política. Acreditar que o uniforme escolar seria um marcador de inocência e respeito pelas regras sociais não permitiu que Marcus Vinícius compreendesse desde cedo que se torna um alvo da polícia, por heurística de raça e espacialização, ao ser um jovem negro morador de favela. Nas palavras de Beatriz Nascimento, trata-se da existência de uma sociedade dupla ou tripla em termos de direitos, respeito à humanidade e enquadramento da representação social hegemônica. Tal dissonância levaria os negros brasileiros a uma carga maior de esforço social: "Uma sociedade branca, em que o seu comportamento tem de ser padronizado segundo os ditames brancos, você como preto se aluna, passa a viver outra vida, flutua sem nenhuma base onde pousar, sem referência e sem parâmetro"[151].

As classificações sociais são instrumentalizadas como exercícios de poder e registro – ou recusa ou falseamento do registro – do impacto das relações raciais. Em uma sociedade pautada pela imbricação do racismo nas tecnologias, o processamento de decisões automatizadas sobre indivíduos e grupos a partir de aprendizado de máquina intensifica as tendências de apagamento e opacidade das desigualdades.

Gênese colonial da necropolítica e a imaginação carcerária

Como vimos, para tratar de tecnologias de ordenamento e classificação dos indivíduos por lógicas racializantes, é preciso passar pelo resgate histórico dos processos de normalização da hipervigilância e controle violento de determinados grupos.

O projeto colonial, sobretudo a partir do século XVIII, transformou a face do mundo e da humanidade – assim como promoveu a desumanização. Tal projeto, como já havia sido a chamada "conquista" de regiões como a América, partiu do genocídio de povos originários e chegou à produção de tecnologias materiais e à gestão de grandes populações em favor dos projetos eurocêntricos. Durante o período, naturalizaram-se práticas de extermínio, expropriação, dominação, exploração, genocídio, tortura e violência sexual, em um tipo de hierarquia global em que tais horrores[152] passaram a ser estratificados espacialmente.

Entretanto, a "ordem das coisas no mundo moderno/colonial é tal que as questões sobre colonização e descolonização não podem aparecer, a não ser como mera curiosidade histórica"[153], a partir de negações que reproduzem a invisibilização do papel exercido pelo projeto colonial e pelo supremacismo branco em instituições e construtos como prisão, cidade, leis, além do aparato policial e suas práticas. Vigilância e classificação social hierarquicamente racializadas compõem o centro da alocação diferencial de humanidade que permite a manutenção global do capitalismo[154]. O horror ao outro e à alteridade, sustentado pelas ficções de "raças" destoantes do padrão hegemônico eurocêntrico, possibilitou o desenvolvimento de tecnologias de disciplina, controle e punição aperfeiçoadas nas invasões e extrações coloniais.

Na importante obra *Dark Matters: On the Surveillance of Blackness* ("Matérias escuras: sobre a vigilância da negritude", em tradução livre), Simone Browne desvela a gênese da vigilância contemporânea, sobretudo dos séculos de colonialismo escravista nas Américas. Resgatando o pioneirismo de Frantz Fanon na temática, Browne nos lembra de que o martinicano propôs caracterizar a modernidade como o processo de "fichamento" do homem. Seriam os "registros, arquivos, folhas de ponto e documentos de identidade que juntos formam uma biografia, e algumas vezes uma biografia não autorizada, do sujeito moderno"[155], com reflexos nas representações datafícadas dos sujeitos nas bases de dados contemporâneas.

Antes da sistematização da classificação social por mecanismos estatais, o projeto colonial-escravista lidou com o desafio de gerir os horrores da imigração forçada de milhões de africanos escravizados por meio de tecnologias da transformação do humano em mercadoria, da desumanização dos africanos a partir da ideologia cristã e do racismo científico e de táticas de controle, com evitação de fugas e insurreições.

Browne argumenta que "a história da marcação a ferro no escravismo transatlântico antecipa os projetos de 'classificação social' [...] nas práticas contemporâneas de vigilância"[156], tais como em passaportes, documentos de identificação e bases de dados de crédito. Compartilhada em diferentes escalas por escravistas ingleses, holandeses, espanhóis e portugueses, a prática da marcação a ferro foi adotada em grande escala, e não só como instrumento de tortura e subjugação dos escravizados: também foi usada para gestão comercial e internacional dos corpos – algumas marcas distinguiam, antes da marcação do escravista individual, qual nação imperial sequestrara os escravizados – e classificação de indivíduos aptos à exploração. A marcação era usada, ainda, para imposição de um caráter extra de marginalização, como no caso da marcação de letras como F de "fugido"[157], no Brasil.

Tais projetos coloniais baseados em mão de obra de pessoas escravizadas se assemelharam no que diz respeito à adaptação de tecnologias para controle e criminalização das populações. O uso obrigatório de lanternas por escravizados que precisavam se movimentar pela cidade sem levantar suspeitas adicionais foi registrado por historiadores estadunidenses e brasileiros[158]. A prática foi usada aqui por escravistas analfabetos quando não conseguiam escrever os bilhetes necessários – com nome da pessoa escravizada, nome do "proprietário" e tarefa em andamento – a seus escravizados em movimentação citadina depois do toque de recolher.

Na história recente, persistem manifestações de diferenciação racial na relação entre indivíduo e documentos de identificação em contexto de hipervigilância no cotidiano. São exemplos disso a valorização de carteiras de trabalho preenchidas como defesa contra as criminalizadoras "leis de vadiagem", presentes em diversas versões, desde o período imperial até atualidade, especialmente durante a ditadura militar[159], e a suspeição generalizada sobre negros e pobres, que passam a ter um zelo especial no porte de notas fiscais de compra[160].

Enquanto instâncias do racismo científico-colonial se modernizavam nos campos da frenologia e da criminologia, o exercício biométrico seguia sua práxis na perseguição de pessoas negras e/ou escravizadas. Browne chamou a atenção também para o papel dos anúncios em jornais sobre pessoas escravizadas em resistência e fuga. Trata-se de um modo de consumo do sujeito negro por um público presumidamente branco, que subentendia os leitores desses anúncios como uma "comunidade imaginária de vigilância: os olhos e ouvidos da espreita, observação e regulação face a face"[161]. A tática foi comum em diversos locais do mundo escravista, onde o negro violado em seus direitos humanos passou a ser construído ideologicamente também nos jornais como "contrário ao trabalho e à liberdade, sendo necessária vigilância constante"[162].

Autoridades brasileiras, por meio do "recurso da edição de posturas, tentavam a todo custo (e quase sempre sem o sucesso esperado) controlar os passos da população africana e afrodescendente"[163], criando instrumentos legais e infraestrutura policial para promover a estratificação da sociedade, definindo quais grupos deviam ser postos sob suspeição perene e vigiados constantemente. Os meios de comunicação de massa de então tornaram-se ferramentas não só de suporte da vigilância, mas também de promoção e normalização da vigilância distribuída realizada pelos grupos hegemônicos, em consonância com o Estado racista.

No final do século XIX, em São Paulo, embora o número de cativos tenha sido sempre limitado, nem por isso a presença de escravos nas ruas deixou de justificar a adoção de medidas rígidas de controle e vigilância[164], o que se intensificou quando a cidade se tornou rota e destino para fluxos de pessoas escravizadas em fuga.

Entre o aparato policial militar no Brasil, já em desenvolvimento no início do século XIX, e as "elites" escravocratas e corruptas, desenvolveu-se uma relação de dependência mútua, sendo incutidos nas ideologias e práticas policiais o controle e o genocídio das populações subalternas, sobretudo com a ameaça dos movimentos abolicionistas.

Entre os inúmeros casos registrados da naturalização do uso da força policial pelas classes médias brancas na defesa de privilégios corriqueiros, vale citar o da perseguição a Joaquim Mina, alforriado, na Itu de 1856. Curandeiro e conselheiro de outros negros escravizados, Joaquim foi perseguido por um coletivo de cidadãos escravistas da cidade. Foi denunciado na polícia por supostas práticas de "feitiçaria" e disseminação de ideias de insubordinação que influenciariam os escravizados da região. Entre os denunciantes, estava o médico Ricardo Gumbleton Daunt, que se apresentou como o mais irritado, pois alegava especial ofensa a sua profissão – alguns escravistas preferiam tratar da saúde de suas vítimas com o curandeiro, em vez de procurar o médico diplomado e autorizado pelo próprio d. Pedro II.

O médico, e isso já em meados do século XIX, não aceitava a concorrência de alguém que ele não considerava humano, inclusive por ser o próprio médico também escravista. Como poderia aceitar que "um preto desregrado e de comportamento vicioso vinha lhe estragar o único escravo que conseguira comprar neste tempo todo?"[165].

A permanência e a intensificação da violência racista em países como o Brasil e Estados Unidos até mesmo entre brancos de classe econômica baixa envolvem, de forma estratificada, privilégios da branquitude na distribuição de recursos diversos. Mas também é importante observar dois aspectos essenciais para a gestão da filiação das classes baixas a aspectos do supremacismo branco em termos econômicos e políticos: a projeção individualista e neoliberal da possibilidade de ascensão a partir do reflexo cultural hegemônico da equivalência entre branquitude e sucesso; e a introjeção do conhecimento – ora tácito, ora explícito – sobre quais são os grupos "matáveis" e passíveis de exclusão.

W. E. B. Du Bois chamou de "salário psicológico" o modo pelo qual algumas garantias de respeito à humanidade e acesso a recursos públicos, ainda que mínimos, motivaram o proletariado branco estadunidense a priorizar o privilégio racial em detrimento do interesse de classe, o que teria impedido a associação de amplos estratos populacionais contra a exploração pelos verdadeiros donos do poder e capital[166]. De forma similar, nos anos 1960, Abdias Nascimento chamou a atenção para a percepção racializada do poder coercivo nas mãos das classes dirigentes, manipulado como "instrumento capaz de conceder ou negar ao descendente africano acesso e mobilidade às posições sociopolíticas e econômicas"[167].

A evolução dos meios e tecnologias de comunicação e informação foi direcionada através de ideologias filiadas ao supremacismo branco, resultando na incorporação de uma "imaginação carcerária" na cultura e nos artefatos. O conceito de Ruha Benjamin oferece uma lente para entender a questão.

> Visões de desenvolvimento e progresso são muitas vezes construídas sobre formas de subjugação social e política que exigem atualização na forma de novas técnicas de classificação e controle. Quando os pesquisadores se propõem a estudar os valores, suposições e desejos que moldam a ciência e a tecnologia, também devemos permanecer atentos às ansiedades e medos raciais que moldam o design da tecnociência.[168]

Compreender as tecnologias carcerárias algorítmicas como a distribuição do reconhecimento facial passa por compreender que a "imaginação carcerária" vigente em países moldados pelo colonialismo e pelo supremacismo branco exige entender *"quem e o que é fixado no mesmo lugar – classificado, encurralado e/ou coagido"*[169] e como as tecnologias e instituições são criadas para a manutenção e a promoção das hierarquias sociais de exploração.

Tal dinâmica, central para o racismo estrutural em vista da construção e da atualização constante do negro como representação do perigo e da alteridade, casou-se plenamente com a cultura do encarceramento[170] como solução para os desviantes no país. Se concordamos com Achille Mbembe quando ele afirma que "racismo é acima de tudo uma tecnologia destinada a permitir o exercício do biopoder" e sua função é "regular a distribuição da morte e tornar possíveis as funções assassinas do estado"[171], o estabelecimento de estruturas de castas raciais mais ou menos difusas em países como Brasil e Estados Unidos[172] promoveu introjeções diferenciais sobre a relação com a polícia e o encarceramento entre os diferentes grupos componentes de tais países.

Reconhecimento facial e tecnochauvinismo

Em novembro de 2019, uma reportagem da TV Itapoan, da Bahia, entrevistou a mãe de um adolescente confundido com um traficante. A partir de identificação equivocada em imagens das câmeras de segurança, foi abordado dentro do metrô de Salvador e levado à delegacia. Segundo a mulher, não identificada para sua própria segurança, o filho chegou em casa abalado com a violência policial e precisou de muitos minutos para se acalmar e contar o que acontecera. Posteriormente, ficou "com medo de ir pra escola, com medo de pegar ônibus, com medo de pegar metrô, com o emocional abalado"[173].

Em janeiro de 2020, Robert Williams, 42 anos, foi abordado por policiais em sua casa, na frente da esposa e das filhas de 2 e 5 anos, acusado de roubar uma loja de relógios em Detroit, Estados Unidos. Os policiais chegaram a seu nome e endereço, na cidade vizinha, ao rodar uma imagem das câmeras de segurança na base de dados de reconhecimento facial do departamento. Sua esposa perguntou ao policial para onde estava sendo levado, recebendo a ríspida resposta "Procure no Google". Na delegacia, Williams precisou mostrar repetidamente aos policiais o quanto a foto do homem nas imagens da câmera de segurança em nada se parecia nem com ele nem com sua foto da base de dados. Apesar disso, os policiais custaram a questionar a autoridade do sistema computacional. Williams precisou pagar fiança, depois de trinta horas preso injustamente, e ainda está enfrentando problemas familiares, pessoais e psicológicos pelo ocorrido[174].

Os dois casos podem chocar, mas se tornam cada vez mais frequentes, ainda que subnotificados. O reconhecimento facial para fins policiais já existe há mais de vinte anos, mas uma combinação do barateamento da tecnologia, aumento das bases de dados biométricos, leniência legislativa e *lobby* das empresas acelerou sua adoção nos últimos tempos. Há outros casos tão ou mais chocantes de falsos positivos, mas esses dois tocam em pontos essenciais para a compreensão da problemática do reconhecimento facial: sua relação com a infraestrutura de transporte público e o direito à cidade e a normalização da decisão computacional como fuga da individualização da responsabilidade humana.

Assim como aconteceu com o fornecimento de dados pessoais às plataformas de mídias sociais, a normalização da coleta e do processamento dos dados biométricos no espaço urbano começa com a extração a partir de benefícios aparentemente positivos ou inofensivos. Na cidade de São Paulo, por exemplo, a primeira linha de metrô concessionada para a iniciativa privada, a ViaQuatro, do grupo CCR, buscou enquadrar em 2018 como inovação positiva a instalação de painéis publicitários digitais que contavam as pessoas que olhassem para as telas, fazendo reconhecimento de expressões faciais. A pedido de órgão de defesa do consumidor, a Justiça de São Paulo determinou inicialmente a retirada da tecnologia[175].

A normalização pública da tecnologia no país e no estado tem avançado a passos largos a partir do uso iniciado em redes de transporte. Levantamento exploratório de sistemas de reconhecimento facial adotados pelo poder público mostrou que, do número – crescente – de casos reportados, 44% se dão em equipamentos e infraestrutura de transporte público[176].

No início de 2020, o governo de São Paulo inaugurou o "Laboratório de Identificação Biométrica – Facial e Digital"[177] para estabelecer avanços na gestão de dados biométricos digitais e a promoção do uso e normalização do reconhecimento facial. Na ocasião, o governador João Dória festejou de forma tecnicista a inauguração do laboratório, que "localiza o bandido antes que ele execute o crime" (*sic*) a partir do recurso aos mais de 30 milhões de fotografias de cidadãos na base de dados. Fechando o discurso, parabenizou o delegado-geral da Polícia Civil, "que nunca prendeu tanto quanto nestes 13 meses"[178]. O laboratório faz parte do Instituto de Identificação Ricardo Gumbleton Daunt – nomeado a partir de inovador criminólogo e datiloscopista que, por sua vez, recebeu o mesmo nome do avô médico escravista mencionado na seção anterior.

O *lobby* das empresas de inteligência artificial e tecnologia de repressão pública tem aproveitado a onda de projetos políticos de extrema direita pelo mundo, de

Trump a Bolsonaro. Eleito por apoiar as ideias violentas e segregadoras de Bolsonaro, o então candidato a governador do Rio de Janeiro Wilson Witzel teve como uma de suas propostas centrais bandeiras de fortalecimento da segurança pública com sistemas de vigilância e reconhecimento facial. Adotadas com alarde e a toque de caixa no Carnaval de 2019, com o apoio de empresas parceiras do governo, já no ano seguinte os sistemas foram desativados por supostos impactos da pandemia[179]. Witzel seria afastado pelo Superior Tribunal de Justiça em agosto de 2020 por corrupção e, em maio de 2021, perderia o cargo, sendo o primeiro governador a sofrer *impeachment* no país.

O clima especialmente reacionário abre espaço para que empresas de tecnologia promovam seus produtos junto a projetos políticos repressivos. A convergência do medo do espaço público com a crença de que mais polícia e mais dispositivos tecnológicos – ambos, fatores atravessados pelo racismo – seriam a solução promovem o que Meredith Broussard chamou de *tecnochauvinismo*.

> Tecnochauvinismo é a crença de que tecnologia é sempre a solução. [...] usualmente é acompanhado por crenças próximas, como meritocracia, nos moldes de Ayn Rand; valores políticos tecnolibertários; celebração de liberdade de expressão, a ponto de negar que assédio *online* é um problema; a noção de que computadores são mais "objetivos" ou "sem vieses" porque eles destilam questões e respostas através de avaliação matemática.[180]

Um policial que confia mais no sistema algorítmico do que nos próprios olhos face a face com um suspeito que tenha sido vítima de falso positivo do reconhecimento facial representa uma das materializações mais loquazes da interface entre racismo e tecnochauvinismo. A diluição de responsabilidade que se verifica na atribuição à tecnologia de agência sobre decisões relacionadas a abordagem, identificação, tipificação ou condenação, por meio de dispositivos como reconhecimento facial, policiamento preditivo e escores de risco, é um dos maiores perigos do racismo algorítmico.

Erros e acertos do reconhecimento: seletividade penal

Tecnologias de reconhecimento facial são incrivelmente imprecisas. E não se trata de erros desconhecidos pela academia, por ativistas ou pelo poder público. Um número crescente de relatórios estatais ou independentes tem demonstrado as fragilidades da tecnologia que, não obstante, segue em ampla expansão. Além dos estudos mais abrangentes sobre a imprecisão da visão computacional citados anteriormente, dois casos merecem atenção.

Pesquisadores da Universidade de Essex acompanharam entre 2016 e 2019 a adoção de uma série de procedimentos exploratórios de reconhecimento facial pela polícia metropolitana de Londres, que instituiu uma *watchlist* (lista de observação) que buscava milhares de faces de pessoas procuradas em diversos espaços públicos. Entretanto, cerca de 38% das indicações do programa foram julgadas não críveis pelos policiais, mesmo antes da abordagem. E, mesmo com esse filtro, as abordagens realizadas penderam para o erro: cerca de 63% dos indivíduos abordados foram "falsos positivos": pessoas que não eram as procuradas.

Entretanto, os líderes do estudo, Pete Fussey e Daragh Murray, enfatizam também um problema particular em termos da relação custo-benefício do projeto. Ao comparar o número dos procurados inclusos nas *watchlists* com as abordagens indicadas e realizadas, a disparidade é ainda maior: bases com mais de 2,4 mil suspeitos geraram apenas oito prisões. Dados proporcionais ainda piores são reportados no Brasil, onde gigantesca infraestrutura de reconhecimento facial foi adotada na Micareta de Feira de Santana, na Bahia, coletando 1,3 milhão de rostos para o cumprimento de apenas 18 mandados[181].

Também foi observado o problema de "oficiais de rua não esperarem pelo processo de decisão na sala de controle – um claro exemplo de presunção em favor da intervenção"[182], reforçando o perigo da relação de tais tecnologias com a cultura policial, independentemente da precisão ou imprecisão da análise de reconhecimento.

Um dos casos relatados no estudo londrino foi uma abordagem violenta contra um jovem negro de 14 anos – vestido com roupa escolar. Também "falso positivo". Apesar dos erros, no ano seguinte a polícia da cidade declarou que buscava expandir o sistema. Um comissário de polícia afirmou que a instituição deseja "garantir que estas implementações sejam efetivas no combate ao crime, mas que também sejam aceitas pelo público. Londrinos esperam que adotemos esta tecnologia responsavelmente"[183]. Entretanto, uma investigação do *Independent* mostrou que os indivíduos abordados não receberam explicação sobre os motivos e sobre a tecnologia de abordagem nas fases de teste[184].

***

O National Institute of Standards and Technology (Instituto Nacional de Padrões e Tecnologia) dos Estados Unidos analisa recursos de reconhecimento facial e biometria para verificação e identificação desde 1994, com abrangência crescente, por conta da evolução desse mercado. Algumas edições anteriores incluíram de forma inconsistente medição de variáveis demográficas como raça, gênero e idade, mas, em 2019, graças à pressão pública sobre o tema, foi publicado um detalhado relatório específico sobre efeitos demográficos em 189 algoritmos testados, provenientes de países como Estados Unidos e China. O estudo identificou que as taxas de erro relativas a "falsos positivos" são de dez a cem vezes maiores para fotos de pessoas negras, asiáticas ou de povos originários. No caso da população negra, os erros foram consistentemente mais acentuados nos sistemas usados para fins policiais.

Reconhecer o ponto de vista dos autores implícito nos riscos apontados no relatório é importante. O documento tem como preocupação central o controle estatal do acesso e da movimentação de pessoas.

> Em um controle de acesso um a um, falsos negativos atrapalham usuários legítimos; falsos positivos enfraquecem as metas de padrões de segurança dos gestores. De outro lado, em um sistema um a muitos, um falso negativo apresenta um problema de segurança, e um falso positivo discriminaria visitantes legítimos.[185]

A capacidade dos fornecedores de tecnologia de auditar seus próprios sistemas, a aceitação de taxas de erro, o modo pelo qual os instalam e vendem e, por fim, o modo como compradores governamentais avaliam ou aceitam tais erros são tão ou mais importantes que os índices métricos de acurácia ou erro.

Em sociedades como a brasileira, em que a seletividade penal racista é a regra, tecnologias de rastreamento não poderão senão servir ao encarceramento em massa de grupos específicos. Com mais de 700 mil pessoas encarceradas, o Brasil tem a terceira maior população carcerária do mundo, atrás apenas de Estados Unidos e China. No ano 2000 o número era muito menor, totalizava 232 mil pessoas. Razões para o aumento incluem instrumentos de intensificação da repressão, como a Lei n. 11.343 ("Lei Antidrogas"). A morosidade e a desumanidade do Poder Judiciário aceitaram também que 292 mil pessoas estivessem presas sem condenação no levantamento de 2016. Quase metade dos presos provisórios estava encarcerada havia mais de noventa dias, sem julgamento ou sentença[186].

Entre as pessoas encarceradas, 64% são negras e 75% não puderam realizar o ensino médio. Quando cruzamos esse dado com as razões para a prisão, deparamos-nos com a criminalização da negritude e da pobreza. Entre os homens, 26% estão presos por tráfico e 12% por furto, enquanto 62% das mulheres respondem por tráfico e 11% por furto.

Tais disparidades levaram consequentemente a novas camadas de discrepâncias imediatas na aplicação de tecnologias carcerárias algorítmicas. Estudo pioneiro da Rede de Observatórios de Segurança mostrou que 90,5% dos presos a partir de reconhecimento facial foram pessoas negras, com os estados da Bahia, Rio de Janeiro e Santa Catarina na liderança no uso dessa técnica[187].

Os dados foram levantados a partir de cobertura da imprensa sobre abordagens ou declarações espontâneas das secretarias de segurança pública, mas a precisão das informações e a transparência por parte de iniciativas estatais ainda deixam a desejar. Pablo Nunes argumenta que sistemas de reconhecimento facial são apresentados como formas de modernização da prática policial, "mas na verdade têm representado um retrocesso em relação à eficiência, transparência, *accountability* [prestação de contas] e proteção de dados pessoais da população"[188].

O recrudescimento do respeito a instrumentos de transparência pública, como a Lei de Acesso à Informação, se relaciona com o incentivo social de estigmatização de cidadãos que entraram de algum modo em contato com o sistema prisional. Juristas observam que, sem a necessária transparência dos órgãos públicos sobre os sistemas adotados, os índices de precisão e sobre como são treinados, é provável que "a política do encarceramento em massa se intensifique cada vez mais e, principalmente, em cima da falsa identificação de suspeitas"[189]. Os dados exploratórios apontam que essa é uma tendência crescente – e o reconhecimento facial é apenas a tecnologia carcerária algorítmica mais visível no processo.

Riscos espacializados e corporificados

Os esforços em restringir a movimentação das pessoas no espaço público segregado se desdobram em diversas frentes, como planejamento urbanístico, meios de transporte e habitação. Para promoção do encarceramento de grupos específicos, o policiamento diferencial em regiões supostamente mais violentas ou problemáticas, do ponto de vista do Estado, se confunde com a própria história da instituição. Entretanto, pela égide da eficiência, práticas de policiamento preditivo ou escores de risco sobre o espaço ou pessoas intensificam essa segregação.

Os mapas de crime ou *hotspots* são recursos tradicionais, que no Brasil remontam à época do Império[190], tendo sido transformados nas últimas décadas com a digitalização de dados e a sedução das potencialidades algorítmicas. A construção de "centros de controle" fortalece na prática policial uma espécie de normatividade empresarial[191] na gestão de informação sobre o fazer da segurança pública, priorizando indicadores e o alcance e reprodução de metas espacializadas.

O núcleo da ideia de policiamento preditivo está na alocação de recursos humanos – como rondas e busca por comportamentos suspeitos – e materiais-tecnológicos, como câmeras de vigilância, para direcionar a vigilância proativa sobre espaços em que certos índices de criminalidade foram medidos a partir de séries históricas. Entretanto, as práticas seletivas da polícia quanto a seus imaginários de quem é o criminoso e os tipos de crimes observados e registrados geram a retroalimentação criminalizadora de determinadas regiões e grupos de pessoas.

Como vimos, tipos penais que geram tanto engajamento policial quanto altos índices de encarceramento são em grande número ligados a crimes como tráfico de drogas ou crimes contra a propriedade, como furto. Um levantamento coordenado por Jacqueline Sinhoretto sobre desigualdade racial quanto à letalidade policial e prisões em flagrante em São Paulo mostra:

> A vigilância policial privilegia as pessoas negras e as reconhece como suspeitos criminais, flagrando em maior intensidade as suas condutas ilegais, ao passo que os brancos, menos visados pela vigilância policial, gozam de menor visibilidade diante da polícia, sendo surpreendidos com menor frequência em sua prática delitiva.[192]

Um dos índices mais chocantes do estudo é o de letalidade policial, no qual 61% das vítimas no levantamento são negras. Quando comparado com o total da população, tal número significa um índice três vezes maior que o dos cidadãos brancos. Adicionalmente, 96% das mortes perpetradas pela polícia não geraram indiciamento dos policiais ou foram arquivadas.

Quando as construções estruturais do racismo se somam a essas práticas, ao enquadramento das favelas e periferias como espaços criminalizados e à violenta tipificação de condutas como tráfico de drogas, o poder policial torna-se, em realidade, livre para matar de forma discricionária.

Desde o século XIX, a criminalização de uso, cultivo ou venda de substâncias como as derivadas da *cannabis* foi realizada pelo medo de subversão ideológica das relações sociais ou de trabalho. "Fumo de angola", "planta africana" ou mesmo despudoramente "fumo de negro" foram termos usados ao longo dos séculos XIX e XX para falar da maconha, criminalizada primeiramente no Brasil, que teve um papel relevante nessa história. Um médico sergipano, de inspiração lombrosiana, defendeu a criminalização internacional a partir de uma perspectiva despudoradamente eugenista contra os negros. Com tal herança ideológica, tanto no âmbito institucional quanto no social justificam-se facilmente assassinatos de pessoas negras e/ou pobres perpetrados por policiais, sobretudo em periferias e favelas, com frequentes alegações de que a vítima participava do tráfico de drogas[193].

A partir da análise de 4 mil sentenças por tráfico em São Paulo, jornalistas da *Pública* identificaram como pessoas negras são mais condenadas por esse delito portando menor quantidade de droga – no caso da maconha, a média das apreensões variou de 136,5 gramas (pessoas negras) a 482,4 gramas (pessoas brancas) no estudo. A discrepância mais acentuada esteve na tipificação de presos com quantidades de até 10 gramas de maconha: 68,4% dos abordados negros foram considerados traficantes contra 18,1% dos brancos[194].

Mesmo sem contar o uso frequente dos chamados "kits flagrantes"[195], a anuência acrítica ao valor de prova testemunhal de agentes policiais na "guerra às drogas" é a primeira ferramenta usada pelo racismo de Estado no estabelecimento de critérios diferentes para encarceramento de negros e pobres. A alimentação de sistemas algorítmicos com dados gerados por instituições nos funis da segurança pública, que aproximam os fatores negritude e pobreza de resultados como encarceramento e morte não pode, portanto, ser naturalizada.

Paradigmático, o caso do COMPAS (Correctional Offender Management Profiling for Alternative Sanctions) tornou-se sinônimo de avaliação algorítmica na justiça criminal, especificamente sobre escores de risco de reincidência. O produto principal do COMPAS é um conjunto de escores de risco baseados em 137 variáveis e questões relacionadas aos réus. Oferecendo um escore de risco de reincidência que vai de 1 a 10, ajudaria juízes e conselhos de liberdade condicional a decidir sobre fianças, penas e possibilidades de penas alternativas, levando em conta a provável ou possível repetição de delitos.

Jornalistas da *ProPublica* identificaram a atribuição de riscos desproporcional a réus brancos e negros. Em um caso, um homem branco, Vernon Prater, preso por furto, mas com histórico de assaltos à mão armada e furtos qualificados, recebeu um escore 3, que representa risco baixo. Uma jovem negra, Brisha Borden, também presa por furto, tinha apenas histórico de infrações juvenis, mas recebeu escore de reincidência 8, alto. Se a comparação das infrações com o escore assusta, o mesmo ocorre com sua (in)capacidade preditiva: com escore baixo, Vernon reincidiu, realizando um assalto de grandes proporções. Brisha, com escore alto, não reincidiu[196].

Porém, as 137 variáveis explicam apenas parte do problema. Transcrevo algumas delas: quantos de seus amigos ou conhecidos já foram presos? Quantas vezes se mudou no último ano? Você tem um apelido? Seus amigos ou vizinhos já foram vítimas de crimes? Quantos amigos seus usam drogas ilegais? Já foi suspenso da escola? Com qual frequência você fica entediado? Você concorda que uma pessoa passando fome tem o direito de furtar? Concorda que a lei não ajuda o cidadão médio?

Além das questões mais óbvias, como tipo de crime e histórico de infrações, as variáveis supostamente preditivas levantam também condições sociais, relacionamentos e até a declaração de atitudes. A socióloga Ruha Benjamin aponta que "todas essas variáveis são estruturadas por dominação racial – de discriminação no mercado de trabalho a favelização –, e o levantamento mede em que medida as chances de vida individuais foram impactadas por racismo sem perguntar a raça do indivíduo"[197].

Como resultado agregado a esse processo, a distribuição de escores de risco de reincidência tornou-se extremamente enviesada e prejudicial contra estadunidenses negros, que tiveram os escores distribuídos de 1 a 10, com alta concentração em riscos altos. Para os estadunidenses brancos, a distribuição foi favorável, com muitos escores mínimos (1) e poucos escores máximos (10).

A ordenação necropolítica do mundo envolve uma constante transformação dos mecanismos de violência, punição e classificação dos indivíduos pelos poderes hegemônicos herdeiros do colonialismo. Tecnologias algorítmicas e a definição dos limites aceitáveis do que é considerado qualidade e eficiência na inteligência artificial são moldados por tal estado das relações de poder. Como escreve Achille Mbembe, "[a necropolítica envolve] a produção de fronteiras e hierarquias, zonas e enclaves; a subversão dos regimes de propriedades existentes; a classificação das pessoas de acordo com diferentes categorias; extração de recursos; e, finalmente, a produção de uma ampla reserva de imaginários culturais"[198].

Os últimos séculos tornaram a prisão uma das características mais importantes do nosso imaginário sobre a sociedade, fazendo com que "considerássemos a existência delas [das prisões] algo natural. A prisão se tornou um ingrediente essencial do nosso senso comum"[199], como aponta Angela Davis. Tais imaginários se apresentam em instâncias estruturais como ideologia e cultura, que são ligadas ao estado em sua condição de reprodutor da supremacia branca, mas também em sua retroalimentação por meio de dados e produções de imaginários, estereótipos, visualidades e classificações perversas sobre vida, morte e violência.

Criminalização das visualidades e rostos racializados

Tamir Rice, 12 anos, assim como Marcus Vinícius e milhares de crianças negras por todo o mundo, também acreditou erroneamente que poderia exercer plenamente sua infância como o fazem os garotos brancos estadunidenses.

O garoto estava brincando em um parque com uma arma de brinquedo e outro morador do quarteirão ligou para a polícia, alegando que uma pessoa – provavelmente um adolescente – estaria ameaçando pessoas com uma arma de brinquedo. Os policiais enviados para o local receberam por rádio a informação de que havia um homem portando uma arma de verdade. Chegaram ao local e assassinaram Tamir imediatamente, em um estado onde é legal portar armas no espaço público, desde que à vista.

Reproduzir inferências racistas que colocam o negro e outros grupos racializados como violentos em potencial é um dos pilares da supremacia branca, na medida em que justifica controle e violência e impede a solidariedade e o associativismo baseados em classe. Confundir objetos rotineiros com armas, em abordagens de policiais que atiram antes de perguntar, é uma prática frequente no Brasil. Casos recentes incluem o assassinato perpetrado por policiais que alegaram confundir de guarda-chuvas a furadeiras com armas[200].

Em um experimento divulgado no Twitter, Nicolas Kayser-Bril, membro do AlgorithmWatch, processou no Google Vision duas fotos de pessoas segurando um termômetro portátil – artefato popularizado na pandemia de covid-19. Na fotografia, em que uma mão branca segura o termômetro, a etiqueta com maior índice de precisão para a imagem seria *"technology"* (tecnologia), com 68% de acurácia, e não aparece nenhuma etiqueta de conotação negativa. Na foto que exibe uma mão de pessoa negra segurando o termômetro, *"gun"* (arma) lidera com 88%, e *"firearm"* (arma de fogo) aparece com 65%.

Por ter sido divulgado no Twitter, o experimento foi duplamente elucidativo sobre a filiação de parte da comunidade tecnocientífica à crença da neutralidade na tecnologia. Dezenas de pessoas imediatamente alegaram que a posição do termômetro seria o motivo da diferença na classificação. Como resposta, o desenvolvedor Bart Nagel recortou a foto da pessoa negra e processou-a novamente no Google Vision, comparando-a com a mesma foto e uma foto com a mão editada para parecer branca. Na primeira, a etiqueta "arma" (*gun*) aparece com 61% de acurácia, na segunda a etiqueta não aparece.

Em nota emitida à AlgorithmWatch, a Google alegou que não discrimina sistematicamente. Pediu desculpas "a quem possa ter se ofendido" e argumentou que não se trata de um viés consistente. A empresa concorda, porém, que "quando alguém reclama, muitos já foram desproporcionalmente impactados pela performance enviesada do modelo"[201]. Essa confissão diz bastante sobre a postura apenas reativa sobre possíveis danos – lembremos que a empresa também oferece produtos e serviços para instituições militares e policiais.

Com um impacto menos imediatamente desastroso, mas calcado em uma mesma base, sistemas automatizados de restrição e moderação de conteúdo têm sido empregados em ambientes como Facebook e Instagram para evitar a visibilidade ou a divulgação de imagens violentas. Entre os casos documentados de problema de – no mínimo – acurácia, temos o relatado pelo ilustrador Gabriel Jardim. Em pleno 20 de novembro, Dia Nacional da Consciência Negra, uma ilustração do artista foi impedida de ser divulgada na plataforma.

FIGURA 3

Ilustração de Gabriel Jardim em homenagem
ao piloto Lewis Hamilton.[202]

Tentou-se impulsionar a exposição da ilustração por meio do serviço de anúncios da plataforma Facebook/Instagram para promover uma loja. Porém, isso não foi possível, pois a imagem incluiria "venda de munição, armas de fogo, paintball, armas de chumbinho ou outros tipos de armas". Na avaliação do ilustrador, a proibição ocorreu porque "o desenho se ambienta numa quebrada com personagens pretos"[203]. Na imagem, reproduzida na Figura 3, é possível reconhecer os elementos visuais de favela ou bairro popular, mas nada que indique violência. Porém, no Brasil a cultura imagética hegemônica privilegia a violência na cobertura jornalística ou nas narrativas ficcionais ambientadas em tais espaços.

Em ambos os casos, a produção de sistemas de identificação automatizada de objetos ou contextos se baseia no histórico de representações, estereótipos e enquadramentos que produzem visibilidades e invisibilidades de uma forma desproporcional e vinculada às assimetrias das relações raciais e de poder. Aos negros brasileiros foram legados espaços específicos, como "o espaço do trabalho mal remunerado, da mão de obra precária, do trabalho doméstico, da favela, do morro e das prisões"[204] – e não é permitida ou aceita a construção coletiva e criativa de outros imaginários relativos a esses locais.

Além dos escândalos de moderação citados, outro vazamento de regras de moderação, desta vez da TikTok, tem parentesco com o caso de criminalização ou rejeição a percepções de pobreza que acabamos de relatar. Os documentos vazados denunciaram regras de moderação humana contra corpos gordos, corpos considerados "anormais", "velhos" ou "feios", e exibição de ambientes depredados ou habitações subnormais como favelas, que não são deletados, mas são escondidos intencionalmente[205].

***

Além dos objetos e contextos, nota-se que está em curso – com novos nomes – um resgate e uma normalização das piores crenças do racismo científico do século XIX, como a frenologia. A tentativa de se descobrir características faciais ligadas a tendências criminosas foi rechaçada há muito como pseudociência, mas a inteligência artificial deu novo fôlego a alguns defensores dessas ideias.

Da Inglaterra à China, a tentativa de identificar padrões faciais, padrões de expressão ou mesmo de movimentação corporal de criminosos é um tipo de normalização empreendida por parte da comunidade de aprendizado de máquina. De autoria de pesquisadores chineses, um estudo publicado em 2016 alegou identificar padrões nos rostos de criminosos, a partir de exploração de uma base de dados de 2 mil fotos. A comunidade científica refutou ética, política e tecnicamente o estudo, mas os pesquisadores retrucaram em publicação adicional com o argumento de que, "como a maioria das tecnologias, aprendizado de máquina é neutro", e que o estudo deveria ser louvado por ser supostamente o "primeiro a estudar inferência induzida por faces sobre criminalidade e livre de quaisquer vieses subjetivos de observadores humanos"[206]. Entretanto, o estudo não traz absolutamente nenhuma discussão sobre os impactos sociais da eventual aplicação do sistema, nem mesmo uma reflexão sobre criminologia e sobre como aquelas pessoas inclusas na base de dados foram encarceradas.

Outras tecnologias, já transformadas em serviços, filiam-se a essa simplificação do que seriam traços de emoções e condições internas perigosas. Com sede na Inglaterra, a WeSee promete, mesmo com vídeos de baixa qualidade, ter capacidade de "determinar o estado mental ou as intenções de um indivíduo a partir de suas expressões faciais, posturas, gestos e movimentos"[207], mesmo que imperceptíveis aos olhos humanos. O fato de tais identificações simplesmente poderem encorajar a "sociedade a dobrar suas prioridades existentes sobre detecção de crimes"[208] relativas a espaços, grupos-alvo e tipos penais específicos é uma motivação possível e que não pode ser descartada, para além do interesse comercial de desenvolvedores e empreendedores na imaginação carcerária. A *startup* israelense Faception, por exemplo, foi um empreendimento que ganhou mídia e atenção dos investidores ao prometer "analítica facial de personalidade". Aplicando reconhecimento facial e técnicas de aprendizado de máquina, ela seria capaz de classificar faces entre potenciais pesquisadores, "QI alto", pedófilos, jogadores de pôquer, terroristas ou criminosos de colarinho-branco. Nos materiais de promoção do produto, a categoria "terrorista" ganha destaque, com auxílio de um gráfico que perfila rostos de homens árabes supostamente identificados como potenciais terroristas. Em poucos meses, conseguiu 625 mil dólares de investimento de fundos do Vale do Silício[209].

Além de constituir um retorno preocupante de ideologias e crenças pseudocientíficas próprias da fisiognomia[210], a aceitação de discursos e possibilidades de negócio e políticas públicas baseadas em novas práticas biométricas de vigilância reformata o que Simone Browne chama de "epidermização digital" do racismo. Nas fronteiras territoriais, legais ou digitais, questionar as marcações transformadas em biometria "poderia permitir repensar criticamente nossos momentos de contato com fronteiras incrementalmente tecnológicas"[211].

Deixar morrer

Um dos principais modos pelos quais os danos do colonialismo e a lógica necropolítica se mantêm é seu frequente caráter ordenatório de vida e morte mediado pela seletividade opaca ou pela passividade nociva. Literalmente, "deixar morrer" é um importante pilar nesse processo, pois significa uma valoração diferencial das humanidades classificadas por raça, gênero e nacionalidade em torno do mundo. A partir das inscrições sobre biopoder de Foucault, Mbembe afirma: "Tal poder se define em relação a um campo biológico – do qual toma o controle e no qual se inscreve. Esse controle pressupõe a distribuição da espécie humana em grupos, a subdivisão da população em subgrupos e o estabelecimento de uma cesura biológica entre uns e outros"[212].

A introjeção dessa cesura biológica, o racismo, se espraia nas práticas e fazeres, infelizmente incluindo também as ações dos grupos dedicados à proteção da vida e à saúde. Pesquisadores de universidades estadunidenses realizaram importante estudo sobre algoritmos comerciais de predição de necessidades de cuidados médicos para identificar possíveis vieses e resultados discriminatórios em subgrupos demográficos. Descobriu-se que milhões de pacientes negros receberam atribuição a escores de risco que os prejudicava quanto aos cuidados e recursos que receberiam[213].

Em determinados escores de riscos atribuídos aos avaliados em triagens médicas, pacientes negros estavam na verdade muito mais doentes do que os pacientes brancos – e em índices alarmantes. Ao investigar a origem da disparidade na base de dados, os pesquisadores descobriram duas variáveis enviesadas sobre os dados que alimentavam o sistema, baseadas no histórico de recursos e gastos dirigidos a pacientes em mesmas condições: pacientes negros, em média mais pobres, não conseguiam gastar a mesma quantidade de dinheiro em seus próprios tratamentos, enquanto médicos e outros profissionais da saúde tomavam frequentemente decisões de atribuir menos recursos a esses pacientes.

Os sistemas algorítmicos analisados no estudo consideravam que o valor gasto historicamente seria um indicador confiável para representar a gravidade da condição médica. Implementar tal premissa em sistemas automatizados ignora as variáveis econômicas na esfera dos pacientes – desvantagens em grande medida fruto do racismo; e desconsidera as variáveis discriminatórias na esfera dos profissionais, brancos em sua maioria, que historicamente não deram atenção igualitária a seus pacientes.

Existe um crescente corpo de pesquisas sobre como o racismo faz profissionais da saúde avaliarem e cuidarem de modo discriminatório os pacientes negros. A situação é especialmente grave na relação com gênero, resultando em índices desumanos contra mulheres negras, sobretudo gestantes e parturientes. Estudos registram diferenças no acesso aos recursos de saúde[214], desigualdade no fornecimento de anestesia[215] e um *gap* no cuidado fornecido a bebês negros e brancos[216], entre outros problemas sérios.

Quando tratamos, portanto, de tentativas de automatização ou algoritmização de processos e avaliações no campo da saúde, devemos levar em conta os chamados "mediadores", descritos por Jurema Werneck como relativos ao fator humano dos profissionais, além de buscar compreender não apenas sua qualificação, mas também "suas possibilidades de favorecer ou limitar o acesso de usuários aos diferentes recursos necessários"[217].

Nesse estudo citado sobre o racismo algorítmico para escore de criticidade de pacientes, estamos diante de uma métrica de valor gasto anteriormente aplicada acriticamente como atalho para supor a condição real dos pacientes. Portanto, o sistema algorítmico reproduziu, intensificou e escondeu decisões racistas granulares dos médicos que trabalhavam nos planos de saúde, clínicas e hospitais que forneceram os dados para o treinamento do sistema.

O caso aponta para muitos fatos e variáveis sobre a "desinteligência" artificial. Os mais óbvios tratam de incompetência, para dizer o mínimo, dos desenvolvedores, que consideraram a métrica de "recursos gastos" como equivalente a "condições de saúde", da negligência desumana dos provedores e hospitais particulares de saúde que usaram o sistema algorítmico para otimizar custos, sem exigir auditorias prévias. Essas instituições deveriam ser conscientes da fatualidade discriminatória na saúde pública.

O caso também evidencia algo além disso. Se a comercialização de sistemas algorítmicos tem como característica fundamental a tentativa de impor opacidade aos fluxos de trabalho que os mantêm, o que podemos dizer de sistemas algorítmicos baseados em aprendizado de máquina calcados em milhares ou milhões de pontos de dados de decisões racistas que já estavam em andamento?

A cada vez que um médico ignorou a dor de uma pessoa negra, escolheu um procedimento menos eficaz por ser mais barato ou ofereceu atenção de forma discriminatória, sua ação impactou diretamente aquele paciente e se somou, como ponto de dado, às bases que permitiriam a automatização em escala das decisões racistas[218]. Ironicamente, a auditoria realizada pelo estudo jogou luz não só sobre a "desinteligência artificial", mas também sobre os horrores das decisões realizadas por cossignatários de um contrato racial[219] em prol da branquitude violenta, antes que tais decisões tivessem sequer se tornado dados. Em estudo oportuno para esta discussão, Sueli Carneiro analisa a relação entre racialidade, morbidade e mortalidade espraiadas da delegacia ao hospital: "As representações sobre a racialidade atuam impactando os processos de morbidade e mortalidade, fazendo do biopoder um operador na distribuição de vitalismo e morte de forma sempre desequilibrada do lado da morte para os grupos raciais considerados indesejáveis"[220].

Se, em países como o Brasil, policiais estão plenamente vinculados ao exercício do poder de matar, médicos e profissionais da saúde estariam, em tese, ligados à preservação da vida. Mas dados desvelados em casos como o citado lembram que o diferencial de escolhas sobre acesso a serviços públicos ou sobre a qualidade de serviços privados gera novas desigualdades quando mediado por sistemas algorítmicos. Portanto, os algoritmos não podem ser tomados como neutros, sob risco de se promover outra camada de violência racializada.

Mesmo que parte das decisões racistas tenha sido tomada pelos perpetradores de forma inconsciente, seus atos desembocam em danos muito reais e letais e, paradoxalmente, são agrupados como dados observáveis e comparáveis em um sistema que reproduz tais decisões. E adicione-se a isso outro problema: casos de auditoria como o que acabamos de citar ainda são raros. Apenas uma minúscula parcela dos sistemas algorítmicos é analisada com tal amplitude de dados e nível de atenção[221].

Não podemos, pois, permitir que o agrupamento de ações discriminatórias do cotidiano se transforme em dados para alimentar sistemas de aprendizado de máquina antes de se tornar fonte de dados para o escrutínio coletivo de dinâmicas racistas da sociedade.

---

148 Júlia Barbon, "'Bandido não carrega mochila', diz mãe de aluno de 14 anos morto no Rio", *Folha de S.Paulo*, 21 jun. 2018.

149 Ana Pinheiro Flauzina, "As fronteiras raciais do genocídio", *Direito.UnB*, v. 1, n. 1, 2014.

150 W. E. B. Du Bois, *The Souls of Black Folk*, trad. José Luiz Pereira da Costa. Versão em domínio público disponível em: <https://afrocentricidade.files.wordpress.com/2016/04/as-almas-do-povo-negro-w-e-b-du-bois.pdf>, acesso em: out. 2021.

151 Beatriz Nascimento, *Beatriz Nascimento, quilombola e intelectual: possibilidades nos dias de destruição*, São Paulo: Filhos da África, 2018, p. 249.

152 Nelson Maldonado-Torres, "Analítica da colonialidade e da decolonialidade – algumas dimenses básicas", *in*: Joaze Bernardino-Costa; Nelson Maldonado-Torres; Ramón Grosfoguel (orgs.), *Decolonialidade e pensamento afrodiaspórico*, Belo Horizonte: Autêntica, 2018.

153 *Ibidem*.

154 Silvio Almeida, *O que é racismo estrutural*, Belo Horizonte: Letramento, 2018, p. 56.

155 Simone Browne, *Dark Matters: On the Surveillance of Blackness*, Londres: Duke University Press, 2015, p. 16.

156 *Ibidem*, p. 44.

157 Roque F. de Oliveira Filho, *Crimes e perdões na ordem jurídica colonial: Bahia (1750/1808)*, tese de doutorado, Programa de Pós-Graduação em História, Salvador: Universidade Federal da Bahia, 2009.

158 Wellington Barbosa da Silva, "Burlando a vigilância: repressão policial e resistência negra no Recife no século XIX (1830-1850)", *Revista África e Africanidades*, ano 1, n. 1, maio 2008.

159 Thula Rafaela de Oliveira Pires, "Colorindo memórias e redefinindo olhares: ditadura militar e racismo no Rio de Janeiro", relatório da Comissão da Verdade do Rio, Rio de Janeiro, 2015.

160 Elisa Matos Menezes, *O inimputável: crimes do Estado contra a juventude criminalizada*, monografia, graduação em Antropologia, Brasília: Universidade de Brasília, 2009.

161 Simone Browne, *Dark Matters, op. cit.*, p. 72.

162 Tenner Inauhiny de Abreu, *"Nascidos no grêmio da sociedade": racialização e mestiçagem entre os trabalhadores na província do Amazonas (1850-1889)*, dissertação de mestrado, Programa de Pós-Graduação em História, Manaus: Universidade Federal do Amazonas, 2012, p. 95.

163 Wellington Barbosa da Silva, *op. cit.*, p. 2.

164 Maria Helena P. T. Machado, "Sendo cativo nas ruas: a escravidão urbana na cidade de São Paulo", *in*: Paula Porta (org.), *História da cidade de São Paulo*, São Paulo: Paz & Terra, 2004, p. 85.

165 Adriano B. M. Lima, "Feitiço pega sempre: alforrias e curandeirismo no oeste paulista (século XIX)", *Anais do 4º Encontro Escravidão e Liberdade no Brasil Meridional*, Curitiba, 2009.

166 Tamara K. Nopper, *op. cit.*

167 Abdias Nascimento, *op. cit.*

168 Ruha Benjamin, "Retomando nosso fôlego: estudos de ciência e tecnologia, teoria racial crítica e a imaginação carcerária", *in*: Tarcízio Silva, *Comunidades, algoritmos e ativismos digitais: olhares afrodiaspóricos*, *op. cit.*, p. 19.

169 *Ibidem*, p. 20.

170 Juliana Borges, *Encarceramento em massa*, São Paulo: Pólen, 2019.

171 Achille Mbembe, *Necropolítica*, São Paulo: N-1 Edições, 2018, p. 18.

172 Michelle Alexander, *A nova segregação: racismo e encarceramento em massa*, São Paulo: Boitempo, 2018.

173 Trecho da matéria incluída em: Tarcízio Silva, "Reconhecimento facial na Bahia: mais erros policiais contra negros e pobres", 21 nov. 2019, disponível em: <https://tarciziosilva.com.br/blog/reconhecimento-facial-na-bahia-mais-erros-policiais-contra-negros-e-pobres/>, acesso em: out. 2021.

174 Kashmir Hill, "Wrongfully Accused by an Algorithm", *The New York Times*, 24 jun. 2020, disponível em: <https://www.nytimes.com/2020/06/24/technology/facial-recognition-arrest.html>, acesso em: out. 2021.

175 "Justiça de SP proíbe uso de câmeras de reconhecimento facial em painel do Metrô", *G1 São Paulo*, 14 set. 2018, disponível em: <https://g1.globo.com/sp/sao-paulo/noticia/2018/09/14/justica-de-sp-proibe-uso-de-cameras-de-reconhecimento-facial-em-painel-do-metro-de-sp.ghtml>, acesso em: out. 2021.

176 Instituto Igarapé, "Infográfico Reconhecimento Facial no Brasil", disponível em: <https://igarape.org.br/infografico-reconhecimento-facial-no-brasil/>, acesso em: out. 2021.

177 "Governo inaugura laboratório de reconhecimento facial e digital da Polícia Civil", Governo do Estado de São Paulo, 28 jan. 2020, disponível em: <https://www.saopaulo.sp.gov.br/spnoticias/governo-inaugura-laboratorio-de-reconhecimento-facial-e-digital-da-policia-civil/>, acesso em: out. 2021.

178 "Discurso de João Doria na inauguração do Laboratório de Identificação Biométrica em 28 de janeiro", Governo do Estado de São Paulo, fev. 2020, disponível em: <https://soundcloud.com/governosp/discurso-de-joao-504599548>, acesso em: out. 2021.

179 Carolina Heringer, "Uma das principais promessas de campanha de Witzel, câmeras de reconhecimento facial não funcionam mais desde o fim de 2019", *O Globo Rio*, 20 jul. 2020.

180 Meredith Broussard, *Artificial (Un)intelligence: How Computers Misunderstand the World*, Cambridge, MA: The MIT Press, 2018.

181 "Feira de Santana registra 33 prisões por reconhecimento facial durante micareta", *G1 Bahia*, 29 abr. 2019, disponível em: <https://g1.globo.com/ba/bahia/noticia/2019/04/29/feira-de-santana-registra-33-prisoes-por-reconhecimento-facial-durante-micareta.ghtml>, acesso em: out. 2021.

182 Pete Fussey; Daragh Murray, "Independent Report on the London Metropolitan Police Service's Trial of Live Facial Recognition Technology", The Human Rights, Big Data and Technology Project, jul. 2019, p. 125, disponível em: <https://www.essex.ac.uk/research/showcase/report-on-the-police-use-of-facial-recognition-technology-identifies-significant-concerns>, acesso em: out. 2021.

183 Lizzie Dearden, "Facial Recognition to Be Rolled Out Across London by Police, Despite Privacy Concerns", *Independent*, 24. jan. 2020, disponível em: <https://www.independent.co.uk/news/uk/crime/facial-recognition-london-met-police-scotland-yard-privacy-a9299986.html>, acesso em: out. 2021.

184 *Idem*, "Facial Recognition Cameras Scanning Unwitting Tourists and Christmas Shoppers in London's West End", *Independent*, 17. dez. 2018, disponível em: <https://www.independent.co.uk/news/uk/home-news/facial-recognition-cameras-london-met-police-suspects-arrests-identity-a8687481.html>, acesso em: out. 2021.

185 Patrick Grother; Mei Ngan; Kayee Hanaoka, "Face Recognition Vendor Test (FRVT) – Part 3: Demographic Effects", National Institute of Standards and Technology, 2019, p. 6.

186 Departamento Penitenciário Nacional, "Levantamento nacional de informações penitenciárias – Jun. 2016", Brasília-DF, 2017.

187 Pablo Nunes, "Levantamento revela que 90,5% dos presos por monitoramento facial no Brasil são negros", *The Intercept Brasil*, 21 nov. 2019, disponível em: <https://theintercept.com/2019/11/21/presos-monitoramento-facial-brasil-negros>, acesso em: out. 2021.

188 Júlia Barbon, "151 pessoas são presas por reconhecimento facial no país; 90% são negras", *Folha de S.Paulo*, 22 nov. 2019.

189 Rosane Leal Silva; Fernanda dos Santos Rodrigues Silva, "Reconhecimento facial e segurança pública: os perigos da tecnologia no sistema penal seletivo brasileiro", *Anais do 5º Congresso Internacional de Direito e Contemporaneidade: mídias e direitos da sociedade em rede*, Santa Maria, 2019.

190 Ricardo Alexandre Ferreira, *Crimes em comum: escravidão e liberdade sob a pena do Estado imperial brasileiro (1830-1888)*, São Paulo: Editora Unesp, 2011.

191 Bruno Cardoso, "Estado, tecnologias de segurança e normatividade neoliberal", *in*: Fernanda Bruno *et al.* (orgs.), *Tecnopolíticas da vigilância: perspectivas da margem*, São Paulo: Boitempo, 2019.

192 Jacqueline Sinhoretto; Giane Silvestre; Maria Carolina Schlittler, "Desigualdade racial e segurança pública em São Paulo: letalidade policial e prisões em flagrante", relatório de pesquisa, São Carlos: Departamento de Sociologia – UFSCar, 2014, p. 27.

193 Antônio Carlos Ribeiro Júnior, "As drogas, os inimigos e a necropolítica", *Cadernos do CEAS*, n. 238, 2016.

194 Thiago Domenici; Iuri Barcelos; Bruno Fonseca, *op. cit.*

195 Em relatos reportados por meio da imprensa, os "kits flagrantes" se referem ao porte de drogas ilícitas e armas por policiais, que as carregam com o objetivo de incriminar cidadãos alegando ser deles a propriedade.

196 Julia Angwin *et al.*, "Machine Bias", *ProPublica*, 23 maio 2016, disponível em: <https://www.propublica.org/article/machine-bias-risk-assessments-in-criminal-sentencing>, acesso em: out. 2021.

197 Ruha Benjamin, *Race After Technology*, *op. cit.*, p. 150.

198 Achille Mbembe, *op. cit.*, p. 39.

199 Angela Davis, *Estarão as prisões obsoletas?*, Rio de Janeiro: Difel, 2018.

200 "Mais um jovem negro é morto ao ter furadeira confundida com arma no Rio", *Notícia Preta*, 3 abr. 2019, disponível em: <https://noticiapreta.com.br/mais-um-jovem-negro-e-morto-ao-ter-furadeira-confundida-com-arma-no-rio/>, acesso em: out. 2021.

201 Nicolas Kayser-Bril, "Google Apologizes After Its Vision AI Produced Racist Results", *AlgorithmWatch*, 7 abr. 2020, disponível em: <https://algorithmwatch.org/en/story/google-vision-racism/>, acesso em: out. 2021.

202 Gabriel Jardim, Instagram: @ogabrieljardim, 21 nov. 2019, disponível em: <https://www.instagram.com/p/B5HJrglJjHq/>, acesso em: out. 2021.

203 *Ibidem*.

204 Suzane Jardim, "A reconstrução do mínimo: falsa ordem democrática e extermínio", *in*: Winnie Bueno *et al.* (orgs.), *Tem saída? Ensaios críticos sobre o Brasil*, Porto Alegre: Zouk, 2017, p. 196.

205 Sam Biddle; Paulo Victor Ribeiro; Tatiana Dias, "Censura invisível", *The Intercept Brasil*, 16 mar. 2020, disponível em: <https://theintercept.com/2020/03/16/tiktok-censurou-rostos-feios-e-favelas-para-atrair-novos-usuarios/>, acesso em: out. 2021.

206 Xiaolin Wu; Xi Zhang, "Responses to Critiques on Machine Learning of Criminality Perceptions", arXiv, 1611.04135v3, 2016, pp. 2 e 9.

207 HK Edition, "Facial Recognition Tech – HK Can Rise to the Occasion", *China Daily*, 27 jul. 2018, disponível em: <http://www.chinadaily.com.cn/hkedition/2018-07/27/content_36654608.htm>, acesso em: out. 2021.

208 Frank Pasquale, "When Machine Learning is Facially Invalid", *Communications of The ACM*, v. 61, n. 9, 2018, p. 26.

209 Crunchbase, página da Faception, disponível em: <https://www.crunchbase.com/organization/faception/company_financials>, acesso em: out. 2021.

210 Oliver Bendel, "The Uncanny Return of Physiognomy", *The 2018 AAAI Spring Symposium Series*, 2018.

211 Simone Browne, "Digital Epidermalization: Race, Identity and Biometrics", *Critical Sociology*, v. 36, n. 1, 2010, p. 139.

212 Achille Mbembe, *op. cit*, p. 17.

213 Ziad Obermeyer *et al.*, "Dissecting Racial Bias in an Algorithm Used to Manage the Health of Populations", *Science*, v. 366, n. 6.464, 2019.

214 Emanuelle F. Goes; Enilda R. do Nascimento, "Mulheres negras e brancas e os níveis de acesso aos serviços preventivos de saúde: uma análise sobre as desigualdades", *Saúde em Debate*, v. 37, n. 99, 2013.

215 Maria do Carmo Leal; Silvana Granado Nogueira da Gama; Cynthia Braga da Cunha, "Desigualdades raciais, sociodemográficas e na assistência ao pré-natal e ao parto, 1999-2001", *Revista de Saúde Pública*, v. 39, n. 1, 2005.

216 Brad N. Greenwood *et al.*, "Physician-Patient Racial Concordance and Disparities in Birthing Mortality for Newborns", *Proceedings of the National Academy of Sciences*, v. 117, n. 35, 2020, pp. 21.194-200.

217 Jurema Werneck, "Racismo institucional e saúde da população negra", *Saúde e Sociedade*, v. 25, n. 3, 2016, p. 544.

218 Ruha Benjamin, "Assessing Risk, Automating Racism", *Science*, v. 366, n. 6.464, 2019.

219 Charles W. Mills, *The Racial Contract*, Nova York: Cornell University Press, 2014.

220 Aparecida Sueli Carneiro, *A construção do outro como não-ser como fundamento do ser*, tese de doutorado, Programa de Pós-Graduação em Educação, São Paulo: Universidade de São Paulo, 2005, p. 323.

221 Ziv Epstein *et al.*, "Closing the AI Knowledge Gap", arXiv, 1803.07233, 2018.

5
TECNOLOGIAS SÃO POLÍTICAS. E RACIALIZADAS

ALGORITMOS NÃO NASCERAM COM A INTERNET. A rigor, o nome "algoritmo" nasceu no século IX, com o acadêmico islâmico Abu-Abdullah Muhammad ibn-Musa Al-Khwarizmi, interessado em modos de descrever de forma eficaz procedimentos para computar soluções a equações. Ao longo do século XX, o conceito solidificou-se como "uma sequência finita de instruções precisas implementáveis em sistemas computacionais (incluindo, mas não limitadas, a cérebros humanos)"[222].

Entretanto, algoritmos e inteligência artificial são discutidos hoje de forma acalorada pelos mais diversos campos, deixando-se de lado a historicidade de dinâmicas sociotecnológicas e de práticas de incorporação material de poder que os antecedem. Como é habitual em um mundo acelerado que esquece – e apaga – histórias de acordo com os interesses hegemônicos, é preciso dar alguns passos atrás para se ver além.

Vamos realizar uma digressão e percorrer uma pequena parte da história recente de racialização de tecnologias e artefatos em prol de projetos discriminatórios na interseção entre capitalismo e supremacismo branco. Podemos olhar para aprendizados e tecnologias do passado para, finalmente, ir além e pensar soluções, reações e remediações para os problemas das tecnologias contemporâneas.

Estudar artefatos tecnológicos como plataformas, interfaces e algoritmos invariavelmente nos remete a questões recorrentes sobre se, e até que ponto, os "artefatos têm política", nos termos de Langdon Winner[223]. Partindo do histórico de controvérsias sobre tecnologia e cultura, Winner diagnosticou, em 1980, posições que poderiam ser resumidas até então na filiação ou na rejeição a ideias deterministas: se as tecnologias definem os homens ou se seriam meros espelhos dos sistemas sociais e econômicos nos quais são construídas e empregadas.

A questão é muito mais complexa que a definição de uma simples direção determinística. Observar continuamente os modos de inter-relação, influência ou codeterminação entre sociedade e tecnologia permite entender melhor artefatos, dispositivos, organizações, padrões e sistemas em seus impactos efetivos e potenciais permeados por relações de poder existentes, desejadas ou rejeitadas. Os estudos de ciência, tecnologia e sociedade avançaram na interface com inúmeros campos direcionados a ideias e *frameworks* que permitem dar conta da complexidade das redes de mediação e efeitos, como a ideia de *flexibilidade interpretativa* de Trevor Pinch e Wiebe Bijker[224].

As tecnologias são construídas e interpretadas social e culturalmente com variados graus de flexibilidade interpretativa. Essa flexibilidade significa que diferentes grupos podem apresentar diferenças radicais em seus usos e opiniões sobre uma determinada tecnologia e seus impactos. Quando se trata de objetos industriais ou políticas públicas, isso pode significar a presença de um período de instabilidade e transformação até que um viés interpretativo se sobreponha aos demais (como ocorreu com a definição do design típico das "bicicletas", depois de sua invenção). Em outros casos, a indefinição é mantida e a disputa de pontos de vista permanece. Para citar um exemplo dentro do nosso tema: elites econômicas podem construir narrativas sobre o sistema carcerário como impositores de segurança e de punição adequada, ao mesmo tempo que famílias periféricas e ativistas de direitos humanos podem vê-lo como reprodutor de injustiças estruturais.

Na outra face da "interpretação" de uma tecnologia ou sistema está a efetiva gama de possibilidades de usos e relações – intencionais ou parcialmente acidentais – na sua relação com a sociedade. Nascido no debate ecológico[225], o conceito de *affordance* busca dar conta da interação entre animal (inclusive o ser humano) e ambiente (inclusive tecnológico) a partir da percepção que o primeiro pode ter sobre o mundo e sobre como manipular, interagir e criar a partir e com ele. Por exemplo, entre as primeiras tecnologias humanas, o conceito de *affordance* ajuda a pensar em como certas peles de animais foram identificadas pelo aparato perceptual de humanos como provedoras de calor, proteção e camuflagem, dando origem a demandas e padrões de caça e vestuário.

Mas, se os recursos considerados naturais não foram, pelo menos até recentemente, criados pelos humanos, o mesmo não acontece com as tecnologias digitais. Estudos de *affordances* das interfaces e funcionalidades de *softwares* podem dizer muito sobre presunções dos criadores quanto a dinâmicas de interação e comunicação ligadas a cada modelo de negócio[226]. Pensando em plataformas de mídias sociais, por exemplo, as *affordances* dos perfis no Facebook são construídas com vistas aos campos que populam a base de dados da corporação para segmentação de anúncios como modelo de negócio da plataforma, e é nessa direção que ocorrem suas mudanças e seus aperfeiçoamentos.

Em relação à ação de "*like*", central para o funcionamento dessa plataforma, as preferências dos usuários são registradas a partir da publicação de conteúdo em seus perfis e interações com outros usuários nas linhas do tempo. O "*like*" pode também significar uma demonstração de afeto (para uma pessoa), uma medida de performance (do ponto de vista publicitário), um posicionamento político (em uma discussão), enquanto sua ausência pode significar a invisibilidade social (para um introvertido), entre outras interpretações. Todas as interpretações, porém, convergem na estrutura centralizadora do Facebook, que possui um lugar privilegiado – ainda que não absoluto – no enquadramento interpretativo e na extração de valor dos rastros e traços gerados por *likes*.

Chegamos, então, a questões essenciais para entender o que já vimos até aqui sobre racismo algorítmico: o que as tecnologias permitem fazer e como elas são construídas para permitir, impedir ou promover determinadas ações, determinados comportamentos e relações? Como essas tecnologias podem ser interpretadas e ter impactos distintos para grupos diferentes em posições sócio-históricas diametralmente opostas?

As (im)possibilidades racializadas nas cidades

Uma ponte extremamente baixa pode impedir um ônibus de passar por baixo dela, assim como os grupos da população dependentes desses ônibus. Essa realidade material e bruta pode ser planejada e ter impactos perenes na qualidade de vida da população de uma cidade. Em livro ganhador do Pulitzer, Robert Caro[227] mapeou o modo como o planejamento urbano de Nova York foi influenciado por um racista declarado e orgulhoso de sua condição, Robert Moses. Nas inúmeras decisões que tomou como presidente da comissão de parques de Long Island entre as décadas de 1920 e 1950, o engenheiro buscou segregar a população. Sua decisão mais famosa e controversa foi a ordenação de pontes baixas o suficiente para supostamente impedir que ônibus acessassem os parques públicos da região, de modo a dificultar o acesso da população pobre e negra.

Apesar da controvérsia sobre a eficácia das pontes para tal objetivo[228], é notável como o período moldou padrões de planejamento urbano. Sobre Moses, Caro comenta:

> Ao se certificar de que os amplos subúrbios, áreas rurais e áreas esvaziadas fossem preenchidas por um padrão de desenvolvimento espalhado de baixa densidade, dependente sobretudo de rodovias em vez de transporte em massa, garantiu que aquele fluxo continuaria por gerações, quiçá séculos, e que a área metropolitana de Nova York seria – talvez para sempre – uma região onde o transporte – ir de um lugar ao outro – permaneceria uma preocupação irritante e exaustiva para 14 milhões de habitantes.[229]

Foram 27 bilhões de dólares gerenciados por Moses em cinco décadas, em várias áreas e múltiplos projetos que moldaram fisicamente toda a cidade. Por mais chocante que pareça, a prática de segregação racialmente planejada foi e é comum em incontáveis cidades no Ocidente.

A distribuição racializada das cidades brasileiras é resultado tanto do acúmulo convergente de inúmeras decisões e incidências da desigualdade e racismo quanto da adoção de ideologias racistas nas cidades planejadas. Paulo Santarém escreveu sobre as escalas de segregação que desenharam Brasília como um centro planejado rodeado de espaços marginais, sendo o transporte coletivo orientado ao controle e à dominação urbana, definindo-se assim quem pode ir, aonde, quando e como[230]. Comparando a capital de nosso país à experiência de Soweto, na África do Sul, Guilherme Lemos observa a distribuição de oportunidades de contatos, "quem pode ou não ocupar espaços centrais ou a quem são destinados os espaços periféricos, em outras palavras, quem deve fazer viver e quem pode deixar morrer através do racismo institucional"[231].

Entretanto, a rigor não há nada no conceito de estruturas como as citadas pontes, por exemplo, que tornem suas instâncias artefatos segregadores em si. Esses seriam impactos dos arranjos técnicos a partir da ordem social em que esses artefatos são desenhados ou empregados, nos termos de Winner. Pensando em arquitetura, as pontes de Moses podem impressionar por haverem sido desenhadas por ordens explicitamente racistas, mas boa parte da arquitetura ocidental também traz barreiras gigantescas, vistas como "não intencionais", a cadeirantes, por exemplo. As relações entre os grupos por meio do balanço entre conhecimentos científicos, invenções tecnológicas, direcionamento a lucro ou bem-estar social influenciam diferencialmente o impacto das tecnologias e artefatos. Independentemente da intenção, os impactos em grupos específicos são efetivos.

Incêndios intencionais e criminosos ou a leniência em combatê-los fazem parte da história da segregação espacial tanto nos territórios rurais quanto nas grandes cidades. A destruição de favelas por fogo virou rotina durante ondas de especulação imobiliária em São Paulo, incluindo casos célebres como o da Favela do Moinho. Pesquisadores cruzaram os dados de incêndios e descobriram correlações com áreas em valorização imobiliária e motivação higienista de moradores de classe média dos entornos[232].

Também de Nova York, um modelo computacional proposto pelo *think tank* RAND Corporation foi um dos pivôs das ondas de incêndios que assolaram a cidade na década de 1970. Um trabalho investigativo mostrou como a alocação computacional de recursos de prevenção e combate a incêndios convergiu para os interesses de especulação imobiliária, ao diminuir a aplicação de medidas adequadas e a fiscalização. Os incêndios expulsaram centenas de milhares de pessoas – populações negras, latinas e imigrantes – de bairros valorizados nos planos de transformação da cidade conduzidos por urbanistas do governo e empresas de vários mercados. Ativistas e sindicatos, inclusive dos bombeiros, alertaram sobre os cortes de recursos que a cidade estava promovendo, que prejudicavam sistematicamente bairros negros e porto-riquenhos, mas o *think tank* "poderia prover resmas de jargões técnicos e equações complicadas que dava um ar de imparcialidade ao processo"[233].

Em quaisquer decisões relativas a tecnologias públicas como arquitetura e ordenamento espacial, está em jogo a distribuição de poder, autoridade e privilégio de uma comunidade ou entre comunidades, e as decisões que as impactam podem ser diferentes a depender do compromisso e da capacidade de ação de quem faz políticas públicas de investimento ou regulação. Evidentemente, apesar de também ser algo relevante, não se trata apenas de boas ou más intenções, mas da rede de influências que permite ou impede agenciamentos. Em sociedades neoliberais que privilegiam o lucro em detrimento do bem-estar social, a capacidade de ação de bons gestores públicos ou *experts* competentes é podada por interesses de corporações e de outros grupos.

Outro modo de artefatos estarem permeados de propriedades políticas ocorreria quando tais propriedades lhe são inerentes. Essa percepção é mais controversa, mas, de acordo com esse olhar, "a adoção de um determinado sistema técnico traz inevitavelmente consigo condições para relações humanas que possuem uma carga política distintiva – por exemplo, centralizadora ou descentralizadora, promotora ou desencorajadora da igualdade, repressora ou libertadora"[234].

A partir de Engels, Winner discorreu sobre a produção fabril e a necessidade de coordenação em tabelas fixas de horário para a produção disciplinada. Em grandes fábricas na virada do século XIX ao XX, os trabalhadores seriam subordinados à lógica maquínica da produção, que seria despótica em si mesma?

Mas, para além das definições causais simples ou binárias, o fato é que temos redes de influência, mediações e relações. A estruturação de tecnologias e padrões de aceitação das tecnologias no espaço público e a ordenação das relações sociais são algo complexo e anterior às próprias tecnologias digitais. Precisamos dar um passo adiante e nos inspirar na história de outros artefatos e tecnologias para entender melhor o racismo algorítmico. A seguir, trataremos de alguns modos de politização e racialização da tecnologia, relembrando casos documentados de interrogação de objetos.

Respiração e negação da humanidade

O espirômetro é um instrumento médico que mede a capacidade pulmonar. Historicamente, sua calibração possui uma particularidade interessante: apresenta categorias racializadas, pois uma configuração específica pode ser selecionada para dar conta de uma suposta capacidade pulmonar inferior entre negros. Lundy Braun[235] investiga a história das controvérsias sobre essas medidas, mostrando o desenrolar histórico da debilidade desse tipo de mensuração, ligado desde sua gênese a projetos de desumanização.

Em 1832, Thomas Jefferson listou supostas distinções, como estrutura do sistema pulmonar, entre os negros escravizados e os colonos brancos nos Estados Unidos. A princípio, os argumentos foram usados para defender o condicionamento natural de negros ao trabalho agrícola.

Quando o espirômetro foi inventado, o fazendeiro escravista Samuel Cartwright construiu um modelo próprio e realizou experimentos em negros escravizados e brancos livres naquele país, enquadrando as diferenças encontradas como uma "deficiência" de 20%. A partir do enquadramento de Jefferson e Cartwright sobre "deficiência", o governo norte-americano encomendou uma grande pesquisa comparando capacidades físicas de soldados negros e soldados brancos ainda no século XIX, mensurando novamente diferenças consideráveis.

O controle de variáveis como classe, renda, histórico nutricional e acesso anterior a serviços médicos raramente foi considerado nesses estudos. O construto raça foi visto como a variável essencial nas pesquisas estadunidense e inglesa sobre a temática, influenciando em todo o mundo o modo como os espirômetros foram desenvolvidos e usados. Porém, o conceito de "raça" foi especificado em apenas 17,3% dos estudos empíricos sobre a diferença, e 94% deles não incluíram nenhuma medida sobre classe social[236].

Talvez o caso mais cruel da aplicação do espirômetro tenha sido a série de batalhas legais entre a empresa Owens Corning e seus funcionários, em cidades como Baltimore, nos Estados Unidos. Quando se descobriram os danos causados aos funcionários pelo amianto, a empresa recorreu às supostas diferenças entre capacidades pulmonares de brancos e negros para evitar ou minimizar as indenizações devidas a estes últimos. As "noções culturais de raça tornaram-se incorporadas na arquitetura de um instrumento aparentemente ordinário"[237], a partir da solidificação de camadas de duzentos anos de racismo imbricado com a exploração do capital.

Voltando centenas de anos, a gênese da diferença racial como instrumento estruturador de poder sempre teve um caráter cambiante ligado aos interesses do supremacismo branco. Gislene dos Santos[238] apresenta a genealogia do "ser negro" das primeiras explorações coloniais, dos séculos XVI ao XVIII, passando pelo pensamento iluminista instrumentalizante e chegando às contradições eugenistas dos considerados abolicionistas brancos no século XIX no Brasil. "O 'ser negro' foi produzido no campo das ideias a partir das necessidades políticas que fizeram com que os conceitos elaborados em diferentes áreas do conhecimento justificassem e reinventassem, a cada momento, o lugar do negro na sociedade."[239]

Os pares conceituais "selvagem × civilizado", "cristão × pagão", "branco × negro", "caucasiano × africano" foram exemplos de processos classificatórios engendrados a partir de acordos globais de manutenção de poder e exploração. O ponto de vista colonizador e eurocêntrico estabeleceu hierarquias em seus projetos de dominação[240], que são especialmente virulentas contra a negritude.

O conceito de "raça", portanto, pode ser visto como informação e como tecnologia. Como informação, raça pode ser enquadrada como transmissão de significados e como transmissão de forma, que pode constituir configuração, ordem, organização, padrão, estrutura ou relacionamento, como aponta Syed Mustafa Ali[241].

Mais do que sua definição como circulação de padrões de ideias sobre hierarquia racial, discriminação e dominação associadas à diferença, trata-se de um construto social performativo – e produtivo, pois cria arranjos, gerando valores e capitais. Mesmo em suas acepções biologizantes, o objetivo subjacente do conceito sempre foi o de especificar diferentes classes de humanos, não humanos e "quase humanos" do ponto de vista dos centros do poder econômico. Súmulas papais, frenologia, ciência eugenista e o contemporâneo resgate de diferenças genéticas entre grupos populacionais são exemplos da transformação contínua do conceito de raça[242] do ponto de vista da branquitude, aplicando-o em processos de racialização variados histórica e contextualmente. Na concepção de Beth Coleman, esses sistemas de informação racializantes têm sido usados em diversos mecanismos sociais como "um maquinário de um povo para sujeitar outro. Um conceito ideológico de raça como este carrega um propósito bastante prático.

Vividamente e violentamente produz terrorismo racial, sistemas de *apartheid* e dor desmoralizante"[243].

O histórico de opressão colonial-escravista se espraia nas mais diversas manifestações da cultura eurocentrada, inclusive no fazer tecnológico. Abdias Nascimento propôs que a iniquidade seria característica fundamental do estado brasileiro, que tem sido "a cristalização político-social dos interesses exclusivos de um segmento elitista, cuja aspiração é atingir o *status* ário-europeu em estética racial, em padrão de cultura e civilização"[244]. Sueli Carneiro, por sua vez, apresenta a ideia de dispositivo de racialidade:

> Beneficia-se das representações construídas sobre o negro durante o período colonial no que tange aos discursos e práticas que justificaram a constituição de senhores e escravos, articulando-os e ressignificando-os à luz do racialismo vigente no século XIX, época em que tais representações se constituem.[245]

Como podemos imaginar, essa ressignificação contínua se imbricou nas tecnologias de maneiras diversas e elusivas, passando inclusive por ideais imaginários de consumidor e pela definição de padrões e distribuição na sociedade de mercado.

Fotografia e invisibilidade

Tratar de racismo na tecnologia e nos algoritmos na contemporaneidade, sobretudo quando falamos de tecnologias de mídia e de informação, é algo geralmente mais elusivo que os casos que citamos nos tópicos anteriores, em que intencionalidades explícitas podem ser rastreadas inequivocamente no desenho dos artefatos. Tecnologias que buscam construir o "ser" branco a partir da anulação e da invisibilização do outro como "não ser", como elucidou Sueli Carneiro, foram e são disseminadas a partir de concepções ao mesmo tempo vulgares e políticas de um universalismo da branquitude.

Aqui podemos evocar as propostas de Winner sobre a politização da tecnologia, especificamente no que se refere às características técnicas e desenhos que dão um tom objetivo a artefatos e dispositivos que estão longe de o serem. Eles mantêm essa suposta objetividade de apreensão ou registro da realidade apenas por serem usados acriticamente pela própria elite econômico-racial que dominou sua produção.

É difícil citar exemplos mais pujantes do que a história da construção do mercado de equipamentos fílmicos e fotográficos. O filme *O nascimento de uma nação* foi um marco no cinema estadunidense em 1915 devido a seu enorme orçamento, sucesso, duração e por ser uma das propagandas racistas mais elaboradas no cinema, sendo inclusive atribuído a seu sucesso o renascimento da Ku Klux Klan. Historiadores do cinema percebem um marco no uso das narrativas ficcionais a favor de revisionismo da branquitude, enquadrando a luta abolicionista e emancipação dos negros – representados cruelmente no filme por meio de *black face* – como ameaça a ideais supremacistas da nação estadunidense[246].

Pesquisadores sobre representação midiática, como Stuart Hall[247], estudam as narrativas ficcionais no audiovisual e no jornalismo como componentes de reprodução do poder e marginalização de minorias a partir de narrativas e tropos ideológicos racistas. Esforços de pesquisadores negros têm avançado no estudo das representações em ação através de literacia midiática racial para a promoção de habilidades, "para que uma pessoa tenha a capacidade de interpretar o conteúdo visual da imagem, de examinar o impacto social das imagens e de discutir o propósito, a audiência e a propriedade"[248].

No entanto, os próprios dispositivos de registro fotográfico e audiovisual possuem histórias que podem dizer muito sobre a imbricação de relações raciais na tecnologia. Longe de ser algo simples, o registro profissional de imagens por meio de fotografias, filmes e transmissão televisiva requer um aparato de decisões sobre elementos como balanço de cor, matiz e saturação. Com base na definição de práticas e padrões nos materiais químicos, aparelhos e modos de calibração, as indústrias da imagem estabeleceram referências do que é visto como qualidade da reprodução visual.

A socióloga Lorna Roth[249] apresenta a história dos cartões-referência para balanceamento de cor em filmes fotográficos. Popularizados pela Kodak, receberam o nome de "cartões Shirley" a partir do nome de Shirley Page, primeira modelo a aparecer neles. Os cartões eram entregues junto a filmes e insumos para que os estúdios e laboratórios de revelação ajustassem a calibração de acordo com uma referência – a foto de uma mulher branca rodeada de formas geométricas de várias cores do espectro. Estabelecida nos anos 1950, a prática inaugurada pela Kodak fortaleceu a cor branca de pele como referencial para a produção de materiais visuais, gerando resultados aberrantes para africanos, afrodescendentes, indianos e asiáticos. Fotografia "não é apenas um sistema de calibrar luz, mas uma tecnologia de decisões subjetivas"[250]. Portanto, o embranquecimento em aplicativos de *selfies* possui precedentes e ancestrais tecnológicos.

Ainda antes da definição dos cartões-referência para calibração, as próprias emulsões de filmes fotográficos foram desenvolvidas ignorando a complexidade de tons marrons, amarelos e vermelhos em comparação aos demais tons de pele. Somente depois de décadas a pressão de consumidores afro-americanos e asiáticos forçou empresas do ramo fotográfico a melhorar tanto seus produtos e configurações quanto a diversidade em seus manuais. É precisa a observação da historiadora de arte Sarah Lewis:

> Não importa o tópico – beleza, família, política, poder –, a busca por um legado da representação de afro-americanos tem sido sobre estas duas coisas [visão e justiça]. O esforço de séculos para criar uma imagética que honre a plena humanidade da vida negra é uma tarefa corretiva, para a qual a fotografia e o cinema têm sido centrais, até mesmo indispensáveis.[251]

Grupos minoritários racializados desenvolveram métodos para burlar as limitações dessa tecnologia em contextos específicos, mas o caráter pervasivo da equivalência entre branquitude e humanidade se desdobra na cultura de forma cruel. Intensificando a hiper-representação de brancos em detrimento de outros grupos étnico-raciais na cultura midiática, os padrões tecnológicos "invisíveis" como esses citados reforçam o abismo do acúmulo de objetos midiáticos e culturais que, por sua vez, alimentam as bases de dados digitais de que tratamos ao longo deste livro.

Bases de dados e epistemicídios

Os padrões de construção e disseminação do conhecimento eurocentrado desenvolvidos durante o auge colonialista constituíram, como face da mesma moeda, o epistemicídio e a destruição física e intelectual das produções de países, povos e grupos periféricos e subjugados. Definir a organização do conhecimento em bibliotecas e arquivos é um trabalho classificatório artificial, com impactos na representação de indivíduos e grupos, assim como na descoberta, no resgate ou na recepção de produção intelectual.

A partir da Teoria Racial Crítica, Jonathan Furner propõe uma interpretação de sistemas classificatórios como a Classificação Decimal de Dewey e a Classificação Decimal Universal (CDU). Como as categorias para classificação bibliográfica enquadram categorias nacionais, raciais e de diferentes grupos em marcações de valor moral de mérito? Para Furner, um esquema de classificação bibliográfico "é essencialmente uma especificação de linguagem ou códigos artificiais nos quais afirmações sobre os assuntos dos materiais são expressáveis"[252]. Noble cita o caso da Biblioteca do Congresso estadunidense, que manteve durante anos categorias como "A questão judaica" ou "Perigo amarelo" para se referir a grupos étnico-raciais especialmente marginalizados em períodos do século XX no país – prática que tem ressonâncias em resultados de mecanismos de busca[253].

Sistemas de registros e indexação em vigência reproduzem hierarquias de conhecimento e representação em diferentes escalas. Ainda sobre a Classificação Decimal de Dewey, há sete classes gerais relacionadas a aspectos e instituições do cristianismo contra apenas uma categoria

"Outras religiões", e também sete categorias de literaturas regionais da Europa (portuguesa, francesa, inglesa etc.) contra uma categoria "Outras literaturas, literaturas em outros idiomas". Esses sistemas classificatórios refletem as hegemonias históricas sobre o conhecimento colonial e sua manutenção reproduz os problemas das ideias às próprias materialidades de estantes e espaços em bibliotecas.

Dandara Baçã lembra como a CDU (Classificação Decimal Universal) não consegue comportar propriamente as religiões brasileiras. Assim, religiões como o candomblé, o daime, a umbanda e o xamanismo "são geralmente alocadas em partes diferentes das bibliotecas, em ocultismo. Isso acontece porque a CDU não foi feita para nós e nem por nós, foi feita para outro saber, outro povo"[254]. Portanto, o trabalho dos bibliotecários engajados na descolonização do saber envolve táticas que dialogam criticamente com os padrões e as tecnologias vigentes. Dávila da Silva e Erinaldo Valério recomendam aos pares:

> Ter atitude para com as necessidades informacionais de seus usuários, instigar a curiosidade destes em se inteirar sobre história e cultura das diversas comunidades locais, regionais, nacionais e internacionais; disseminar, disponibilizar e trabalhar assuntos pertinentes às suas realidades sociais; dispor de literatura marginal ou poesia marginal [...]. Ou seja, conhecer a comunidade em sua plenitude e atender suas necessidades reais a partir da informação e do conhecimento.[255]

A coleção de sistemas informacionais e tecnologias que observamos neste capítulo trata em grande medida de dinâmicas similares e precedentes ao que observamos de forma vertical sobre algoritmos e inteligência artificial nos capítulos anteriores. Não podemos dispensar conhecimentos acumulados e acreditar que as tecnologias contemporâneas não possuem relação com o acúmulo de modos hegemônicos de estar no mundo e de transformá-lo. Do mesmo modo, não podemos dispensar o histórico de resistências dos últimos séculos.

Como nos disse o poeta e pesquisador Amiri Baraka, ainda antes de toda a bibliografia que vimos neste capítulo, as tecnologias têm *éthos* e podem representar e reproduzir valores de seus criadores. Apenas quando reconhecemos isso podemos imaginar e construir outras alternativas e modos de nos relacionar com tais tecnologias[256]. Reimaginar o que podem ser as tecnologias é essencial para pensarmos reações e remediações possíveis no hoje, como veremos no capítulo a seguir.

---

222 Osonde A. Osoba; William Welser IV, *An Intelligence in Our Image: The Risks of Bias and Errors in Artificial Intelligence*, Santa Monica: RAND, 2017, p. 4.

223 Langdon Winner, "Do Artifacts Have Politics?", *Daedalus*, v. 109, n. 1, 1980, pp. 121-36.

224 Trevor J. Pinch; Wiebe E. Bijker, "The Social Construction of Facts and Artifacts: Or How the Sociology of Science and the Sociology of Technology Might Benefit Each Other", *in*: Wiebe E. Bijker; Thomas P. Hughes; Trevor Pinch (orgs.), *The Social Construction of Technological Systems*, Massachusetts: MIT Press, 2012.

225 James J. Gibson, "A Preliminary Description and Classification of Affordances", *in*: Edward Reed; Rebecca Jones (orgs.), *Reasons for Realism*, Hillsdale: Lawrence Erlbaum Associates, 1982, pp. 403-6.

226 Esther J. T. Weltevrede, *Repurposing Digital Methods: The Research Affordances of Platforms and Engines*, tese de doutorado, Universiteit van Amsterdam, 2016.

227 Robert A. Caro, *The Power Broker: Robert Moses and the Fall of New York*, Nova York: Vintage Books, 1974.

228 Steve Woolgar; Geoff Cooper, "Do Artefacts Have Ambivalence: Moses' Bridges, Winner's Bridges and other Urban Legends in S&TS", *Social Studies of Science*, v. 29, n. 3, 1999, pp. 433-49.

229 Robert A. Caro, *op. cit*, p. 19.

230 Paulo Henrique da Silva Santarém, *A cidade Brasília (DFE): conflitos sociais e espaciais significados na raça*, dissertação de mestrado, Pós-Graduação em Antropologia Social, Brasília: Universidade de Brasília, 2013.

231 Guilherme O. Lemos, "De Soweto à Ceilândia: siglas de segregação racial", *Paranoá: Cadernos de Arquitetura e Urbanismo*, n. 18, 2017, p. 12.

232 Rodrigo Dantas Bastos, *Na rota do fogo: especulação imobiliária em São Paulo*, tese de doutorado, Campinas: Universidade Estadual de Campinas, 2018.

233 Joe Flood, *The Fires: How a Computer Formula, Big Ideas, and the Best of Intentions Burned Down New York City and Determined the Future of Cities*, Nova York: Riverhead Books, 2010.

234 Langdon Winner, *op. cit.*, p. 128.

235 Lundy Braun, *Breathing Race into the Machine: The Surprising Career of the Spirometer from Plantation to Genetics*, Minnesota: University of Minnesota Press, 2014.

236 Lundy Braun; Melanie Wolfgang; Kay Dickersin, "Defining Race/Ethnicity and Explaining Difference in Research Studies on Lung Function", *European Respiratory Journal*, v. 41, n. 6, 2013, pp. 1.362-70.

237 Lundy Braun, *Breathing Race into the Machine, op. cit.*, p. XV.

238 Gislene Aparecida dos Santos, *op. cit.*

239 *Ibidem*, p. 16.

240 Charles W. Mills, *The Racial Contract, op. cit.*

241 Syed Mustafa Ali, "Race: The Difference That Makes a Difference", *tripleC*, v. 11, n. 1, 2013.

242 Cf. Jurema Werneck, "O belo ou o puro?: Racismo, eugenia e novas (bio) tecnologias", *in*: Jurema Werneck; Alejandra Rotania (orgs.), *Sob o signo das bios: vozes críticas da sociedade civil*, Rio de Janeiro: Criola/Ser Mulher, 2004.

243 Beth Coleman, "Race as technology", *Camera Obscura: Feminism, Culture, and Media Studies*, v. 24, n. 1 (70), 2009.

244 Abdias Nascimento, *op. cit.*

245 Aparecida Sueli Carneiro, *op. cit.*, p. 50.

246 Daniel Bernardi (org.), *The Persistence of Whiteness: Race and Contemporary Hollywood Cinema*, Londres: Routledge, 2007.

247 Stuart Hall, "The Whites of Their Eyes: Racist Ideologies and the Media", *in*: Gail Dines; Jean Humez, *Gender, Race and Class in Media*, Thousand Oaks: Sage Publications, 1995.

248 Aparecida de Jesus Ferreira, "Identidades sociais, letramento visual e letramento crítico: imagens na mídia acerca de raça/etnia", *Trabalhos em Linguística Aplicada*, v. 51, n. 1, 2012, p. 201.

249 Lorna Roth, "Looking at Shirley, the Ultimate Norm: Colour Balance, Image Technologies, and Cognitive Equity", *Canadian Journal of Communication*, v. 34, n. 1, 2009.

250 Sarah Lewis, *Vision & Justice: A Civic Curriculum*, Nova York: Aperture Foundation, 2019, p. 54, disponível em: <https://visionandjustice.org/civic-curriculum>, acesso em: out. 2021.

251 *Ibidem*, p. 6.

252 Jonathan Furner, "Dewey Deracialized: A Critical Race-Theoretic Perspective", *Knowledge Organization*, v. 34, n. 3, 2007, p. 154.

253 Safiya Umoja Noble, *Algorithms of Oppression, op. cit.*

254 Dandara Baçã, "'Desculpa, eu não te vi!': problematizando a invisibilidade dos meus pares raciais na biblioteconomia", *Biblioo Cultura Informacional*, 20 nov. 2016, disponível em: <https://biblioo.cartacapital.com.br/desculpa-eu-nao-te-vi/>, acesso em: out. 2021.

255 Dávila Maria Feitosa da Silva; Erinaldo Dias Valério, "Descolonizando o fazer bibliotecário: uma ação urgente e necessária", *in*: Franciéle Silva; Graziela Lima (orgs.), *Bibliotecári@s negr@s: ação, pesquisa e atuação política*, Florianópolis: ACB, 2018, p. 125.

256 Imamu Amiri Baraka, "Technology & Ethos", 1969, disponível em: <https://www.are.na/block/3163660>, acesso em: out. 2021.

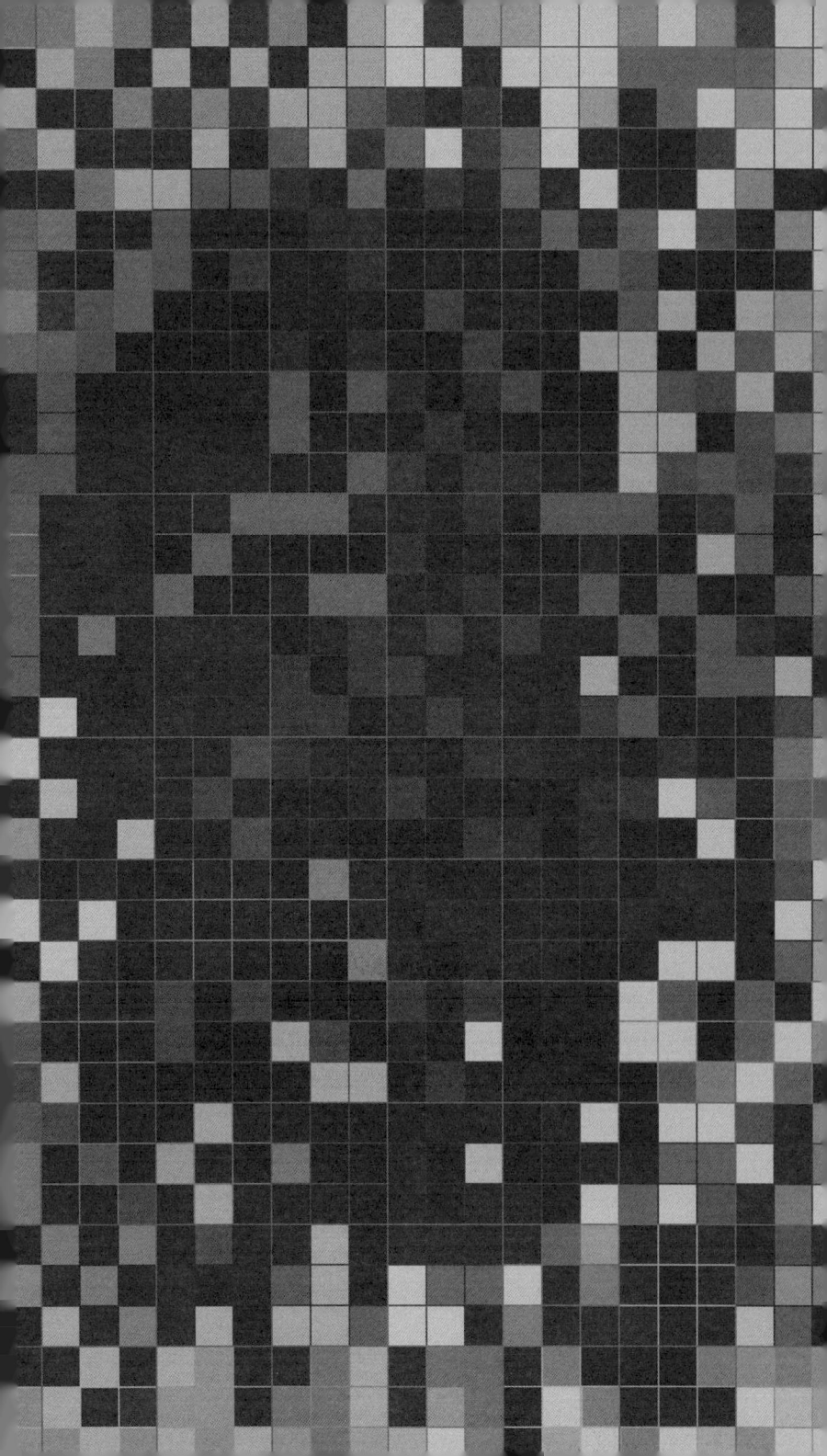

6
REAÇÕES, REMEDIAÇÕES E INVENÇÕES

NÃO SÃO POUCAS AS REAÇÕES E OS CAMINHOS que estão sendo traçados por ativistas, desenvolvedores, cientistas e tecnologistas de diversos interesses e disciplinas. O racismo algorítmico não é um fenômeno que pode ser delimitado de forma simples. Mais do que tratar de "algoritmos racistas", a questão que se impõe é a algoritmização do racismo a partir de pontos que vimos ao longo do livro: reprodução e intensificação maquínica das desigualdades econômicas, políticas e culturais; aumento da opacidade sobre as relações raciais e as opressões decorrentes delas; e aprofundamento da extração colonial e racializada de dados e trabalho na direção Sul-Norte no globo.

Assim, modalidades de resistência, reações e remediações contra a transformação algorítmica do racismo estrutural envolvem lembrar-se das diferentes frentes dos movimentos negros nas lutas sociais e nas solidariedades diaspóricas. Ou mesmo a recusa à desagregação das identidades e a não adesão à manutenção do *status quo*, como nos diz Jurema Werneck[257], que nos faz lembrar de que estes são passos que vêm de longe.

Auditorias e consciência pública

Ao longo dos capítulos anteriores, deparamos-nos com manifestações do racismo algorítmico reveladas por meio de táticas de auditoria pública entre jornalismo, pesquisa e ativismo. Reunir evidências sobre a fragilidade de sistemas algorítmicos é uma tarefa multidisciplinar. As evidências não são apenas computacionais ou fruto de auditorias de código, mas também levantamentos de relatos, etnografias e investigação jornalística – todos esses elementos podem ter impactos distintos, a depender das relações de poder, autoridade profissional e contextos político-econômicos.

O projeto Gender Shades, sobre o qual falamos no terceiro capítulo, jogou luz sobre as disparidades interseccionais que sistemas de visão computacional performaram, errando em índices inaceitáveis contra mulheres negras. As pesquisadoras não apenas identificaram o problema; elas também criaram um conjunto de fotos de referência para testar os sistemas. Com base em cuidadosa curadoria, o Pilot Parliaments Benchmark é um instrumento que permite a qualquer desenvolvedor ou empresa analisar a precisão de seus sistemas quanto a gênero e cores de pele[258].

Dessa forma, além da auditoria dos três primeiros sistemas – da IBM, Microsoft e Face++ –, o projeto Gender Shades disponibilizou à comunidade um instrumento de análise com potencial de replicação em escala. Dois anos depois, Joy Buolamwini e Deborah Raji[259] realizaram nova auditoria sobre os sistemas analisados na primeira fase do estudo e incluíram comparação com outros fornecedores, da Amazon e da Kairos. As pesquisadoras descobriram que os sistemas anteriormente abordados melhoraram as taxas de erro, mas que aqueles que estavam sendo analisados pela primeira vez seguiam a mesma tendência de erros interseccionais, com imprecisão maior em fotos de mulheres negras.

O projeto pode ser entendido como uma "auditoria pública acionável". Na medida em que sua repercussão foi baseada em princípios de divulgação científica construídos na articulação com espaços acadêmicos de poder e visibilidade, gerou também debate na esfera pública, mencionado frequentemente em grupos mobilizados e até em propostas regulatórias.

Entretanto, a interpelação de políticas racializantes na construção e no funcionamento de sistemas algorítmicos não deve ser vista como algo próprio da computação e de áreas diretamente relacionadas em caixas disciplinares limitantes. Entender sistemas algorítmicos não envolve apenas o caminho de perscrutar as linhas de código, mas também suas redes de delegação; envolve identificar quais comportamentos normalizam, quais dados aceitam, quais tipos de erro são ou não considerados entre entradas e saídas do sistema, seu potencial de transparência ou de opacidade e para quais presenças ou ausências os sistemas são implementados – enfim, as redes de relações político-raciais em materializações cambiantes na tecnologia.

O conhecimento experiencial sobre sistemas algorítmicos, transformado tanto por meio de abordagens científicas quanto a partir de enfoques vernaculares, lembra-nos de que algumas dinâmicas de discriminação se apresentam na superfície, ainda que careçam de enunciação. Além dos louváveis exemplos de jornalismo investigativo que vimos ao longo deste livro, destaca-se a campanha *#BuscaPorIgualdade* realizada pela organização Desabafo Social. Em vídeos curtos, são exibidas buscas por palavras-chave de categorias amplas como "pessoas", "família" ou "pele" em *sites* como Shutterstock e Deposit Photos, resultando em páginas repletas de imagens quase que exclusivamente de pessoas brancas. A contraposição com as buscas acrescidas do qualificador "negro" em termos como "família" é o gancho para lembrar os bancos de imagens que "família negra também é família"[260]. O sucesso da campanha, junto a outras pressões e reações mercadológicas, que incluíram bancos de imagens verticais focados em pessoas negras, foi um dos fatores que impulsionaram o avanço das opções de filtros em bancos como o Shutterstock[261].

Em interessante tipologia de modos de auditoria algorítmica proposta por Christian Sandvig e colaboradores[262], o projeto #*BuscaPorIgualdade* seria um exemplo do que chamam de "auditoria de fantoche" (*sock puppet audit*), por simular o comportamento de usuários e refletir criticamente sobre os padrões dos resultados. Outra abordagem acessível a investigadores não técnicos é a *auditoria de usuário não invasiva*, por meio da qual são aplicados na investigação métodos de pesquisa como *surveys*, relatos, entrevistas ou observação. De certa forma, as iniciativas de jornalistas e campanhas comunicacionais de ativistas se encaixam nessa categoria, pois realizam "seleção não invasiva de informação sobre interações normais de usuários em uma plataforma"[263].

Salientar a legitimidade dessas abordagens é especialmente relevante para dar a devida importância ao papel dos possíveis impactos nocivos dos sistemas, independentemente de uma intencionalidade explícita por parte dos desenvolvedores ou da fragilidade tecnicamente mensurável dos códigos. Assim, combater impactos nocivos de sistemas algorítmicos não envolve apenas os aspectos vistos estritamente como técnicos ou da computação – tampouco envolve apenas programadores e engenheiros. A ideia de auditoria, com seus impactos, pode ser expandida para que pensemos também em como a visibilização das dinâmicas incorporadas em tais sistemas geram argumentos para "promover campanhas e ações de mobilização que incorporem uma linguagem acessível e objetiva, mas com impacto e relevância para os cidadãos em geral"[264].

Um mapeamento realizado por Ziv Epstein e colaboradores alerta para o "hiato do conhecimento sobre inteligência artificial", na medida em que o "número de sistemas únicos de IA cresce mais rápido do que o número de trabalhos que estudam características do comportamento de tais sistemas"[265]. Em análise de mais de 7 mil documentos publicados na relevante conferência Neural Information Processing Systems, de 1987 a 2017, os autores descobriram que há cerca de dez vezes mais proposições de novos modelos computacionais do que estudos de modelos existentes, em um hiato que continua em crescimento.

A tendência também é identificada por Pablo Nunes, coordenador da Rede de Observatórios da Segurança. Ele chama a atenção para o descompasso entre "reflexão dos efeitos e da eficiência de determinados empregos de algoritmos com o número de projetos e aplicações dessas mesmas tecnologias que já estão em desenvolvimento"[266] quando tratamos da adoção de tecnologias de reconhecimento facial para segurança pública.

O diálogo interdisciplinar para a produção de sistemas algorítmicos e aplicações positivas da inteligência artificial pode engendrar modos em que as abordagens computacionais sejam parte da solução. A cientista da computação Rediet Abebe aponta alguns caminhos, como a computação usada como diagnóstico e como refutação, a exemplo de algumas das auditorias que observamos ao longo deste livro. Abebe defende que os estudos sobre escores algorítmicos de risco e predição criminal e de comportamento, por exemplo, mostram limitações intransponíveis do uso de IA para estes fins.

> Não importa qual algoritmo é empregado, quaisquer modos de atribuir estimativas de riscos a dois grupos com índices de base diferentes vai necessariamente produzir um tipo específico de disparidade nos resultados entre os grupos; não podemos eliminar o problema através de uma escolha melhor de algoritmo. Resultados formais deste tipo podem expor as limitações de uma categoria inteira de abordagens – neste caso, a atribuição de riscos numéricos a indivíduos.[267]

Também seria possível aplicar de forma criativa algumas bases do pensamento computacional[268] para, paradoxalmente, formalizar os problemas dos sistemas algorítmicos ao ponto de expor as redes de delegações incorporadas nas tecnologias. O computador, ou sistema algorítmico, torna-se *sinédoque*, uma ferramenta de discurso e crítica sobre a sociedade, representando-a como parte de um todo, ao mesmo tempo que nos "oferece um foco acessível para observar e trazer atenção renovada a velhos problemas"[269].

A proposta de Abebe vai ao encontro do que Charô Nunes ressalta em sua análise dos algoritmos computacionais em sobreposição aos algoritmos da sociedade – estes, entendidos como "conjunto de regras sociais, econômicas, ideológicas e até mesmo semióticas que são resultado das disputas e toda sorte de interação entre diversos segmentos da população"[270]. Paradoxalmente, as auditorias de sistemas algorítmicos a partir de críticas raciais, ainda que sejam poucas relativamente às implementações desastrosas, são transformadas em possibilidades de "auditar" as próprias dinâmicas que a sociedade hegemônica elege como centrais para ganhar status de reprodução automatizada e opaca.

"Foda-se o algoritmo": mobilizações públicas

A pandemia de covid-19 tornou-se um sonho inesperado para corporações e *startups* empenhadas em dataficar mais camadas da vida a fim de oferecer sistemas de gestão algorítmica. O rastreamento de contato (*contact tracing*) como mecanismo para controlar a transmissão foi rapidamente apropriado também por agentes representantes da violência estatal, que passaram a usar o mesmo léxico para emplacar a vigilância de movimentações ativistas[271].

Ao mesmo tempo, a suspensão de atividades essenciais, como educação básica, gerou novos desafios em uma sociedade que promove a competição por recursos públicos – e, para gerir os desafios, o tecnocentrismo foi a equivocada solução escolhida no mundo todo. No Reino Unido, foi adotado um sistema algorítmico para atribuir os escores necessários aos estudantes prestes a tentar vagas em universidades, já que a normalidade do ano escolar de 2020 estava comprometida. Os dados que alimentavam o sistema não só se basearam no desempenho anterior dos estudantes como também tomaram como referência o ranqueamento estabelecido pelos professores sobre qual nota eles achavam que os estudantes poderiam alcançar ao final do período e, ainda, o desempenho histórico da escola. Como era de se esperar, escolas particulares foram beneficiadas – nestas, o número de notas máximas subiu cerca de 5%, o dobro da média de diferença histórica[272].

O sistema, portanto, favoreceu elites e o determinismo de classe e geografia ao vincular a escola ao escore – além de adicionar uma variável discriminatória na atribuição arbitrária de notas pelos professores. Os estudantes protestaram com palavras de ordem explícitas, literalmente "Foda-se o algoritmo!", em frente ao Departamento de Educação, pressionando para a suspensão do método. Entretanto, apesar da suspensão, os danos percebidos em processos seletivos já em andamento deveriam ser ajustados a partir de apelações realizadas pelas escolas, criando barreiras aos estudantes prejudicados[273].

A sinceridade juvenil dos gritos de protesto repercutiu globalmente e um dos cartazes exibiu a recusa em ser "fixado no lugar" pela tecnologia, dizendo: "o algoritmo não sabe quem eu sou". Esta, que foi uma das primeiras mobilizações organizadas em espaço público contra a imprecisão de um sistema algorítmico, soma-se a outras, voltadas a pressionar instituições públicas e corporações para que não atendam a determinados fins.

Mobilizações e vazamentos de informações internas por funcionários possuem um longo passado de ação, inclusive global. Um de seus ápices históricos foi a articulação de funcionários estadunidenses contra a conivência da Polaroid com o regime do *apartheid* na África do Sul. A empresa vendia secretamente insumos para fotografias usadas nos abjetos "passes" que identificavam sul-africanos em termos de raça, etnia e locais por onde poderiam circular. A partir do final da década de 1960, funcionários da empresa organizados como "Polaroid Revolutionary Workers Movement" advogaram pelo encerramento dos contratos da empresa com o regime racista, pelo anúncio público e global dessa recusa a fazer negócios no país enquanto durasse o *apartheid* e para que a empresa contribuísse com os esforços de liberação africana[274].

Inicialmente, a Polaroid tentou esconder os laços com o *apartheid* e perseguiu os funcionários que denunciaram os problemas. Apenas depois de muitos anos de luta e cobertura da imprensa, a empresa cessou essas vendas. Entretanto, esse esforço inspirou o debate que, junto a outros ocorridos na época, estabeleceu a base para a proposição, em 1977, dos "Princípios de Sullivan", um conjunto de princípios para responsabilidade social de empresas[275] referenciado até hoje.

Durante a conferência anual da Amazon Web Services de 2019, em Nova York, centenas de cidadãos protestaram solicitando que a corporação parasse de oferecer serviços a organizações do governo norte-americano como a ICE (US Immigration and Custom Enforcement), responsável por perseguir imigrantes[276]. Os protestos somam-se a uma longa história de mobilizações contra a gigante do *e-commerce* e inteligência artificial, relacionada a seus impactos de gentrificação[277], disrupção e *dumping* de negócios locais, além da crescente exploração de funcionários e precarização de condições de trabalho[278].

Durante a intensificação das ondas de protestos contra a violência policial racista nos Estados Unidos em meados de 2020, parte dos funcionários das principais empresas de tecnologia e inteligência artificial assinaram petições para pressionar seus empregadores. Na Google, a petição interna "No Police Contracts" argumenta que "dizer que 'vidas negras importam' não é suficiente, nós precisamos mostrar isso em nosso pensamento, nossas palavras e ações"[279]. Google, IBM, Amazon e outras empresas reagiram às manifestações e pressões regulatórias[280] implementando aparentes moratórias à venda de reconhecimento facial para determinados fins. No entanto, elas o fizeram com base em léxicos pouco claros, como a delimitação nos termos da IBM de aplicações para "vigilância em massa, perfilação racial, violação de direitos humanos básicos e liberdade"[281] ou a curta moratória que a Amazon se propôs a adotar até que sejam definidos novos padrões éticos e regulatórios pelo Congresso – ao mesmo tempo que a empresa realiza *lobby* para influenciar essa regulação[282].

Mas, se protestos públicos realizados por cidadãos e consumidores geram danos financeiros a empresas com valiosas marcas parcialmente dependentes do consumidor final, como Amazon e Google, o mesmo não ocorre com gigantescas corporações direcionadas a contratos com governos e com o mercado financeiro. É o caso da Palantir, que oferece serviços de gestão biométrica para perseguir migrantes e tecnologias para forças policiais, sendo por isso alvo de mobilizações públicas[283].

As elites tecnológicas do Vale do Silício "suprimem os questionamentos sobre racismo e discriminação, mesmo quando os produtos das elites digitais são infundidos com marcadores de raça, classe e gênero"[284]. Porém, o neoliberalismo e os mitos pós-raciais tecnocêntricos dificultam de modo intencional a compreensão honesta da racialização das tecnologias algorítmicas, pois tal compreensão seria diametralmente oposta a seus modelos de negócio baseados em imaginários carcerários e desigualdade econômica.

Tomemos este exemplo: a Amazon desenvolveu patentes de "pulseiras inteligentes" para rastrear funcionários e a movimentação de suas mãos sob a égide da eficiência, para melhorar com *big data* a logística de trabalho e a movimentação de bens, reificando os empregados também por maiores níveis de "produtividade"[285]. Em seguida, essa infraestrutura tem sido despudoradamente aplicada para analisar, com base em mapas de calor de movimentação e "análise de emoções" dos funcionários, quais lojas da Whole Foods – varejista comprada pela Amazon em 2017 – estariam sob "risco de sindicalização"[286]. Vagas específicas de analistas de inteligência estão sendo moldadas para combater a organização trabalhista com o apoio de dados, algoritmos e novos mecanismos de vigilância e biometria[287].

Desse modo, a própria gestão algorítmica de dissensos dentro das corporações é uma tendência aplicada por grupos do capital que avançam na adoção de novos mecanismos de controle e vigilância de seus times – o que nos lembra dos limites inerentes à mobilização voltada a valores de responsabilidade corporativa.

Resistências pelas reinvenções

O registro ou o apagamento de invenções e tecnologias é um processo sociopolítico e histórico empreendido há séculos para privilegiar concepções (eurocêntricas) de progresso científico. Reações são levadas a cabo desde a revolucionária pesquisa independente sobre a civilização kemética, por Diop[288], chegando a resgates contemporâneos da história das tecnologias africanas[289] e estudos do valor gerado por meio da apropriação violenta de tecnologias[290] durante o escravismo no Atlântico negro.

O tecnologista Ramon Vilarino alerta que, apesar dessa rica história invisibilizada, as elites brasileiras não incentivam a "criação de tecnologia verdadeiramente local e contextualizada, o que termina por frequentemente produzir caricaturas ou adaptações mal pensadas"[291] do que é realizado nos centros de tecnologia do Norte global.

Na contemporaneidade, populações afrodiaspóricas em países como o Brasil lutam contra as desvantagens cumulativas em ambientes hostis, moldados por e para a supremacia branca; não obstante, essas populações desenvolveram inúmeras estratégias de inovação tecnológica. Uma tipologia proposta por Rayvon Fouché oferece uma lente especial para pensar o que ele chama de "criatividade tecnológica negra vernacular"[292]. O termo busca conceituar o modo pelo qual inventores afro-americanos adaptaram, reinventaram ou criaram tecnologias para suas realidades específicas – apesar do constante apagamento de suas autorias ou mesmo de sua subestimação, quando surgem de iniciativas populares ou periféricas.

As três categorias propostas por Fouché seriam a) Reimplementação: o processo pelo qual o poder material e simbólico da tecnologia é reinterpretado, mas mantém seu uso e sua forma física tradicional; b) Reconcepção: a redefinição ativa de uma tecnologia, de forma a transgredir a função e/ou o significado dominante; e c) Recriação: como o redesenho e a produção de um novo artefato material depois que uma forma e/ou função existente foi rejeitada[293].

A história não hegemônica da internet tem muitos exemplos[294] de iniciativas de criatividade tecnológica por grupos minorizados, a exemplo das populações negras. Um *software* especialmente interessante foi o

Blackbird, criado em 2008 como um navegador experimental. O Blackbird foi desenvolvido a partir do Mozilla Firefox, navegador de código aberto. Direcionado a afro-americanos, tinha especificações que rejeitavam a branquitude intersticial presente nos navegadores da época, que se apresentavam como neutros, mas traziam resultados enviesados. Entre suas características, duas se destacavam[295]: áreas de recomendação de conteúdo produzido por afro-americanos, selecionado por processo de curadoria; e o destaque no navegador de iniciativas de angariação de fundos para fins sociais, a iniciativa "Give Back". Seus criadores e a comunidade de desenvolvimento já rejeitavam a ideia de um navegador que fosse apenas uma janela para o ciberespaço, e que não interagisse com o mundo físico e social, para além do *online*, de modo não necessariamente mercadológico.

Rejeitar falsas neutralidades das tecnologias, bases de dados e representações é um esforço frequente contra as opressões e limitações. No que se refere especificamente a bancos de imagens, iniciativas como a Nappy[296] ou a Young, Gifted & Black[297] buscam combater representações negativas e preencher lacunas positivas ao fornecer bancos de fotografias focados na representação de pessoas negras. O *site* da Nappy explica como funciona a modalidade de licença de distribuição, seguindo o modelo Creative Commons, que permite o uso livre – que eles não apenas concedem, mas também incentivam: "Nós encorajamos. Quanto mais você usar, mais ajudaremos a melhorar a representação de pessoas pretas ou negras[298] na mídia"[299].

Vimos como buscadores generalistas ou bancos de imagens profissionais produzem visibilidades, invisibilidades e estereótipos que penalizam, sobretudo, mulheres negras. Iniciativas como essas, portanto, vão ao encontro do convite de Patricia Hill Collins à busca pela centralidade da autodeterminação das representações imagéticas e epistêmicas por mulheres negras para combater as imagens de controle[300].

Como contraponto aos problemas de transformações de *selfies* realizadas por filtros que embranquecem rostos e promovem padrões eurocêntricos de beleza, a designer Joyce Gomes criou o projeto Black Beauty Filters (filtros de beleza negra). Depois de levantar informações em pesquisa qualitativa e bibliográfica, a designer produz filtros com o *framework* de realidade aumentada Spark AR. Para além dos filtros que criou, ela aponta a importância do projeto para o desenvolvimento de uma literacia racial estética, ao "instruir os criadores de conteúdo, negros ou não, a terem um olhar mais dedicado a questões que envolvam a negritude e o universo dos filtros", incentivando a descolonização e a criação interdisciplinar por grupos diversos[301].

Invertendo o olhar habitual dos mapas de crime, temos, como paródia crítica, o projeto White Collar Crime Zones[302]. Os desenvolvedores produziram um mapa de crime[303] e sistema preditivo de risco voltado aos crimes de "colarinho-branco". O projeto é distinto dos modelos mais famosos de predição de crimes, por não focar os "crimes de rua", como tráfico de drogas, furto e vandalismo, mas os crimes financeiros de grande montante e impacto, que, contudo, resultam em poucas penalidades. Os desenvolvedores usaram dados de instituições regulatórias financeiras e cruzaram com informações sobre locais de venda de drogas lícitas, como álcool, além da densidade de organizações que sonegam impostos.

Além disso, o *White Collar Crime Zones* também constrói o "rosto médio" do criminoso na base, a partir da coleta e processamento computacional das similaridades entre as fotos de rosto de 7 mil executivos de corporações financeiras extraídas do LinkedIn. Ao navegarmos no mapa, as fotos desse "criminoso médio" previsto compõem variações de um rosto prototípico de um homem jovem caucasiano. Lembremos aqui o argumento da socióloga Ruha Benjamin: ela afirma que, ao questionar de forma deliberada e criativa o *status quo* da tecnologia preditiva, "analistas podem entender melhor e expor as muitas formas de discriminação incorporada e possibilitada pela tecnologia"[304].

Formando novos olhares

Talvez um dos caminhos mais controversos para a superação de danos de discriminações algorítmicas seja a promoção da diversidade demográfica de quem desenvolve as materialidades das tecnologias, como cientistas da computação, engenheiros/as, desenvolvedores/as – porém, a maioria das posições profissionais de grande impacto aparente estão no oligopólio da "*big tech*" que molda a tecnologia global.

Logo após as manifestações do Black Lives Matter em maio e junho de 2020, que ganharam escala global após o assassinato de George Floyd, grandes corporações estadunidenses de tecnologia foram pressionadas a agir sobre o racismo estrutural na sociedade. As principais corporações se comprometeram, com bastante alarde, a empenhar dezenas de milhões de dólares para iniciativas de comunidades negras e para a promoção da diversidade. De 61 mil dólares da Dell a 209 milhões da Microsoft, os números impressionaram porque é difícil vislumbrar quão pouco significam na escala bilionária das grandes corporações estadunidenses de tecnologia.

Entretanto, um jornalista fez interessante comparação das doações, a partir da pergunta: "Se as empresas fossem pessoas, quanto dinheiro elas teriam doado?"[305]. Comparando com o salário mediano de 63 mil dólares anuais nos Estados Unidos, ele mostra que o equivalente da doação da Microsoft seria pouco mais de 99 dólares, enquanto a da Dell seria de apenas 4 centavos.

Ao longo deste livro, pudemos observar como o tecnochauvinismo e seus danos decorrentes favorecem e são impulsionados pelos oligopólios das plataformas e da IA; por isso, merecem redobrado louvor iniciativas que geram novos olhares para o aprendizado da programação, tecnologia, cuidados e segurança digital. No Brasil, as articulações de mulheres negras em torno de iniciativas que abriram caminhos[306], como o portal do Geledés Instituto da Mulher Negra e o grupo Blogueiras Negras, promovem construções[307] sobre cuidados digitais que, nas palavras de Larissa Santiago, geram "mudanças de ordem filosófica e práticas em relação ao uso de tecnologias e ferramentas da informação e comunicação"[308], incorporando outros jeitos de fazer e construir.

Diretora do Olabi e idealizadora da PretaLab, Silvana Bahia liderou um levantamento de dados inédito sobre a presença de mulheres negras e indígenas em campos privilegiados da inovação e da tecnologia, defendendo que "a falta de representatividade é um problema não só para o ecossistema de tecnologia e inovação, mas para os direitos humanos e a liberdade de expressão"[309]. Os dados mostram como o início de contato dessas mulheres com a área foi predominantemente por meios informais, e que a relação com ativismo foi o terceiro tipo de motivação para inserção nas práticas de desenvolvimento tecnológico, depois de comunicação digital e empreendedorismo.

Iniciativas de formação como a PretaLab buscam reinterpretar as tecnologias tanto a partir do ensino de linguagem de programação e da cultura *maker* quanto pela reflexão sobre os aprendizados das bases das pirâmides sociais. Silvana Bahia lembra que tecnologia é um "guarda-chuva muito grande, e para a gente sempre foi importante misturar tecnologia analógica, o *low-tech*, com o *high-tech*, porque a gente acha que essa é uma forma eficaz de as pessoas entenderem a importância e conseguirem olhar de uma forma mais crítica"[310].

Iniciativas emergentes na área de tecnologia, visando à formação horizontal, compartilhamento de saberes e apoio mútuo, como Minas Programam, Conexão Malunga, Kilombotech, Perifacode, Tecnogueto, Afropython, Afrotech, Quebradev, InspirAda e outras, surgem de grupos que buscam produzir não só conhecimento formal, mas também contranarrativas, que "empregam tecnologias para objetivos específicos, ligados frequentemente a suas histórias e locais sociais"[311].

Descentralizar a tecnologia comercial do discurso sobre aprendizado de programação é algo que Bárbara Paes, cofundadora do Minas Programam e mestre em gênero e desenvolvimento, aponta como meta. Ela descreve como o imaginário das alunas sobre os *hackatons*, formações e projetos coletivos promovidos pelo grupo, é perpassado por uma dualidade. Algumas estudantes, ao mesmo tempo que se capacitam para ambientes idealizados da tecnologia, de *startups* ao Vale do Silício, também descontroem coletivamente as aplicações do aprendizado, fazendo emergir conhecimentos transformadores. Entre as reflexões colaborativas durante o processo de aprendizado em programação, Paes aponta temas incluídos nas conversas: "O que você pode fazer com isso, como que tal aprendizado pode ser uma ferramenta pra você, não só na sua vida profissional e de trabalho, mas também pensando na sua comunidade, pensando nas pessoas que estão ao seu entorno, como que pode se tornar uma coisa útil pra você"[312].

Na coorganização do Perifacode, a engenheira de *software* Carla Vieira aborda de forma similar a questão. Ela compartilha do combate aos vieses na tecnologia, adaptando o termo para um aspecto positivo e transformador presente na tecnologia. "Quando você tem várias pessoas diferentes, com seus vieses diferentes, como o mundo é, faz mais sentido [...]. O que for criado vai ser inclusivo, vai representar o mundo como ele é, que ele tem diversidade."[313]

A desenvolvedora Roselma Mendes acredita que essa conexão interdisciplinar deve ser promovida. Ela defende que o papel das tecnologias digitais na sociedade contemporânea faz com que os problemas delas decorrentes não sejam relacionados apenas com tecnologias[314]. Em algum sentido, podemos ligar tais percepções e iniciativas a uma promoção de literacia racial nas tecnologias que busca desvelar uma falsa neutralidade que apenas reproduz opressões e apaga imaginários alternativos.

Jessie Daniels, Mutale Nkonde e Darakhshan Mir propõem que o avanço da literacia racial na tecnologia seja promovido de uma forma multissetorial. As autoras apontam as limitações das proposições das grandes corporações e propõem três pilares necessários para se deixar para trás padrões inócuos de ação:

- compreensão intelectual de como o racismo estrutural opera em algoritmos, plataformas de mídias sociais e tecnologias ainda não desenvolvidas;
- inteligência emocional sobre como resolver situações racialmente estressantes em organizações;
- compromisso na tomada de ação para reduzir danos a grupos racializados.[315]

Para que o racismo nos campos profissionais da tecnologia deixe de se manter pela negação do problema ou pela evasão ao debate com reações confortáveis, mais do que se promover a diversidade de forma isolada, é preciso um efetivo compromisso de transformação. A ênfase no combate aos danos do racismo passa por descentrar aspectos puramente técnicos dos discursos[316], focando diferentes modalidades de discriminação e danos algorítmicos.

Regular para além dos princípios éticos

A sigla FAT ou FAccT, que designa parte do debate sobre evitação de danos algorítmicos a partir da tríade *Fairness, Accountability and Transparency* (algo como isonomia, prestação de contas e transparência), tornou-se sinônimo global do debate sobre ética em sistemas algorítmicos realizado no campo da computação e nas comunidades em torno de aprendizado de máquina e redes neurais. Críticas sobre a abordagem FAccT envolvem especialmente a tendência a delimitar o problema dos danos algorítmicos como questões de códigos ou procedimentos de gestão, além do debate sobre a real necessidade de desenvolver novos conceitos para prerrogativas de respeito a direitos humanos, e o modo pelo qual seria possível apagar aspectos políticos e racializantes das tecnologias.

Um importante mapeamento realizado pelos pesquisadores Luciano Floridi e Josh Cowls estudou os consensos entre as propostas de iniciativas internacionais sobre regulação de princípios para a inteligência artificial. Em seguida, organizou-os em cinco princípios: beneficência, não maleficência, autonomia, justiça e explicabilidade. Os quatro primeiros já são frequentemente discutidos e aplicados na bioética, o que nos faz lembrar de como a interdisciplinaridade pode combater as armadilhas de se perceber problemas em artefatos específicos como algo completamente novo. Em relação especificamente à autonomia, Floridi e Cowls defendem que os humanos devem reter o poder de decidir quais tipos de decisões são tomadas, ter a possibilidade de intervenção quando necessário e, por fim, decidir de modo coletivo em quais casos a perda de controle do processo decisório vale a pena em termos dos benefícios comparados aos custos ou danos possíveis[317].

Nas palavras de J. Khadijah Abdurahman, que critica o modelo do FAccT, trata-se mais de quem tem o poder de "classificar, determinar as repercussões e políticas associadas por consequência e suas relações com a injustiça histórica e acumulada"[318]. Catherine D'Ignazio e Lauren F. Klein concordam com essa visão e oferecem um conjunto alternativo de conceitos orientadores para o campo, visando a uma transição da "ética dos dados" à "justiça dos dados". O objetivo disso seria deslocar a fonte dos problemas dos indivíduos e sistemas técnicos para a compreensão dos diferenciais das estruturas de poder e para como combater esses problemas[319], como podemos ver na Tabela 5.

TABELA 5
De ética dos dados a justiça dos dados[320]

Conceitos que mantêm o poder	Conceitos que desafiam o poder
Ética	Justiça
Viés	Opressão
Isonomia	Igualdade
Transparência	Reflexividade
Entender algoritmos	Entender história, cultura e contexto

A proposição desse deslocamento significa abarcar conceitos que dialogam com os legados de organização coletiva, ativismo feminista interseccional e pensamento crítico, rejeitando a ideia de que seriam necessários princípios "éticos" radicalmente novos para processos e artefatos baseados em *big data* e inteligência artificial.

Desse modo, a ideia de inescrutabilidade algorítmica não deve ser considerada aceitável em sistemas com potenciais de danos relevantes a indivíduos ou grupos. Levar adiante a implementação de um sistema algorítmico com decisões inescrutáveis significa tomar como aceitáveis os danos possíveis – o que incorpora computacionalmente as hierarquias de humanidade baseadas em raça, gênero, classe e outras. Ao analisar como o debate em torno de "direitos dos robôs" tem sido usado como tática diversionista sobre os impactos da inteligência artificial, Abeba Birhane e Jelle van Dijk escrevem:

> Uma das questões prementes no atual momento e época é que máquinas "inteligentes" são crescentemente usadas para sustentar formas de opressão. Nós não "culpamos" as máquinas [...] nem dizemos que as máquinas devem assumir "responsabilidade", precisamente porque isto absolveria aqueles efetivamente responsáveis pelas suas ações.[321]

Nesse sentido, o princípio de "explicabilidade" pode ser visto como uma prerrogativa essencial de combate ao racismo algorítmico se encarado como pertinente não apenas às linhas de código, mas também aos processos de planejamento, implementação e definição sobre quem os sistemas beneficiam ou excluem.

Em muitos casos, como na aplicação de vigilância biométrica para segurança pública, a predominância de injustiça racial é evidente na produção de imaginários – carcerários e racializantes – de uso do artefato. E tentativas como a de explicar o funcionamento de um sistema como algo em busca por equidade devem levar em conta os padrões de ação e conceituação em torno do problema a ser supostamente resolvido pelo sistema algorítmico[322]. Sergio Amadeu da Silveira sublinha a contradição entre inescrutabilidade e a implementação desses sistemas pelo poder público em determinadas áreas, questionando a "conveniência e legitimidade do uso pelo estado de sistemas algorítmicos dos quais nem mesmo os seus implementadores saberiam explicar todas suas operações"[323].

Em relatoria à Organização das Nações Unidas, E. Tendayi Achiume propõe uma análise baseada em direitos humanos sobre a discriminação racial em tecnologias digitais emergentes. Para Achiume, "o coração da questão é político, social e econômico, não apenas um problema tecnológico ou matemático"[324] e, portanto, os estados deveriam estabelecer comprometimento legal para realizar um amplo escrutínio dos potenciais discriminatórios contra minorias raciais ou étnicas. Ainda de acordo com Achiume, entre as recomendações de ações aos estados para o combate à discriminação racial no desenho e uso de tecnologias digitais emergentes, estariam as seguintes diretrizes:

- estados devem tomar medidas imediatas e efetivas, particularmente nos campos de ensino, educação, cultura e informação, com o objetivo de combater preconceitos que levam a discriminação racial;
- prevenir e eliminar discriminação racial no desenho e uso de tecnologias digitais emergentes requer adereçar esforços para resolver a "crise de diversidade";
- deve-se tornar avaliações de impactos em direitos humanos, igualdade racial e não discriminação um prerrequisito para a adoção de sistemas baseados em tais tecnologias por autoridades públicas;
- estados devem garantir transparência e prestação de contas sobre o uso de tecnologias digitais

emergentes pelo setor público e permitir análise e supervisão independente, utilizando apenas sistemas que sejam auditáveis;
- *frameworks* e regras de conduta desenvolvidas para permitir regulação e governança flexíveis, práticas e efetivas de tecnologias digitais emergentes devem ser fundamentadas em princípios internacionais e vinculativos de direitos humanos.[325]

As recomendações também reafirmam que o escopo de obrigações deve envolver uma perspectiva baseada em análise interseccional que se aplique a múltiplas e sobrepostas formas de discriminação. A relevância do debate e das disputas em organismos internacionais é uma esfera de formatação de obrigações de diferentes escalas, que pode impactar positivamente tanto as práticas das corporações quanto a participação da sociedade civil na defesa dos direitos humanos.

Enquanto sociedade, portanto, cabe a nós questionar – e agir – sobre quais tecnologias e políticas públicas queremos que representem nossos futuros possíveis e sobre o que consideramos como objetivos e resultados desejáveis[326]. Já é possível reconhecer que alguns sistemas algorítmicos podem funcionar "perfeitamente, com total conformidade, transparência completa, integração fluida e poder discriminatório reforçado"[327], entretanto. Cresce, por consequência, a percepção de que algumas tecnologias algorítmicas emergentes podem – e devem – ser objeto de rejeição coletiva.

O *status* de humanidade plena é multifacetado e ligado a inúmeros processos cotidianos que restringem ou ampliam as oportunidades, barreiras e possibilidades de ação material, intelectual e psicológica dos indivíduos, de acordo com a filiação socialmente percebida deles a um determinado grupo racial. Nesse panorama, o racismo algorítmico é um fenômeno diretamente ligado ao problema da dupla opacidade – o modo pelo qual grupos hegemônicos buscam tanto apresentar a ideia de "neutralidade" na tecnologia quanto dissipar o debate sobre racismo e supremacismo branco no Ocidente. Estudar, debater e agir sobre as relações entre tecnologia e raça, portanto, torna-se duplamente desafiador em sociedades pautadas pelo tecnochauvinismo[328], pelo mito da democracia racial[329] ou pelo "pós-racialismo"[330].

Aparecida Sueli Carneiro nos lembra que a ideia social de raça possui um duplo sentido:

> Em nosso entendimento, igualmente, o termo "raça" possui essa dupla perspectiva. Enquanto instrumento metodológico, pretende compreender as relações desiguais entre os diferentes grupos humanos, mais especificamente as desigualdades de tratamento e de condições sociais percebidas entre negros e brancos no Brasil. Enquanto prática discursiva, os estudos nele inspirados visam à modificação das relações sociais que produzem as discriminações e assimetrias raciais.[331]

A desumanização, o resgate ou a manutenção de humanidade plena dos indivíduos passam por entender as contranarrativas em jogo, tanto como história quanto como projetos de coletividade. Podemos conectar o pensamento antirracista sobre a tecnologia não apenas como crítica, mas também em prol de novas emergências[332] que tenham como prerrogativa rejeitar potenciais de opressão.

Se os fatalismos são ferramentas coloniais para a dominação[333], pensar horizontes de possibilidades, desvelar a naturalização das desigualdades e fortalecer caminhos que abordem raízes, aspectos e impactos locais e globais do racismo algorítmico é uma tarefa que fortalece imaginários alternativos para o bem comum.

---

257 Jurema Werneck, "Nossos passos vêm de longe! Movimentos de mulheres negras e estratégias políticas contra o sexismo e o racismo", *in*: Christine Verschuur (org.), *Vents d'Est, vents d'Ouest: Mouvements de femmes et féminismes anticoloniaux*, Genebra: Graduate Institute Publications, 2009.

258 Joy Buolamwini; Timnit Gebru, *op. cit.*

259 Inioluwa Deborah Raji; Joy Buolamwini, "Actionable Auditing: Investigating the Impact of Publicly Naming Biased Performance Results of Commercial AI Products", *Proceedings of the 2019 AAAI/ACM Conference on AI, Ethics, and Society*, 2019.

260 Matheus Ferreira, "Projeto #BuscaPorIgualdade cobra representatividade negra dos bancos de imagens", CEERT, 2 maio 2017, disponível em: <https://ceert.org.br/noticias/comunicacao-midia-internet/16909/projeto-buscaporigualdade-cobra-representatividade-negra-dos-bancos-de-imagens>, acesso em: out. 2021.

261 Shutterstock, Twitter: @Shutterstock, 6 jun. 2017, disponível em: <https://twitter.com/Shutterstock/status/872105821609570304>, acesso em: out. 2021.

262 Christian Sandvig *et al.*, "Auditing Algorithms: Research Methods for Detecting Discrimination on Internet Platforms", *Data and Discrimination: Converting Critical Concerns into Productive Inquiry*, Seattle, 2014.

263 *Ibidem*, p. 11.

264 Pablo Nunes, entrevista concedida ao autor por e-mail em maio de 2020.

265 Ziv Epstein *et al.*, *op. cit.*

266 Entrevista concedida ao autor por e-mail em maio de 2020.

267 Rediet Abebe, *Designing Algorithms for Social Good*, tese de doutorado, Cornell University, 2019, p. 190.

268 Nina da Hora, "Pensamento computacional: estratégia para a educação tecnológica", disponível em: <https://www.youtube.com/watch?v=6m1RUCSQzeQ>, acesso em: out. 2021.

269 Rediet Abebe, *op. cit.*, p. 187.

270 Charô Nunes, "O algoritmo", *Blogueiras Negras*, 8 jan. 2018, disponível em: <http://blogueirasnegras.org/o-algoritmo/>, acesso em: out. 2021.

271 Shakti Castro, "Surveilling Racialized Bodies", *NACLA Report on the Americas*, v. 52, n. 3, 2020.

272 Ammara Yasin, "'Fuck the Algorithm'; the Rallying Cry of Our Youth?", *Digital Diplomacy*, 17 ago. 2020.

273 Amit Katwala, "An Algorithm Determined UK Students' Grades. Chaos Ensued", *Wired*, 15 maio 2020, disponível em: <https://www.wired.com/story/an-algorithm-determined-uk-students-grades-chaos-ensued/>, acesso em: out. 2021.

274 Eric J. Morgan, "The World Is Watching: Polaroid and South Africa", *Enterprise & Society*, v. 7, n. 3, 2006, pp. 520-49.

275 Gwendolyn Yvonne Alexis, "Global Sullivan Principles", *in*: Nevin Cohen; Paul Robbins (orgs.), *Green Business: An A-to-Z Guide*, Thousand Oaks: Sage Publications, 2010.

276 Kari Paul, "Protesters Demand Amazon Break Ties With Ice and Homeland Security", *The Guardian*, 11 jul. 2019, disponível em: <https://www.theguardian.com/us-news/2019/jul/11/amazon-ice-protest-immigrant-tech>, acesso em: out. 2021.

277 Kate Bradshaw, "Vigil in East Palo Alto Protests Amazon, Facebook Policies", *The Almanac*, 31 mar. 2017, disponível em: <https://www.almanacnews.com/news/2017/03/31/vigil-in-east-palo-alto-protests-amazon-facebook-policies>, acesso em: out. 2021.

278 Rob Golledge, "Protest at Amazon Rugeley Over 'Hellish' Working Conditions", *Express & Star*, 14 dez. 2017, disponível em: <https://www.expressandstar.com/news/local-hubs/staffordshire/rugeley/2017/12/14/protest-at-amazons-rugeley-warehouse-over-hellish-working-conditions/>, acesso em: out. 2021.

279 Jennifer Elias, "Google Employees Petition Company to Cancel Police Contracts", *CNBC*, 22 jun. 2020, disponível em: <https://www.cnbc.com/2020/06/22/google-employees-petition-company-to-cancel-police-contracts.html>, acesso em: out. 2021.

280 Wojciech Wiewiórowski, "AI and Facial Recognition: Challenges and Opportunities", *European Data Protection Supervisor*, 21 fev. 2020, disponível em: <https://edps.europa.eu/press-publications/press-news/blog/ai-and-facial-recognition-challenges-and-opportunities_en>, acesso em: out. 2021.

281 Arvind Krishna, "IBM CEO's Letter to Congress on Racial Justice Reform", *IBM THINKPolicy Blog*, 8 jun. 2020, disponível em: <https://www.ibm.com/blogs/policy/facial-recognition-sunset-racial-justice-reforms/>, acesso em: out. 2020.

282 Louise Matsakis, "Amazon Won't Let Police Use Its Facial-Recognition Tech for One Year", *Wired*, 10 jun. 2020, disponível em: <https://www.wired.com/story/amazon-facial-recognition-police-one-year-ban-rekognition/>, acesso em: out. 2021.

283 Rosalie Chan, "Protesters Blocked Palantir's Cafeteria to Pressure the $20 Billion Big Data Company to Drop Its Contracts With ICE", *Business Insider*, 17 ago. 2019, disponível em: <https://www.businessinsider.com/palantir-protest-palo-alto-activists-ice-contracts-2019-8>, acesso em: out. 2021.

284 Safiya Umoja Noble; Sarah T. Roberts, "Elites tecnológicas, meritocracia e mitos pós-raciais no Vale do Silício", *Fronteiras – estudos midiáticos*, v. 22, n. 1, 2020, p. 45.

285 Ceylan Yeginsu, "If Workers Slack Off, the Wristband Will Know (And Amazon Has a Patent for It.)", *The New York Times*, 1 fev. 2018.

286 Jay Peters, "Whole Foods Is Reportedly Using a Heat Map to Track Stores at Risk of Unionization", *The Verge*, 20 abr. 2020, disponível em: <https://www.theverge.com/2020/4/20/21228324/amazon-whole-foods-unionization-heat-map-union>, acesso em: out. 2021.

287 Aaron Holmes, "Amazon Posted – And Then Deleted – A Job Listing for an 'Intelligence Analyst' to Monitor Workers' Efforts to Unionize", *Business Insider*, 1 set. 2020, disponível em: <https://www.businessinsider.com/amazon-posts-deletes-job-listing-intelligence-analyst-spy-worker-union-2020-9>, acesso em: out. 2021.

288 Aza Njeri; Katiúscia Ribeiro, "Mulherismo africana: práticas na diáspora brasileira", *Currículo sem Fronteiras*, v. 19, n. 2, 2019.

289 Carlos Eduardo Dias Machado; Alexandra Loras, *Gênios da humanidade: ciência, tecnologia e inovação africana e afrodescendente*, São Paulo: DBA, 2017.

290 Henrique Cunha Júnior, *Tecnologia africana na formação brasileira*, Rio de Janeiro: CEAP, 2010.

291 Entrevista concedida ao autor em julho de 2020.

292 Rayvon Fouché, "Say It Loud, I'm Black and I'm Proud: African Americans, American Artifactual Culture, and Black Vernacular Technological Creativity", *American Quarterly*, v. 58, n. 3, 2006.

293 *Ibidem*, p. 642.

294 Charlton D. McIlwain, *Black Software, op. cit.*

295 André Brock, *Distributed Blackness: African American Cybercultures*, Nova York: NYU Press, 2020.

296 Disponível em: <https://nappy.co/>, acesso em: out. 2021.

297 Disponível em: <https://ygb.black/>, acesso em: out. 2021.

298 No contexto estadunidense, o termo "*brown people*" costuma ser usado para pessoas de descendência africana com pele mais clara. Para fins de simplificação, usamos os termos pretos e negros, usados comumente no Brasil.

299 Disponível em: <https://www.nappy.co/license/>, acesso em: out. 2020.

300 Patricia Hill Collins, *Black Feminist Thought: Knowledge, Consciousness, and the Politics of Empowerment*, Londres: Routledge, 2002.

301 Joyce Soares Gomes, entrevista concedida ao autor por e-mail em agosto de 2020.

302 Sam Lavigne; Brian Clifton; Francis Tseng, "Predicting Financial Crime: Augmenting the Predictive Policing Arsenal", arXiv, 1704.07826, 2017.

303 Disponível em: <https://whitecollar.thenewinquiry.com/>, acesso em: out. 2021.

304 Ruha Benjamin, *Race After Technology, op. cit.*, p. 197.

305 Jay Peters, "Big Tech Pledged a Billion to Racial Justice, but it Was Pocket Change", *The Verge*, 13 ago. 2020, disponível em: <https://www.theverge.com/21362540/racial-justice-tech-companies-donations-apple-amazon-facebook-google-microsoft>, acesso em: out. 2021.

306 Zelinda Barros, "Feminismo negro na internet: cyberfeminismo ou ativismo digital?", disponível em: <https://www.academia.edu/1497162/Feminismo_negro_na_Internet>, acesso em: out. 2021.

307 Thiane Neves Barros, "Estamos em marcha! Escrevivendo, agindo e quebrando códigos", *in*: Tarcízio Silva (org.), *Comunidades, algoritmos e ativismos digitais: olhares afrodiaspóricos, op. cit.*

308 Larissa Santiago, "Tecnologia antirracista: a resposta das mulheres negras", *in*: FOPIR, *Mapeamento da mídia negra no Brasil*, p. 38, disponível em: <http://fopir.org.br/wp-content/uploads/2020/08/ebook_mapeamento_da_midia_negra-1.pdf>, acesso em: out. 2021.

309 Disponível em: <https://www.pretalab.com/>, acesso em: out. 2021.

310 Entrevista concedida ao autor em setembro de 2019.

311 Alondra Nelson; Thuy Linh Nguyen Tu; Alicia Headlam Hines (orgs.), *Technicolor: Race, Technology, and Everyday Life*, Nova York: NYU Press, 2001, p. 5.

312 Entrevista concedida ao autor em setembro de 2019.

313 Carla Vieira, entrevista concedida ao autor em outubro de 2019.

314 Roselma Mendes, entrevista concedida ao autor em maio de 2020.

315 Jessie Daniels; Mutale Nkonde; Darakhshan Mir, "Advancing Racial Literacy in Tech", relatório do Data & Society Fellowship Program, 2019.

316 Seeta Peña Gangadharan; Jedrzej Niklas, "Decentering Technology in Discourse on Discrimination", *Information, Communication & Society*, v. 22, n. 7, 2019.

317 Luciano Floridi; Josh Cowls, "A Unified Framework of Five Principles for AI in Society", *Harvard Data Science Review*, v. 1, n. 1, 2019.

318 J. Khadijah Abdurahman, "FAT* Be Wilin'", @upfromthecracks, 25 fev. 2019, disponível em: <https://upfromthecracks.medium.com/fat-be-wilin-deb56bf92539>, acesso em: out. 2021.

319 Catherine D'Ignazio; Lauren F. Klein, *Data Feminism*, Cambrige, MA: The MIT Press, 2020.

320 *Ibidem*, p. 60.

321 Abeba Birhane; Jelle van Dijk, *op. cit.*, p. 6.

322 Alex Hanna *et al.*, "Towards a Critical Race Methodology in Algorithmic Fairness", Conference on Fairness, Accountability, and Transparency (FAT* '20), Barcelona, 2020.

323 Sergio Amadeu da Silveira, "Quem governa os algoritmos? A regulação dos sistemas algorítmicos no setor público", *Anais do 43º Encontro da Associação Nacional de Pós-Graduação em Ciências Sociais – Anpocs*, 2019, p. 13.

324 E. Tendayi Achiume, "Racial Discrimination and Emerging Digital Technologies: A Human Rights Analysis", United Nations General Assembly, 2020, p. 5.

325 *Ibidem*, pp. 16-7.

326 Sasha Constanza-Chock, *Design Justice: Community-Led Practices to Build the Worlds We Need*, Cambridge, MA: MIT Press, 2020.

327 Rediet Abebe, *op. cit*, p. 187.

328 Meredith Broussard, *op. cit.*

329 Abdias Nascimento, *op. cit.*

330 Eduardo Bonilla-Silva, "The Structure of Racism in Color-Blind, 'Post-Racial' America", *American Behavioral Scients*, v. 59, n. 11, 2015, pp. 1.358-76.

331 Aparecida Sueli Carneiro, *op. cit.*, p. 52.

332 Ruha Benjamin, *Race After Technology*, *op. cit.*

333 Raphael S. Lapa, "O fatalismo como estratégia colonial", *Revista Epistemologias do Sul*, v. 2, n. 2, 2018.

POSFÁCIO

DESDE O LANÇAMENTO DESTE LIVRO EM FORMATO *e-book*, em fevereiro de 2022, a difusão da chamada "inteligência artificial generativa", exemplificada popularmente pelos grandes lançamentos e avanços na produção aparentemente automática de linguagem escrita, como ChatGPT, e de imagens, como o MidJourney, trouxe para o centro das atenções o debate sobre os impactos da tecnologia. Ao mesmo tempo, a corrida por influenciar – ou barrar – a legislação e a regulação de inteligência artificial foi intensificada, inclusive no Brasil.

Os dois movimentos intricados são arenas de batalha multissetoriais, nas quais o setor privado e movimentos políticos neoliberais utilizam desinformação estratégica para influenciar nossos imaginários de futuro. Talvez o principal factoide global nessa seara foi a carta aberta "Pausem experimentos de IA em grande escala" (*Pause Giant AI Experiments*), organizada pela consultoria privada Future of Life Institute.

A carta, assinada por cientistas de abordagem tecnocêntrica e CEOs de *startups* e *big tech*, promoveu a noção de que o principal problema da inteligência artificial seria a suposta possibilidade futura de superação das capacidades dos humanos. Ainda que parte dos seus primeiros signatários seja responsável pelas tecnologias algorítmicas de maior impacto no mundo, a carta buscou estabelecer uma contraposição binária entre IA e humanidade e ignorar os problemas reais, materiais e já registrados.

Incluindo questões como "nós devemos automatizar todos os trabalhos, incluindo os gratificantes?", uma premissa subjacente da carta foi a de que automatizar empregos seria algo do futuro. As perguntas ignoraram convenientemente que sistemas de decisão semiautomatizados são utilizados hoje justamente para eliminar ou precarizar empregos.

A carta permitiu a alguns dos principais desenvolvedores de sistemas algorítmicos emular preocupações éticas, mas descoladas dos impactos reais e presentes. Nas palavras de Timnit Gebru e colaboradoras, deveríamos "focar nas práticas exploratórias muito reais e muito presentes das empresas desenvolvendo [as tecnologias], que estão rapidamente centralizando poder e aumentando desigualdades sociais"[334].

Negar explicitamente o acúmulo de conhecimento sobre danos algorítmicos tornou-se quase uma gincana entre figurões da *big tech*. Projetando um futuro em que a "IA caia nas mãos erradas", o economista-chefe da Microsoft Michael Schwarz disse, em maio de 2023, que "ao vermos danos reais, deveremos nos perguntar [...]: 'Podemos fazer a regulação de um modo que as coisas boas que serão impedidas não sejam relevantes?'"[335]. A frase é desmentida não só pelos campos ligados à inteligência artificial, mas também pela produção de pesquisadores financiados pela própria empresa[336].

A declaração fez parte de um esforço do setor privado em negar até os avanços éticos e metodológicos dos quais fizeram parte, movimento que parece ter sido causado pela aceleração mercadológica ensejada pelo lançamento de mais versões de sistemas de "IA generativa". Na própria Microsoft, entre as demissões em massa realizadas no início de 2023, parte da equipe de ética e sociedade foi dispensada. Nas palavras de ex-funcionário, "nosso trabalho era mostrar e criar regras em áreas onde não havia nenhuma"[337].

Os exemplos são numerosos, mas podemos fechar com a iniciativa de Sam Altman, CEO da OpenAI, criadora do GPT, de realizar uma verdadeira turnê mundial para promover ideias frágeis de regulação[338], incluindo licenciamento de empresas na área – o que, a depender de como seja feito, pode criar um diferencial competitivo justamente para as empresas já estabelecidas, como a OpenAI. Também negando o presente e o passado de registros de danos algorítmicos, Altman chegou a declarar: "Acho que, se esta tecnologia der errado, pode dar muito errado... nós queremos ser enfáticos sobre isso"[339].

Ao mesmo tempo, equipes da OpenAI realizaram, em órgãos como a Comissão Europeia, *lobby* para diluir a regulação naquele continente, considerado referência para boa parte do mundo alinhado ao Ocidente. A partir de requisições à União Europeia por leis de acesso à informação, jornalistas identificaram que alguns pontos defendidos pela empresa efetivamente foram incorporados, a exemplo da exclusão dos "sistemas de uso geral" – como o GPT-3 – das definições de alto risco[340].

Neste posfácio, podemos destacar três controvérsias contemporâneas que estão no nexo entre conceitos, imaginário, legislação e políticas públicas sobre inteligência artificial. O extrato das relações de poder que se desenrolam relativamente a essa temática pode definir o futuro das possibilidades de combate e mitigação do racismo algorítmico.

O truque da inteligência artificial generativa

Em 2021, por motivos científicos, econômicos e políticos, o improvável e elegante termo "papagaio estocástico"[341] se tornou um conceito conhecido em velocidade avassaladora em campos da computação, da engenharia e dos estudos sociais da tecnologia.

Os grandes modelos de linguagem conseguem produzir um texto aparentemente criativo, original e coerente – ao menos, na superfície – para utilização em diferentes tarefas, algumas já consideravelmente avançadas, como *chatbots* simples para serviços de atendimento. Junto a outros sistemas algorítmicos voltados a "produzir" conteúdo e mídia, como os modelos Midjourney e Dall-E, geradores de imagens e vídeos, que passaram a ser vendidos pelo mercado sob o elogioso termo "inteligência artificial generativa". Há uma corrida para que esses sistemas sejam otimizados até alcançar qualidade suficiente – e, principalmente, que sejam percebidos com tal nível de qualidade – para tarefas realmente complexas, como escrita ficcional, aconselhamento terapêutico, raciocínio científico ou ético, produção de roteiros, artes visuais narrativas, entre outras.

Do ponto de vista comercial, a eficácia desses sistemas depende de alguns fatores ainda relativamente invisibilizados. Para se transformarem em serviços efetivamente lucrativos para seus criadores, é necessária uma convergência de fatores técnico-políticos que ultrapassam a capacidade financeira das *big tech* de bancar os projetos. São condições necessárias: a) quantidades absurdas de material de treinamento (textos, vídeos, imagens de todos os tipos); b) que a coleta de tais materiais de treinamento não seja contestada do ponto de vista de privacidade de dados, direito autoral ou outras considerações ético-legais; c) trabalho precarizado para atividades de anotação e limpeza; d) uso crescente de recursos naturais para dispositivos, captação de energia e esfriamento de servidores, com a poluição decorrente disso; e) evadir-se da responsabilidade de reparação por danos diretos ou indiretos; f) distribuição em escala global sem grande concorrência, em uma tendência oligopolista.

Um artigo assinado por doutoras cientistas da computação, duas delas até então membros proeminentes da equipe de ética da Google, balançou o campo ao analisar como esses fatores citados geram danos e perigos, observados e potenciais, para os grandes modelos de linguagem (*large language models*) como GPT, Bert e outros. Em seu título, o artigo já traz uma de suas perguntas-chave: "Sobre os perigos dos papagaios estocásticos: podem os modelos de linguagem ser grandes demais?"[342].

Timnit Gebru e Margaret Mitchell, pesquisadoras da Google, foram demitidas em decorrência dos conflitos que surgiram após a publicação do artigo, no qual se definem os modelos de linguagem como sistemas que "aleatoriamente costuram sequências de formas linguísticas observadas em seus vastos dados de treinamento, de acordo com informação probabilística sobre como combinam, mas sem nenhuma referência a significado"[343].

A potente definição crítica dos sistemas algorítmicos de larga escala, assim como a projeção sobre custos ambientais e energéticos para seu treinamento, foram consideradas pela Google informações contraproducentes para seu modelo de negócio. No furacão da crise, Gebru relatou à jornalista Karen Hao[344] acreditar que a atitude da Google poderia gerar um efeito de supressão da pesquisa sobre ética na IA no campo da tecnologia, como de fato tem acontecido.

Apesar dos esforços das empresas de tecnologia em diluir movimentos sobre ética e regulação de IA promovidos desde então, pesquisadores, jornalistas e ativistas têm buscado realizar o escrutínio de modelos de "IA generativa". Ganhou força o questionamento sobre se os modelos necessários são demasiadamente grandes, e se são ética, ambiental e epistemologicamente problemáticos para ser apoiados ou adotados por humanistas[345].

Ao serem treinados com quantidades exponencialmente crescentes de texto – geralmente coletado de forma indiscriminada a partir da *web* e de bases de dados, "visões supremacistas, misóginas, etaristas etc. são sobrerrepresentadas [...], não só excedendo sua prevalência na população geral, como também levando modelos treinados nestes *datasets* a amplificar vieses e danos"[346].

Os riscos discriminatórios da IA generativa em larga escala, observados e potenciais, incluem, por exemplo, danos distributivos ou representacionais, danos psicológicos e ofensas, incitação ao ódio e violência, exclusão social e performance diferencial para grupos sociais distintos[347]. Outras categorias de risco se vinculam aos impactos do racismo, como desinformação, aumento da desconfiança social, perda de empregos seguros e disrupção de indústrias criativas.

A tendência de erosão epistêmica – ou seja, de desvalorização dos conhecimentos socialmente reconhecidos – promovida por geração automatizada de conteúdo por sistemas algorítmicos afeta grupos de modo particular. A produção de desinformação textual e visual em grande escala, seja ela fruto de intenções explícitas ou não, pode gerar incremento de violências e conflitos sociais.

A disputa político-discursiva essencial, que é atravessada por processos de consolidação de opressões, envolve reconhecer que não existe inteligência artificial generativa que efetivamente produza mídia nova. Trata-se, na verdade, de sistemas algorítmicos derivativos que produzem conteúdos oferecidos como serviços privados, mas que foram treinados a partir do acúmulo de conhecimento e produção humana, científica e cultural. Em suma, a questão é considerarmos o que efetivamente eles são: sistemas algorítmicos derivativos porque se apropriam e reempacotam a produção intelectual e artística humana em grande escala, alavancando a extração de valor e a precarização do trabalho. O modo como reagiremos a esse novo tipo de opressão algorítmica conformará o aprofundamento ou a mitigação da exploração justificada pelo tecnochauvinismo.

Resistência à vigilância biométrica em massa

Uma segunda controvérsia, com impactos imediatos, por vezes necropolíticos, é a aceleração da implementação de tecnologias de reconhecimento facial, que foi retrucada com reações explícitas, articuladas à vigilância biométrica. A campanha Ban Biometric Surveillance, capitaneada por organizações como Access Now, Idec, Anistia Internacional e IFF India, chegou ao consenso de que "o uso dessas tecnologias em espaços acessíveis ao público é incompatível com nossos direitos humanos e liberdades civis e deve ser banido definitivamente"[348]. Centenas de organizações e milhares de profissionais assinaram a carta, que inclui recomendações a organizações internacionais, entidades privadas, legisladores e outras instâncias.

Ao longo do livro, percorremos fatos e pesquisas que nos levam a assinar a carta e concordar com a necessidade de banimento não só de tecnologias de vigilância biométrica a distância, mas também de "qualquer sistema de IA que implique processos discriminatórios e que amplie problemas estruturais que afastam pessoas negras, pobres e LGBTI+ e outros grupos vulneráveis de seus direitos fundamentais"[349].

Entretanto, a mesma conclusão não tem sido compartilhada por governos de diferentes linhas e sobretudo pelo setor privado, que realiza *lobby* agressivo para conseguir mais dados e recursos públicos. Com projetos com nomes como "Muralha Digital", "Cercamento eletrônico da cidade", "City Câmeras" e "De Olho na

Rua", prefeitos de capitais eleitos em 2020 aproveitaram a onda vigilantista para incluir reconhecimento facial em seus projetos de governo. Levantamento realizado por Paulo Victor Melo identificou que, dos 26 prefeitos empossados em janeiro de 2021, 17 apresentaram propostas prevendo uso de tecnologias desse tipo na segurança pública. Para o jornalista, a problemática mostra "convergência de interesses entre órgãos de segurança e defesa e empresas de tecnologia na segregação e controle dos espaços urbanos"[350].

Em São Paulo, a prefeitura tenta expandir as forças de vigilância e violência estatal sob a égide ideológica de "cidades inteligentes". O pregão eletrônico Smart Sampa convoca empresas a oferecer um grupo de serviços e dispositivos com estas especificações: "com recursos de identificação facial e detecção de movimento, as câmeras reconhecerão atitudes suspeitas, pessoas procuradas, placas de veículos e objetos perdidos"[351]. Ao longo do texto do edital, as requisições explicitam o compromisso com o racismo estrutural, ao incluir a demanda de identificação não só de rostos, mas de "cor", comportamentos como aglomeração, mendicância e até o conceito de "vadiagem" através das 20 mil câmeras.

Para Mariah Rafaela Silva, a violência estatal nas "cidades inteligentes" contra grupos minorizados, como pessoas negras e pessoas trans, engendra o racismo transgenderizado, como "uma necropolítica *smart* que emerge da gestão de dados biométricos, da gestão de risco e ameaça e da automação do comportamento como práticas de mercado"[352]. A ênfase na gestão, porém, é apenas performativa, mesmo se tomássemos como válidos os objetivos de encarceramento de "criminosos".

Em análise sobre a implementação do reconhecimento facial na Bahia, Pedro Monteiro concluiu que "o discurso da produtividade e eficiência da tecnologia para fins de segurança pública não está tão ancorado na realidade quando se contrasta o número de alertas do sistema e o número de prisões realizadas"[353]. De modo similar, um estudo do Centro de Estudos de Segurança e Cidadania diagnosticou de forma minuciosa o processo de interiorização, municipalização e privatização da segurança pública em Goiás. Assim como nas demais experiências nacionais de implementação da vigilância biométrica, em Goiás não foram desenvolvidos nem compartilhados indicadores de eficiência, relatórios de impacto ou mecanismos de monitoramento das tecnologias.

Mesmo com a absoluta falta de transparência e razoabilidade das iniciativas de implementação de reconhecimento facial, pesquisadoras e ativistas têm descoberto o acúmulo de problemas e impactos negativos já previstos sobre o uso de tais tecnologias. Em resposta a isso, as campanhas e iniciativas a favor do banimento do reconhecimento facial têm ganhado corpo nos últimos anos.

A partir de audiências públicas multissetoriais, legisladores do Rio de Janeiro apresentaram projetos de lei, em âmbitos municipal e estadual, que podem estabelecer que o poder público fica vedado de "obter, adquirir, reter, vender, possuir, receber, solicitar, acessar, desenvolver, aprimorar ou utilizar tecnologias de reconhecimento facial ou informações derivadas de uma tecnologia de reconhecimento facial"[354].

A iniciativa foi realizada em conjunto com o protocolaço #SaidaMinhaCara, que coordenou a apresentação de mais de cinquenta projetos de lei no país, por legisladores de vários estados e partidos. Os danos multidimensionais da vigilância biométrica no espaço público são avaliados por campanhas do tipo. Nas palavras de Débora Pio, pesquisadora na UFRJ, esse é um tipo de vigilância que pode "ferir gravemente a privacidade das pessoas" e deixar "mais vulnerável a população que não é atendida por políticas públicas básicas, como saúde, educação e emprego"[355], ao dificultar o acesso a serviços públicos e a direitos fundamentais.

Liderada pela Coalizão Direitos na Rede, a campanha Tire Meu Rosto da Sua Mira defende o banimento do reconhecimento facial na segurança pública, pois, entre outros motivos, "nenhuma proteção técnica ou legal pode eliminar totalmente a ameaça que essas tecnologias representam". Tal posicionamento é essencial, pois ainda há uma confusão em torno da possibilidade de que as tecnologias de reconhecimento se tornem altamente precisas no futuro. Seria o suficiente para que os benefícios da tecnologia superem seus malefícios? A resposta é negativa, considerando-se a realidade material e histórica das relações de poder e violência engendradas de forma classista, generificada e racializada. A campanha reforça que, "independentemente das salvaguardas e correções que poderiam ser propostas para a criação de uma tecnologia alegada e supostamente 'livre de erros', essa vigilância constante, massiva e indiscriminada é – em si mesma – uma violação dos direitos e das liberdades das pessoas"[356].

Ao pedir o banimento de reconhecimento facial apenas na segurança pública, a campanha não cobre, porém, a estreita relação do setor privado com uma violência racista pelo mundo afora. Grande parte do *lobby* por implementação de tecnologias de vigilância e outros tipos de mecanismos gestores das cidades inteligentes é fruto da necessidade que o setor privado tem de usar o estado como grande comprador. Quando brechas regulatórias sobre proteção de dados favorecem o uso obscuro do estado, a falta de ferramentas para "exigir transparência e responsabilização desses sistemas podem pavimentar o caminho para uma zona cinzenta regulatória que facilita políticas público-privadas de vigilância em massa nas cidades"[357].

Para além das empresas que produzem dispositivos e *softwares* de vigilância, como poderíamos imaginar, o histórico da violência privada em espaços públicos e semipúblicos se atualizou com a violência biométrica estendida também a estabelecimentos. Há casos e precedentes do setor privado operacionalizando a tecnologia de forma indevida ou discriminatória em lojas de vestuário[358], farmácias[359], casas de show[360], escolas[361] e outros ambientes. A proteção contra os danos da vigilância biométrica torna-se mais desafiadora, reforçando a urgência de reações e regulações aos sistemas algorítmicos.

Por legislações antirracistas para os sistemas algorítmicos

Por fim, no que se refere a políticas públicas, nos últimos anos, provisões e recomendações sobre discriminação algorítmica têm sido incorporadas em alguma medida em legislações, estratégias nacionais ou compromissos estatais. A "Declaração de Windhoek sobre Inteligência Artificial na Região Sul da África" reuniu Namíbia, Botswana, Malawi, Moçambique,

África do Sul, Zâmbia e Zimbábue, e traz exemplos de compromissos relevantes não só para países daquele continente, mas para todo o Sul global. Na seara da educação, foi incluído o compromisso de promover "educação decolonizadora em todos os níveis, desenvolvendo currículos africano-centrados e envolvendo comunidades para codesenhar aplicações éticas e inclusivas de IA, levando em conta heranças culturais e sistemas de conhecimento indígenas"[362].

Mesmo os Estados Unidos avançaram na proposição de princípios em cinco áreas: "Aviso e explicações", "Privacidade de dados", "Proteções contra discriminação algorítmica", "Alternativas humanas" e "Segurança e eficiência". Entre as expectativas para os sistemas automatizados, está inclusa a demanda de que devem "ser testados com um amplo espectro de mensurações para avaliar se os componentes do sistema, tanto nos testes pré-implementação e implementação contextual, produzem disparidades"[363]. Entretanto, embora o documento resuma uma visão conceitual publicamente enunciada pelo governo, ele não possui caráter vinculante que desenvolva obrigações e supervisão.

O chamado EU Artificial Intelligence Act da União Europeia (EU AI Act) foi aprovado pelo parlamento europeu em junho de 2023. Depois de mais de dois anos de discussão, o documento define uma abordagem baseada em riscos. Isso quer dizer que as obrigações das entidades que desenvolvam sistemas de "inteligência artificial" devem ser proporcionais ao risco percebido de impactos já observados ou potenciais. Propõe uma classificação de riscos, com baixo risco, risco limitado, alto risco ou risco inaceitável.

Nessa abordagem, os sistemas considerados de alto risco passam a ser dependentes de obrigações de transparência e responsabilização, tais como relatórios prévios de análise de impacto, registro dos sistemas em entidades supervisoras e níveis de explicabilidade para usuários. Na abordagem europeia, estão inclusos sistemas na área de saúde, acesso a direitos fundamentais, educação, gestão de empregados e outros.

A aparente vitória da sociedade civil europeia, com a inclusão de sistemas de vigilância biométrica em tempo real como sendo de risco inaceitável, também foi diluída pelas políticas migratórias do continente. Proteções a pessoas migrantes e em movimentação não foram inclusas, o que permitiu, por exemplo, implementações discriminatórias como "análise preditiva de risco" e perfilização de refugiados. *Experts* consideram que "a União Europeia está criando uma regulação de IA de dois níveis, com migrantes recebendo menos proteções que o resto da sociedade"[364].

No Brasil, movimentações estrangeiras como o EU AI Act levaram parlamentares a acelerar propostas ineficientes de regulação. Abraçada por grandes empresas de tecnologia, o PL 21/2020 propôs apenas a definição de princípios gerais sobre os sistemas de inteligência artificial, mas sem mecanismos de supervisão, especificações sobre transparência ou mesmo a previsão de sanções.

Em 2022, o presidente do Senado estabeleceu uma Comissão de Juristas responsável por subsidiar elaboração de substitutivo sobre inteligência artificial no Brasil, com o objetivo de analisar os projetos de lei sobre IA submetidos anteriormente e propor nova redação dos projetos. Foram convocados dezoito juristas *experts* em IA, sobretudo de organizações e escritórios do Sudeste e de Brasília. Escandalosamente, nenhuma pessoa negra, nenhum especialista em direito discriminatório foi convidado. A própria composição da comissão demonstrou um forte desleixo estatal – para usar de eufemismo – na superação do racismo. A sociedade civil organizada pediu por participação social[365] e foi parcialmente atendida com a inclusão de audiências públicas multissetoriais.

Mais de sessenta *experts* e organizações antirracistas apresentaram sugestões nas audiências públicas ou contribuições escritas à comissão em variadas temáticas. Por exemplo: quanto à participação social, o grupo Mulheres na Privacidade propôs explicitar a necessidade de que uma "abordagem multidisciplinar, transversal e diversa componha todas as etapas do processo de implementação de novas tecnologias"[366]. O coletivo Juristas Negras se desdobrou sobre o conceito de discriminação indireta, ausente das propostas de lei anteriores, relembrando que o país é signatário da Convenção Interamericana contra o Racismo, a Discriminação Racial e Formas Correlatas de Intolerância[367].

A importância da opção de que o controle social da tecnologia passe pela recusa de algumas aplicações foi um ponto presente em diversas contribuições, como declarou Bianca Kremer: "Qualquer legislação que pretenda regular a IA deveria abrir margem para questionamentos sobre a necessidade de sua existência para determinados fins"[368].

O documento entregue ao final do trabalho da comissão incluiu a minuta de substitutivo e um amplo relatório que buscou apresentar e cruzar as diferentes contribuições. Trata-se de um excelente termômetro sobre o vigor do *lobby* do setor privado, que ofereceu abordagens tecnicistas que se desdobram em propostas absurdas. Entre elas, a sugestão de que a definição de alto risco seja realizada pelas próprias empresas de tecnologia, ou ainda a insistência por um regime de responsabilidade subjetiva que facilitaria a evasão de cautela ou a reparação por danos.

Finalmente a proposta de substitutivo desenvolvida pela comissão de *experts* foi base para o Projeto de Lei n. 2.338/2023, apresentado pelo presidente do Senado Rodrigo Pacheco em maio de 2023. O projeto, que precisa de mais participação pública de grupos vulnerabilizados, é um avanço sólido em consideração às propostas anteriores, notadamente o PL n. 21/2020. Entretanto, ainda há muito a avançar. Precisamos de uma regulação antirracista e as atuais propostas nem sequer garantem o combate ao racismo.

O nosso Estatuto da Igualdade Racial estabelece a promoção de ajustes normativos para aperfeiçoar o combate à discriminação étnico-racial e às desigualdades étnico-raciais em todas as suas manifestações individuais, institucionais e estruturais, e ainda há muito a avançar. Por exemplo, a gradação de risco de implementações de IA, em especial os conceitos de alto risco e risco inaceitável, deve considerar as disparidades interseccionais conhecidas no Brasil. A discussão sobre uma autoridade nacional sobre a IA deve incluir organizações da sociedade civil e pesquisadores sobre opressões interseccionais, tais como redes institucionais de promoção de igualdade racial.

Desvelar a negação do racismo em todas as suas manifestações, inclusive o racismo algorítmico, é uma missão que vai abrir os caminhos para o nosso futuro. A boa notícia é que os movimentos negros e organizações antirracistas têm fornecido lentes para que entendamos melhor as interseções entre a tecnologia e o social, deslocando "os sujeitos negros do lugar de subalternização, mas também proporcionando para o conjunto da sociedade novas formas de compreender um mundo em constante transformação"[369].

Diversos caminhos são necessários para a precaução, denúncia, mitigação ou superação dos danos do racismo algorítmico. Disputas discursivas na esfera pública, iniciativas de inclusão, desenvolvimento alternativo e proposições contracoloniais, campanhas, advocacia política e legislativa poderão levar à superação dos apagamentos na compreensão da tecnologia e da sociedade. Este livro buscou apresentar um panorama das controvérsias locais e globais sobre a temática, já que essas discussões vinham ocorrendo abaixo do radar do debate público no Brasil. A intensificação, nos vários setores, das acirradas discussões sobre inteligência artificial, sistemas algorítmicos e seus impactos é desejável e pode ser um ponto de virada para um controle social e democrático das tecnologias.

---

334 Timnit Gebru *et al.*, "Statement From the Listed Authors of Stochastic Parrots on the 'AI Pause' Letter", *DAIR Institute*, 31 mar. 2023, disponível em: <https://www.dair-institute.org/blog/letter-statement-March2023>, acesso em: ago. 2023.

335 Hasan Chowdhury, "AI Will Cause Real Damage When It Falls Into the Wrong Hands, According to Microsoft's Chief Economist", *Business Insider*, 4 maio 2023, disponível em: <https://www.businessinsider.com/microsoft-economist-michael-schwarz-ai-bad-actors-2023-5>, acesso em: ago. 2023.

336 Kate Crawford, *The Atlas of AI: Power, Politics, and the Planetary Costs of Artificial Intelligence*, Londres: Yale University Press, 2021.

337 Zoe Schiffer; Casey Newton, "Microsoft Lays off Team That Taught Employees How to Make AI Tools Responsibly", *The Verge*, 13 mar. 2013, disponível em: <https://www.theverge.com/2023/3/13/23638823/microsoft-ethics-society-team-responsible-ai-layoffs>, acesso em: ago. 2023.

338 Rishi Iyengar, "OpenAI's CEO Goes on a Diplomatic Charm Offensive", *Foreign Policy*, 20 jun. 2023, disponível em: <https://foreignpolicy.com/2023/06/20/openai-ceo-diplomacy-artificial-intelligence/>, acesso em: ago. 2023.

339 James Clayton; Sam Altman, "Sam Altman: CEO of OpenAI Calls for Us to Regulate Artificial Intelligence", *BBC News*, 17 maio 2023, disponível em: <https://www.bbc.com/news/world-us-canada-65616866>, acesso em: ago. 2023.

340 Billy Perrigo, "OpenAI Lobbied the E.U. to Water Down AI Regulation", *Time*, 20 jun. 2023, disponível em: <https://time.com/6288245/openai-eu-lobbying-ai-act/>, acesso em: ago. 2023.

341 Estocástico: o termo significa algo como "aquilo que depende ou resulta de uma variável aleatória". Na matemática, o padrão estocástico é aquele com estado indeterminado, com origem em eventos aleatórios, como o processo de lançamento de dados.

342 Emily M. Bender *et al.*, "On the Dangers of Stochastic Parrots: Can Language Models Be Too Big?", *Proceedings of the 2021 ACM conference on fairness, accountability, and transparency*, 2021, pp. 610-23.

343 *Ibidem*, p. 617.

344 Karen Hao, "We Read the Paper That Forced Timnit Gebru Out of Google. Here's What It Says", *MIT Technology Review*, 4 dez. 2020, disponível em: <https://www.technologyreview.com/2020/12/04/1013294/google-ai-ethics-research-paper-forced-out-timnit-gebru/>, acesso em: ago. 2023.

345 Lauren Klein, "Are Large Language Models Our Limit Case?", *Starwords*, n. 3, 2022.

346 Emily Bender *et al.*, *op. cit.*, p. 613.

347 Laura Weidinger *et al.*, "Taxonomy of Risks Posed by Language Models", *Proceedings of the 2022 ACM Conference on Fairness, Accountability, and Transparency*, 2022, pp. 214-29.

348 Access Now, "Carta aberta para banimento global de usos de reconhecimento facial e outros reconhecimentos biométricos remotos que permitam vigilância em massa, discriminatória e enviesada", 7 jun. 2021, disponível em: <https://www.accessnow.org/campaign/ban-biometric-surveillance/>, acesso em: ago. 2023.

349 Ramon Silva Costa; Bianca Kremer, "Inteligência artificial e discriminação: desafios e perspectivas para a proteção de grupos vulneráveis frente às tecnologias de reconhecimento facial", *Revista Brasileira de Direitos Fundamentais & Justiça*, v. 16, n. 1, 2022.

350 Paulo Victor Melo, "A serviço do punitivismo, do policiamento preditivo e do racismo estrutural", *Le Monde Diplomatique*, 18 mar. 2021, disponível em: <https://diplomatique.org.br/a-servico-do-punitivismo-do-policiamento-preditivo-e-do-racismo-estrutural/>, acesso em: ago. 2023.

351 Prefeitura de São Paulo. "Nova plataforma de videomonitoramento Smart Sampa", disponível em: <https://participemais.prefeitura.sp.gov.br/legislation/processes/209/topics/comments>, acesso em: ago. 2023.

352 Mariah Rafaela Silva, "Orbitando telas", *Sur: Revista Internacional de Direitos Humanos*, v. 18, n. 31, 2021, p. 208.

353 Pedro Monteiro, *Reconhecendo faces, enclausurando corpos: terror racial, vigilância racializadora e o uso policial do reconhecimento facial na Bahia*, dissertação de mestrado, Programa de Pós-Graduação em Direito, Salvador: Ufba, 2022.

354 Projeto de Lei n. 824/2021, Câmara Municipal do Rio de Janeiro, 2021, disponível em: <http://aplint.camara.rj.gov.br/APL/Legislativos/scpro2124.nsf/ab87ae0e15e7dddd0325863200569395/33b9222f266e43710325872700723005?OpenDocument>, acesso em: ago. 2023

355 Coding Rights, "Parlamentares de todas as regiões do Brasil apresentam projetos de lei pelo banimento do reconhecimento facial em espaços públicos", 21 jun. 2022, disponível em: <https://medium.com/codingrights/parlamentares-de-todas-as-regiões-do-brasil-apresentam-projetos-de-lei-pelo-banimento-do-ad33a8e6552e>, acesso em: ago. 2023.

356 Tire Meu Rosto da Sua Mira. Campanha pelo banimento total do uso das tecnologias digitais de reconhecimento facial na segurança pública, disponível em: <https://tiremeurostodasuamira.org.br/>, acesso em: ago. 2023.

357 André Ramiro e Luã Cruz, "The Grey-Zones of Public-Private Surveillance: Policy Tendencies of Facial Recognition for Public Security in Brazilian Cities", *Internet Policy Review*, v. 12, n. 1, 2023, p.10.

358 Idec, "Após denúncia do Idec, Hering é condenada por uso de reconhecimento facial", 26 ago. 2020, disponível em: <https://idec.org.br/noticia/apos-denuncia-do-idec-hering-e-condenada-por-uso-de-reconhecimento-facial>, acesso em: ago. 2023.

359 Jeffrey Dastin, "Rite Aid Deployed Facial Recognition Systems in Hundreds of U. S. Stores", *Reuters*, 28 jul. 2020, disponível em: <https://www.reuters.com/investigates/special-report/usa-riteaid-software/>, acesso em: ago. 2023.

360 Max Zahn, "Controversy Illuminates Rise of Facial Recognition in Private Sector", *ABC News*, 7 jan. 2023, disponível em: <https://abcnews.go.com/Business/controversy-illuminates-rise-facial-recognition-private-sector/story?id=96116545>, acesso em: ago. 2023.

361 Letycia Bond, "Reconhecimento facial em escolas pode ameaçar privacidade", *Diário de Pernambuco*, 20 mar. 2023, disponível em: <https://www.diariodepernambuco.com.br/noticia/brasil/2023/03/reconhecimento-facial-em-escolas-pode-ameacar-privacidade.html>, acesso em: ago. 2023.

362 Unesco, "Windhoek Statement on Artificial Intelligence in Southern Africa", 9 set. 2022, disponível em: <https://unesdoc.unesco.org/ark:/48223/pf0000383197>, acesso em: ago. 2023.

363 White House, "Blueprint for an AI Bill of Rights", disponível em: <https://www.whitehouse.gov/ostp/ai-bill-of-rights>, acesso em: ago. 2023.

364 Sarah Chander, "EU Parliament Calls for Ban of Public Facial Recognition, but Leaves Human Rights Gaps in Final Position on AI Act", *Edri*, 14 jun. 2023, disponível em: <https://edri.org/our-work/eu-parliament-plenary-ban-of-public-facial-recognition-human-rights-gaps-ai-act/>, acesso em: ago. 2023.

365 Coalizão Direitos na Rede, "Regulação de Inteligência Artificial: um tema transversal que exige debate multissetorial e interdisciplinar", disponível em: <https://direitosnarede.org.br/carta-aberta-regulacao-ia/>, acesso em: ago. 2023.

366 Mulheres na Privacidade, "Contribuição escrita à consulta pública no âmbito da CJSUBIA", disponível em: <https://legis.senado.leg.br/comissoes/arquivos?ap=6916&codcol=2504>, acesso em: ago. 2023.

367 Juristas Negras, "Contribuição ao projeto de Lei 21-A de 2020", disponível em: <https://legis.senado.leg.br/comissoes/arquivos?ap=6916&codcol=2504>, acesso em: ago. 2023.

368 Bianca Kremer, "Fala na íntegra da participação da Coding Rights em audiência pública do Senado sobre regulamentação do uso de IA", *Medium Coding Rights*, 13 maio 2022, disponível em:

<https://medium.com/codingrights/íntegra-da-participação-da-coding-rights-em-audiência-pública-do-senado-sobre-regulamentação-de-ia-a6a9877dc9dd>, acesso em: ago. 2023.

369 Juliane C. Oliveira, "A experiência das iniciativas Cyberxirê e AqualtuneLab: o pioneirismo do movimento negro na construção de ações afirmativas de promoção da igualdade racial no campo dos direitos digitais", *Revista Internet & Sociedade*, v. 3, n. 2, 2022, p. 36.

REFERÊNCIAS

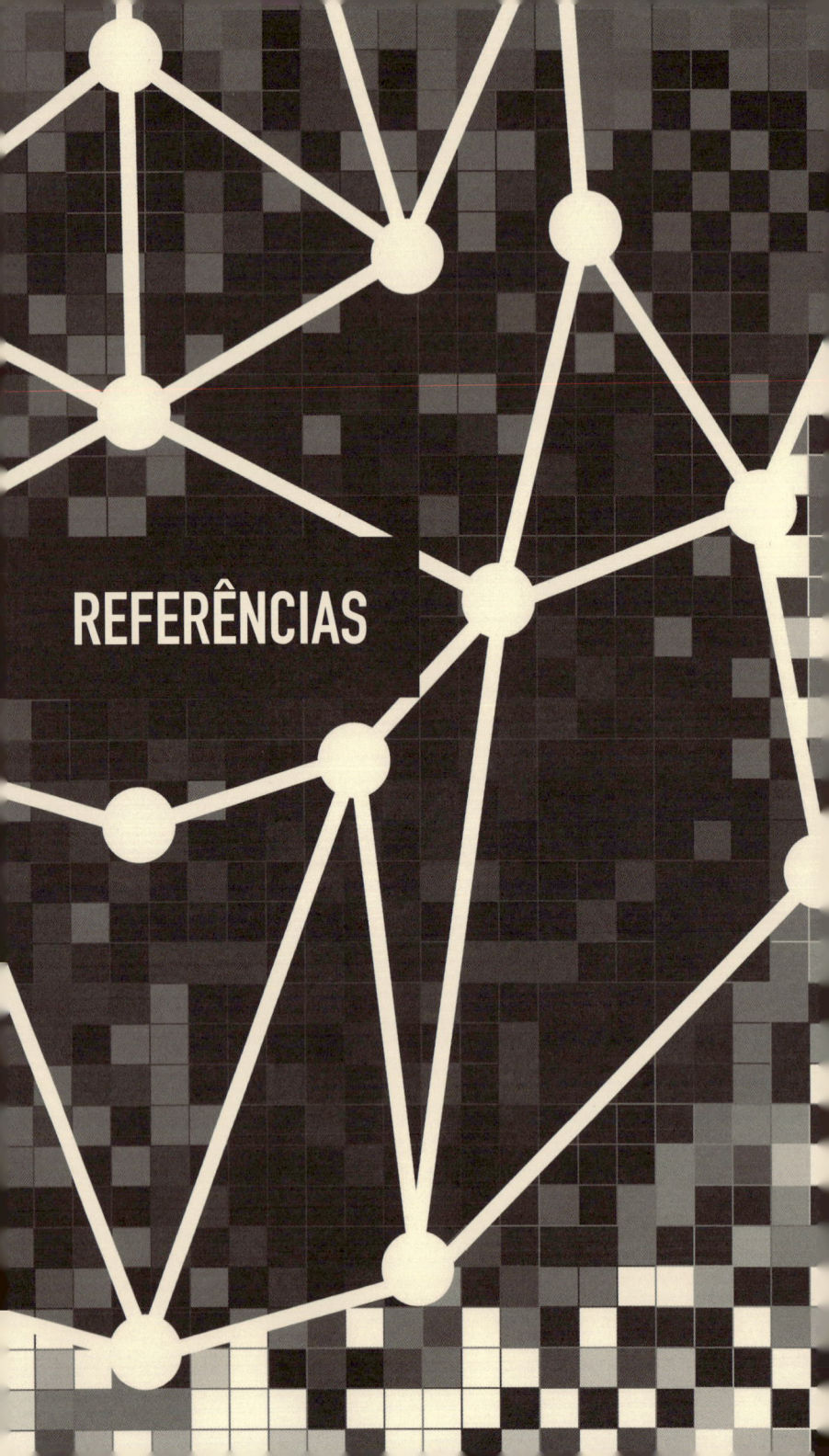

ABDURAHMAN, J. Khadijah. "FAT* Be Wilin'". @upfromthecracks, 25 fev. 2019. Disponível em: <https://upfromthecracks.medium.com/fat-be-wilin-deb56bf92539>. Acesso em: out. 2021.

ABEBE, Rediet. *Designing Algorithms for Social Good*. Tese de doutorado. Cornell University, 2019.

ABREU, Tenner Inauhiny de. *"Nascidos no grêmio da sociedade": racialização e mestiçagem entre os trabalhadores na província do Amazonas (1850-1889)*. Dissertação de mestrado. Programa de Pós-Graduação em História. Manaus: Universidade Federal do Amazonas, 2012.

ACCESS Now. "Carta aberta para banimento global de usos de reconhecimento facial e outros reconhecimentos biométricos remotos que permitam vigilância em massa, discriminatória e enviesada". 7 jun. 2021. Disponível em: <https://www.accessnow.org/campaign/ban-biometric-surveillance/>. Acesso em: ago. 2023.

ACHIUME, E. Tendayi. "The Use of Digital Technologies in the Propagation of Neo-Nazi and Related Ideology". United Nations General Assembly, 2016.

_____. "Racial Discrimination and Emerging Digital Technologies: A Human Rights Analysis". United Nations General Assembly, 2020.

ALEXANDER, Michelle. *A nova segregação: racismo e encarceramento em massa*. São Paulo: Boitempo, 2018.

ALEXIS, Gwendolyn Yvonne. "Global Sullivan Principles". *In:* COHEN, Nevin; ROBBINS, Paul (orgs.). *Green Business: An A-to-Z Guide*. Thousand Oaks: Sage Publications, 2010.

ALI, Syed Mustafa. "Race: The Difference That Makes a Difference". *tripleC*, v. 11, n. 1, 2013, pp. 93-106.

ALMEIDA, Silvio. *O que é racismo estrutural*. Belo Horizonte: Letramento, 2018.

ALPAYDIN, Ethem. *Machine Learning: The New AI*. Cambridge, MA: The MIT Press, 2016.

ANGWIN, Julia *et al.* "Machine Bias". *ProPublica*, 23 maio 2016. Disponível em: <https://www.propublica.org/article/machine-bias-risk-assessments-in-criminal-sentencing>. Acesso em: out. 2021.

ANGWIN, Julia; GRASSEGGER, Hannes. "Facebook's Secret Censorship Rules Protect White Men From Hate Speech But Not Black Children". *ProPublica*, 28 jun. 2017. Disponível em: <https://www.propublica.org/article/facebook-hate-speech-censorship-internal-documents-algorithms>. Acesso em: out. 2021.

ANGWIN, Julia; TOBIN, Ariana. "Fair Housing Groups Sue Facebook for Allowing Discrimination in Housing Ads". *ProPublica*, 27 mar. 2018. Disponível em: <https://www.propublica.org/article/facebook-fair-housing-lawsuit-ad-discrimination>. Acesso em: out. 2021.

ANGWIN, Julia; TOBIN, Ariana; VARNER, Madeleine. "Facebook (Still) Letting Housing Advertisers Exclude Users by Race". *ProPublica*, 21 nov. 2017. Disponível em: <https://www.propublica.org/article/facebook-advertising-discrimination-housing-race-sex-national-origin>. Acesso em: out. 2021.

ARAÚJO, Willian Fernandes. "A construção da norma algorítmica: análise dos textos sobre o *feed* de notícias do Facebook". *E-Compós*, v. 21, n. 1, 2018.

BAÇÃ, Dandara. "'Desculpa, eu não te vi!': problematizando a invisibilidade dos meus pares raciais na biblioteconomia". *Biblioo Cultura Informacional*, 20 nov. 2016. Disponível em: <https://biblioo.cartacapital.com.br/desculpa-eu-nao-te-vi/>. Acesso em: out. 2021.

BARAKA, Imamu Amiri. "Technology & Ethos". 1969. Disponível em: <https://www.are.na/block/3163660>. Acesso em: out. 2021.

BARBON, Júlia. "'Bandido não carrega mochila', diz mãe de aluno de 14 anos morto no Rio". *Folha de S.Paulo*, 21 jun. 2018.

_____. "151 pessoas são presas por reconhecimento facial no país; 90% são negras". *Folha de S.Paulo*, 22 nov. 2019.

BARROS, Thiane Neves. "Estamos em marcha! Escrevivendo, agindo e quebrando códigos". *In:* SILVA, Tarcízio (org.). *Comunidades, algoritmos e ativismos digitais: olhares afrodiaspóricos*. São Paulo: LiteraRUA, 2020.

BARROS, Zelinda. "Feminismo negro na internet: cyberfeminismo ou ativismo digital?". Disponível em: <https://www.academia.edu/1497162/Feminismo_negro_na_Internet>. Acesso em: out. 2021.

BASTOS, Janaína Ribeiro Bueno. "O lado branco do racismo: a gênese da identidade branca e a branquitude". *Revista da Associação Brasileira de Pesquisadores/as Negros/as (ABPN)*, v. 8, n. 19, 2016, pp. 211-31. Disponível em: <https://abpnrevista.org.br/index.php/site/article/view/33>. Acesso em: out. 2021.

BASTOS, Rodrigo Dantas. *Na rota do fogo: especulação imobiliária em São Paulo*. Tese de doutorado. Campinas: Universidade Estadual de Campinas, 2018.

BECK, Julie. "Hard Feelings: Science's Struggle to Define Emotions". *The Atlantic*, 24 fev. 2015. Disponível em: <https://www.theatlantic.com/health/archive/2015/02/hard-feelings-sciences-struggle-to-define-emotions/385711/>. Acesso em: out. 2021.

BENDEL, Oliver. "The Uncanny Return of Physiognomy". *The 2018 AAAI Spring Symposium Series*, 2018.

BENDER, Emily M. *et al.* "On the Dangers of Stochastic Parrots: Can Language Models Be Too Big?". *Proceedings of the 2021 ACM Conference on Fairness, Accountability, and Transparency*, 2021, pp. 610-23.

BENJAMIN, Ruha. *Race After Technology: Abolitionist Tools for the New Jim Code*. Cambridge (GB): Polity Press, 2019.

_____. "Assessing Risk, Automating Racism". *Science*, v. 366, n. 6.464, 2019, pp. 421-2.

_____. "Retomando nosso fôlego: estudos de ciência e tecnologia, teoria racial crítica e a imaginação carcerária". *In:* SILVA, Tarcízio (org.). *Comunidades, algoritmos e ativismos digitais: olhares afrodiaspóricos.* São Paulo: LiteraRUA, 2020.

BENTO, Maria Aparecida da Silva. *Pactos narcísicos no racismo: branquitude e poder nas organizações empresariais e no poder público.* Tese de doutorado. São Paulo: Universidade de São Paulo, 2002.

BERNARDI, Daniel (org.). *The Persistence of Whiteness: Race and Contemporary Hollywood Cinema.* Londres: Routledge, 2007.

BIDDLE, Sam; RIBEIRO, Paulo Victor; DIAS, Tatiana. "Censura invísivel". *The Intercept Brasil*, 16 mar. 2020. Disponível em: <https://theintercept.com/2020/03/16/tiktok-censurou-rostos-feios-e-favelas-para-atrair-novos-usuarios/>. Acesso em: out. 2021.

BIRHANE, Abeba; VAN DIJK, Jelle. "Robot Rights? Let's Talk about Human Welfare Instead". arXiv, 2001.0504, 2020.

BOND, Letycia. "Reconhecimento facial em escolas pode ameaçar privacidade". *Diário de Pernambuco*, 20 mar. 2023. Disponível em: <https://www.diariodepernambuco.com.br/noticia/brasil/2023/03/reconhecimento-facial-em-escolas-pode-ameacar-privacidade.html>. Acesso em: ago. 2023.

BONILLA-SILVA, Eduardo. *Racism Without Racists: Color-Blind Racism and the Persistence of Racial Inequality in the United States.* Lanham: Rowman & Littlefield, 2006.

_____. "The Structure of Racism in Color-Blind, 'Post-Racial' America". *American Behavioral Scientists*, v. 59, n. 11, 2015, pp. 1.358-76.

BORGES, Juliana. *Encarceramento em massa.* São Paulo: Pólen, 2019.

BOYD, Danah. "Social Network Sites as Networked Publics: Affordances, Dynamics, and Implications". *In:* PAPACHARISSI, Zizi (org.). *A Networked Self.* Nova York: Routledge, 2010.

BRADSHAW, Kate. "Vigil in East Palo Alto Protests Amazon, Facebook Policies". *The Almanac*, 31 mar. 2017. Disponível em: <https://www.almanacnews.com/news/2017/03/31/vigil-in-east-palo-alto-protests-amazon-facebook-policies>. Acesso em: out. 2021.

BRAUN, Lundy. *Breathing Race into the Machine: The Surprising Career of the Spirometer from Plantation to Genetics*. Minnesota: University of Minnesota Press, 2014.

BRAUN, Lundy; WOLFGANG, Melanie; DICKERSIN, Kay. "Defining Race/Ethnicity and Explaining Difference in Research Studies on Lung Function". *European Respiratory Journal*, v. 41, n. 6, 2013, pp. 1.362-70.

BROCK, André. *Distributed Blackness: African American Cybercultures*. Nova York: NYU Press, 2020.

BROUSSARD, Meredith. *Artificial (Un)intelligence: How Computers Misunderstand the World*. Cambridge, MA: MIT Press, 2018.

BROWNE, Simone. "Digital Epidermalization: Race, Identity and Biometrics". *Critical Sociology*, v. 36, n. 1, 2010, pp. 131-50.

_____. *Dark Matters: On the Surveillance of Blackness*. Londres: Duke University Press, 2015.

BUENO, Winnie. *Imagens de controle*. Porto Alegre: Zouk, 2020.

BUOLAMWINI, Joy. "How I'm Fighting Bias in Algorithms". *TEDxBeaconStreet*, 2016. Disponível em: <https://www.ted.com/talks/joy_buolamwini_how_i_m_fighting_bias_in_algorithms>. Acesso em: out. 2021.

BUOLAMWINI, Joy; GEBRU, Timnit. "Gender Shades: Intersectional Accuracy Disparities in Commercial Gender Classification". *Proceedings of Machine Learning Research*, v. 81, 2018, pp. 1-15.

CÂMARA Municipal do Rio de Janeiro. Projeto de Lei n. 824/2021, 2021. Disponível em: <http://aplicnt.camara.rj.gov.br/APL/Legislativos/scpro2124.nsf/ab87ae0e15e7dddd0325863200569395/33b9222f266e43710325872700723005?OpenDocument>. Acesso em: ago. 2023.

CARDON, Dominique; COINTET, Jean-Philippe; MAZIERES, Antoine. "Neurons Spike Back: The Invention of Inductive Machines and the Artificial Intelligence Controversy". *Réseaux*, v. 36, n. 211, 2018.

CARDOSO, Bruno. "Estado, tecnologias de segurança e normatividade neoliberal". *In:* BRUNO, Fernanda *et al.* (orgs.). *Tecnopolíticas da vigilância: perspectivas da margem*. São Paulo: Boitempo, 2019.

CARDOSO JUNIOR, Leonardo Fraga; OLIVEIRA, Kaio Eduardo de Jesus; PORTO, Cristiane de Magalhães. "Memes, racismo e educação, ou por que os memes da Tais Araujo importam". *Periferia*, v. 11, n. 2, 2019, pp. 39-56.

CARLSON, Caitlin R.; ROUSELLE, Hayley. "Report and Repeat: Investigating Facebook's Hate Speech Removal Process". *First Monday*, v. 15, n. 2, 2020.

CARNEIRO, Aparecida Sueli. *A construção do outro como não-ser como fundamento do ser*. Tese de doutorado. Programa de Pós-Graduação em Educação. São Paulo: Universidade de São Paulo, 2005.

CARO, Robert A. *The Power Broker: Robert Moses and the Fall of New York*. Nova York: Vintage Books, 1974.

CARRERA, Fernanda. "Racismo e sexismo em bancos de imagens digitais: análise de resultados de busca e atribuição de relevância na dimensão financeira/profissional". *In:* Tarcízio Silva (org.). *Comunidades, algoritmos e ativismos digitais: olhares afrodiaspóricos*. São Paulo: LiteraRUA, 2020.

CARRERA, Fernanda; CARVALHO, Denise. "Algoritmos racistas: a hiper-ritualização da solidão da mulher negra em bancos de imagens digitais". *Galáxia*, n. 43, jan.-abr. 2020, pp. 99-114.

CASTRO, Shakti. "Surveilling Racialized Bodies". *NACLA Report on the Americas*, v. 52, n. 3, 2020, pp. 296-302.

CHAFFEY, Dave. "Comparison of Organic Google Click-Through Rates by Position". *Smart Insights*, 9 jul. 2018.

CHAN, Rosalie. "Protesters Blocked Palantir's Cafeteria to Pressure the $20 Billion Big Data Company to Drop Its Contracts With ICE". *Business Insider*, 17 ago. 2019. Disponível em: <https://www.businessinsider.com/palantir-protest-palo-alto-activists-ice-contracts-2019-8>. Acesso em: out. 2021.

CHANDER, Sarah. "EU Parliament Calls for Ban of Public Facial Recognition, but Leaves Human Rights Gaps in Final Position on AI Act". *Edri*, 14 jun. 2023. Disponível em: <https://edri.org/our-work/eu-parliament-plenary-ban-of-public-facial-recognition-human-rights-gaps-ai-act/>. Acesso em: ago. 2023.

CHEN, Brian X. "HP Investigates Claims of 'Racist' Computers". *Wired*, 22 dez. 2009. Disponível em: <https://www.wired.com/2009/12/hp-notebooks-racist/>. Acesso em: out. 2021.

CHOWDHURY, Hasan. "AI Will Cause Real Damage When It Falls Into the Wrong Hands, According to Microsoft's Chief Economist". *Business Insider*, 4 maio 2023. Disponível em: <https://www.businessinsider.com/microsoft-economist-michael-schwarz-ai-bad-actors-2023-5>. Acesso em: ago. 2023.

CHUNG, Anna. "How Automated Tools Discriminate Against Black Language". *People of Color in Tech*, 5 mar. 2019. Disponível em: <https://peopleofcolorintech.com/articles/how-automated-tools-discriminate-against-black-language/>. Acesso em: out. 2021.

CLAYTON, James. "Sam Altman: CEO of OpenAI Calls for Us to Regulate Artificial Intelligence". *BBC News*, 17 maio 2023. Disponível em: <https://www.bbc.com/news/world-us-canada-65616866>. Acesso em: ago. 2023.

COALIZÃO Direitos na Rede. "Regulação de Inteligência Artificial: um tema transversal que exige debate multissetorial e interdisciplinar". Disponível em: <https://direitosnarede.org.br/carta-aberta-regulacao-ia/>. Acesso em: ago. 2023.

CODING Rights. "Parlamentares de todas as regiões do Brasil apresentam projetos de lei pelo banimento do reconhecimento facial em espaços públicos", *Coding Rights*, 21 jun. 2022. Disponível em: <https://medium.com/codingrights/parlamentares-de-todas-as-regiões-do-brasil-apresentam-projetos-de-lei-pelo-banimento-do-ad33a8e6552e>. Acesso em: ago. 2023.

COLEMAN, Beth. "Race as technology". *Camera Obscura: Feminism, Culture, and Media Studies*, v. 24, n. 1 (70), 2009, pp. 177-207.

COLLINS, Patricia Hill. *Black Feminist Thought: Knowledge, Consciousness, and the Politics of Empowerment*. Londres: Routledge, 2002.

CONSTANZA-CHOCK, Sasha. *Design Justice: Community-Led Practices to Build the Worlds We Need*. Cambridge, MA: MIT Press, 2020.

CORRÊA, Laura Guimarães *et al*. "Entre o interacional e o interseccional: contribuições teórico-conceituais das intelectuais negras para pensar a comunicação". *Revista ECO-Pós*, v. 21, n. 3, 2018, pp. 147-69.

COSTA, Ramon Silva; KREMER, Bianca. "Inteligência artificial e discriminação: desafios e perspectivas para a proteção de grupos vulneráveis frente às tecnologias de reconhecimento facial". *Revista Brasileira de Direitos Fundamentais & Justiça*, v. 16, n. 1, 2022.

COX, Joseph; KOEBLER, Jason. "Why Won't Twitter Treat White Supremacy Like ISIS? Because It Would Mean Banning Some Republican Politicians Too". *Vice*, 25 abr. 2019. Disponível em: <https://www.vice.com/en_us/article/a3xgq5/why-wont-twitter-treat-white-supremacy-like-isis-because-it-would-mean-banning-some-republican-politicians-too>. Acesso em: out. 2021.

CRAWFORD, Kate. *The Atlas of AI: Power, Politics, and the Planetary Costs of Artificial Intelligence*. Londres: Yale University Press, 2021.

CRAWFORD, Kate; PAGLEN, Trevor. "Excavating AI: The Politics of Images in Machine Learning Training Sets". 19 set. 2019. Disponível em: <https://www.excavating.ai/>. Acesso em: out. 2021.

CUNHA JÚNIOR, Henrique. *Tecnologia africana na formação brasileira*. Rio de Janeiro: Ceap, 2010.

CURTIS, Sophie. "FaceApp Apologises for 'Racist' Selfie Filter That Lightens Users' Skin Tone", *Mirror*, 25 abr. 2017. Disponível em: <https://www.mirror.co.uk/tech/faceapp-apologises-hot-selfie-filter-10293590>. Acesso em: out. 2021.

DANIELS, Jessie. *Cyber Racism: White Supremacy Online and the New Attack on Civil Rights*. Lanham: Rowman & Littlefield, 2009.

_____. "The Algorithmic Rise of the 'Alt-Right'". *Contexts*, v. 17, n. 1, 2018, pp. 60-5.

DANIELS, Jessie; NKONDE, Mutale; MIR, Darakhshan. "Advancing Racial Literacy in Tech". Relatório do Data & Society Fellowship Program, 2019.

DASTIN, Jeffrey. "Rite Aid Deployed Facial Recognition Systems in Hundreds of U. S. Stores". *Reuters*, 28 jul. 2020. Disponível em: <https://www.reuters.com/investigates/special-report/usa-riteaid-software/>. Acesso em: ago. 2023.

DAVIS, Angela. *Estarão as prisões obsoletas?* Rio de Janeiro: Difel, 2018.

DEARDEN, Lizzie. "Facial Recognition Cameras Scanning Unwitting Tourists and Christmas Shoppers in London's West End". *Independent*, 17 dez. 2018. Disponível em: <https://www.independent.co.uk/news/uk/home-news/facial-recognition-cameras-london-met-police-suspects-arrests-identity-a8687481.html>. Acesso em: out. 2021.

_____. "Facial Recognition to Be Rolled Out Across London by Police, Despite Privacy Concerns". *Independent*, 24 jan. 2020. Disponível em: <https://www.independent.co.uk/news/uk/crime/facial-recognition-london-met-police-scotland-yard-privacy-a9299986.html>. Acesso em: out. 2021.

DEPARTAMENTO Penitenciário Nacional. "Levantamento nacional de informações penitenciárias – Jun. 2016". Brasília-DF, 2017.

D'IGNAZIO, Catherine; KLEIN, Lauren F. *Data Feminism*. Cambridge, MA: The MIT Press, 2020.

DOMENICI, Thiago; BARCELOS, Iuri; FONSECA, Bruno. "Negros são mais condenados por tráfico e com menos drogas em São Paulo". *Pública*, 6 maio 2019. Disponível em: <https://apublica.org/2019/05/negros-sao-mais-condenados-por-trafico-e-com-menos-drogas-em-sao-paulo/>. Acesso em: out. 2021.

DU BOIS, W. E. B. *The Souls of Black Folk*. Trad. José Luiz Pereira da Costa. Versão em domínio público. Disponível em: <https://afrocentricidade.files.wordpress.com/2016/04/as-almas-do-povo-negro-w-e-b-du-bois.pdf>. Acesso em: out. 2021.

ELERS, Steve. "Maori Are Scum, Stupid, Lazy: Maori According to Google", *Te Kaharoa – The eJournal on Indigenous Pacific Issues*, v. 7, n. 1, 2014, pp. 16-24.

ELIAS, Jennifer. "Google Employees Petition Company to Cancel Police Contracts". *CNBC*, 22 jun. 2020. Disponível em: <https://www.cnbc.com/2020/06/22/google-employees-petition-company-to-cancel-police-contracts.html/>. Acesso em: out. 2021.

EPSTEIN, Ziv *et al.* "Closing the AI Knowledge Gap". arXiv, 1803.07233, 2018.

FANON, Frantz. *Pele negra, máscaras brancas*. Salvador: Edufba, 2008.

FATIMA, Saba. "I Know What Happened to Me: The Epistemic Harms of Microagression". *In:* FREEMAN, Lauren; SCHROER, Jeanine W. (orgs.). *Microaggressions and Philosophy*. Nova York: Routledge, 2020.

FERREIRA, Aparecida de Jesus. "Identidades sociais, letramento visual e letramento crítico: imagens na mídia acerca de raça/etnia". *Trabalhos em Linguística Aplicada*, v. 51, n. 1, 2012, pp. 195-215.

FERREIRA, Matheus. "Projeto #BuscaPorIgualdade cobra representatividade negra dos bancos de imagens", CEERT, 2 maio 2017. Disponível em: <https://ceert.org.br/noticias/comunicacao-midia-internet/16909/projeto-buscaporigualdade-cobra-representatividade-negra-dos-bancos-de-imagens/>. Acesso em: out. 2021.

FERREIRA, Ricardo Alexandre. *Crimes em comum: escravidão e liberdade sob a pena do Estado imperial brasileiro (1830-1888)*. São Paulo: Editora Unesp, 2011.

FIORE-SILFVAST, Brittany. "User-Generated Warfare: A Case of Converging Wartime Information Networks and Coproductive Regulation on YouTube". *International Journal of Communication*, v. 6, 2012, pp. 1.965-88.

FISHER, Max. "Inside Facebook's Secret Rulebook for Global Political Speech". *The New York Times*, 27 dez. 2018.

FLAUZINA, Ana Pinheiro. "As fronteiras raciais do genocídio". *Direito.UnB*, v. 1, n. 1, 2014, pp. 119-46.

FLOOD, Joe. *The Fires: How a Computer Formula, Big Ideas, and the Best of Intentions Burned Down New York City and Determined the Future of Cities*. Nova York: Riverhead Books, 2010.

FLORIDI, Luciano; COWLS, Josh. "A Unified Framework of Five Principles for AI in Society". *Harvard Data Science Review*, v. 1, n. 1, 2019.

FOUCHÉ, Rayvon. "Say It Loud, I'm Black and I'm Proud: African Americans, American Artifactual Culture, and Black Vernacular Technological Creativity". *American Quarterly*, v. 58, n. 3, 2006, pp. 639-61.

FRANCO, Marielle. *UPP – A redução da favela a três letras: uma análise da política de segurança pública do estado do Rio de Janeiro*. São Paulo: N-1 Edições, 2018.

FREELON, Deen; McILWAIN, Charlton D.; CLARK, Meredith D. "Beyond the Hashtags: #Ferguson, #BlackLivesMatter, and the Online Struggle for Offline Justice". Relatório do Center for Media & Social Impact. Washington: American University, 2016.

FROSH, Paul. "Inside the Image Factory: Stock Photography and Cultural Production". *Media, Culture & Society*, v. 23, n. 5, 2001, pp. 625-46.

FURNER, Jonathan. "Dewey Deracialized: A Critical Race-Theoretic Perspective". *Knowledge Organization*, v. 34, n. 3, 2007, pp. 144-68.

FUSSEY, Pete; MURRAY, Daragh. "Independent Report on the London Metropolitan Police Service's Trial of Live Facial Recognition Technology". The Human Rights, Big Data and Technology Project, jul. 2019. Disponível em: <https://www.essex.ac.uk/research/showcase/report-on-the-police-use-of-facial-recognition-technology-identifies-significant-concerns/>. Acesso em: out. 2021.

G1 Bahia. "Feira de Santana registra 33 prisões por reconhecimento facial durante micareta". 29 abr. 2019. Disponível em: <https://g1.globo.com/ba/bahia/noticia/2019/04/29/feira-de-santana-registra-33-prisoes-por-reconhecimento-facial-durante-micareta.ghtml>. Acesso em: out. 2021.

G1 São Paulo, "Justiça de SP proíbe uso de câmeras de reconhecimento facial em painel do Metrô". 14 set. 2018. Disponível em: <https://g1.globo.com/sp/sao-paulo/noticia/2018/09/14/justica-de-sp-proibe-uso-de-cameras-de-reconhecimento-facial-em-painel-do-metro-de-sp.ghtml>. Acesso em: out. 2021.

GALLAGHER, Ryan J. *et al.* "Divergent Discourse Between Protests and Counter-Protests: #BlackLivesMatter and #AllLivesMatter". *PLOS One*, v. 13, n. 4, 2018.

GANGADHARAN, Seeta Peña; NIKLAS, Jedrzej. "Decentering Technology in Discourse on Discrimination". *Information, Communication & Society*, v. 22, n. 7, 2019, pp. 882-99.

GEBRU, Timnit *et al*. "Statement From the Listed Authors of Stochastic Parrots on the 'AI Pause' Letter". *DAIR Institute*, 31 mar. 2023. Disponível em: <https://www.dair-institute.org/blog/letter-statement-March2023>. Acesso em: ago. 2023.

GERALDO, Nathália. "Buscar 'mulher negra dando aula' no Google leva à pornografia: por quê?". *Universa*, 27 out. 2019. Disponível em: <https://www.uol.com.br/universa/noticias/redacao/2019/10/27/pesquisa-mulher-negra-dando-aula-leva-a-pornografia-no-google.htm/>. Acesso em: out. 2021.

GIBSON, James J. "A Preliminary Description and Classification of Affordances". *In:* REED, Edward; JONES, Rebecca (orgs.). *Reasons for Realism*. Hillsdale: Lawrence Erlbaum Associates, 1982, pp. 403-6.

GILLESPIE, Tarleton. *Custodians of the Internet: Platforms, Content Moderation, and the Hidden Decisions That Shape Social Media*. New Haven: Yale University Press, 2018.

GILROY, Paul. "Civilizacionismo, a 'alt-right' e o futuro da política antirracista: um informe da Grã-Bretanha". *Eco Pós*, v. 21, n. 3, 2018, pp. 17-34. Disponível em: <https://revistaecopos.eco.ufrj.br/eco_pos/issue/view/1174/>. Acesso em: out. 2021.

GOES, Emanuelle F.; NASCIMENTO, Enilda R. "Mulheres negras e brancas e os níveis de acesso aos serviços preventivos de saúde: uma análise sobre as desigualdades". *Saúde em Debate*, v. 37, n. 99, 2013, pp. 571-9.

GOLLEDGE, Rob. "Protest at Amazon Rugeley Over 'Hellish' Working Conditions". *Express & Star*, 14 dez. 2017. Disponível em: <https://www.expressandstar.com/news/local-hubs/staffordshire/rugeley/2017/12/14/protest-at-amazons-rugeley-warehouse-over-hellish-working-conditions/>. Acesso em: out. 2021.

GONÇALVES, Matheus. "O robô da Microsoft que aprende com humanos não demorou nem um dia para virar racista". *Tecnoblog*, abr. 2016. Disponível em: <https://tecnoblog.net/193318/tay-robo-racista-microsoft/>. Acesso em: out. 2021.

GONZALEZ, Lélia. *Primavera para as rosas negras*. São Paulo: Filhos da África, 2018.

GOOGLE Walkout For Real Change. "Standing with Dr. Timnit Gebru – #ISupportTimnit #BelieveBlackWomen". *Google Walkout Medium*, 3 dez. 2020. Disponível em: <https://googlewalkout.medium.com/standing-with-dr-timnit-gebru-isupporttimnit-believeblackwomen-6dadc300d382>. Acesso em: ago. 2023.

GOVERNO do Estado de São Paulo. "Governo inaugura laboratório de reconhecimento facial e digital da Polícia Civil". 28 jan. 2020. Disponível em: <https://www.saopaulo.sp.gov.br/spnoticias/governo-inaugura-laboratorio-de-reconhecimento-facial-e-digital-da-policia-civil/>. Acesso em: out. 2021.

_____. "Discurso de João Doria na inauguração do Laboratório de Identificação Biométrica em 28 de janeiro". Fev. 2020. Disponível em: <https://soundcloud.com/governosp/discurso-de-joao-504599548/>. Acesso em: out. 2021.

GREENWOOD, Brad N. *et al.* "Physician-Patient Racial Concordance and Disparities in Birthing Mortality for Newborns". *Proceedings of the National Academy of Sciences*, v. 117, n. 35, 2020, pp. 21.194-200.

GROTHER, Patrick; NGAN, Mei; HANAOKA, Kayee. "Face Recognition Vendor Test (FRVT) – Part 3: Demographic Effects". National Institute of Standards and Technology, 2019.

GRUSH, Loren. "Google Engineer Apologizes After Photos App Tags Two Black People as Gorillas". *The Verge*, 1 jul. 2015. Disponível em: <https://www.theverge.com/2015/7/1/8880363/google-apologizes-photos-app-tags-two-black-people-gorillas/>. Acesso em: out. 2021.

HALL, Stuart. "The Whites of Their Eyes: Racist Ideologies and the Media". *In:* DINES, Gail; HUMEZ, Jean. *Gender, Race and Class in Media*. Thousand Oaks: Sage Publications, 1995.

HÄLLGREN, Camilla; WEINER, Gaby. "Out of the Shadow of Linnaeus: Acknowledging Their Existence and Seeking to Challenge, Racist Practices in Swedish Educational Settings". European Conference on Educational Research, University of Geneva, 2006.

HANNA, Alex *et al.* "Towards a Critical Race Methodology in Algorithmic Fairness". Conference on Fairness, Accountability, and Transparency (FAT* '20), Barcelona, 2020.

HAO, Karen. "We Read the Paper That Forced Timnit Gebru Out of Google. Here's What It Says". *MIT Technology Review*, 4 dez. 2020. Disponível em: <https://www.technologyreview.com/2020/12/04/1013294/google-ai-ethics-research-paper-forced-out-timnit-gebru/>. Acesso em: ago. 2023.

HERINGER, Carolina. "Uma das principais promessas de campanha de Witzel, câmeras de reconhecimento facial não funcionam mais desde o fim de 2019". *O Globo Rio*, 20 jul. 2020.

HERSHER, Rebecca. "What Happened When Dylann Roof Asked Google for Information About Race?". *NPR*, 10 jul. 2017. Disponível em: <https://www.npr.org/sections/thetwo-way/2017/01/10/508363607/what-happened-when-dylann-roof-asked-google-for-information-about-race/>. Acesso em: out. 2021.

HILL, Kashmir. "Wrongfully Accused by an Algorithm". *The New York Times*, 24 jun. 2020. Disponível em: <https://www.nytimes.com/2020/06/24/technology/facial-recognition-arrest.html/>. Acesso em: out. 2021.

HK Edition. "Facial Recognition Tech – HK Can Rise to the Occasion". *China Daily*, 27 jul. 2018. Disponível em: <http://www.chinadaily.com.cn/hkedition/2018-07/27/content_36654608.htm>. Acesso em: out. 2021.

HOLMES, Aaron. "Amazon Posted – And Then Deleted – A Job Listing for an 'Intelligence Analyst' to Monitor Workers' Efforts to Unionize". *Business Insider*, 1 set. 2020. Disponível em: <https://www.businessinsider.com/amazon-posts-deletes-job-listing-intelligence-analyst-spy-worker-union-2020-9/>. Acesso em: out. 2021.

HOPKINS, Nick; WONG, Julia Carrie. "Has Facebook Become a Forum for Misogyny and Racism?". *The Guardian*, 21 maio 2017. Disponível em: <https://www.theguardian.com/news/2017/may/21/has-facebook-become-forum-misogyny-racism/>. Acesso em: out. 2021.

HUBER, Lindsay; SOLORZANO, Daniel G. "Racial Microaggressions as a Tool for Critical Race Research". *Race Ethnicity and Education*, v. 18, n. 3, 2014, pp. 297-320.

IDEC. "Após denúncia do Idec, Hering é condenada por uso de reconhecimento facial", 26 ago. 2020. Disponível em: <https://idec.org.br/noticia/apos-denuncia-do-idec-hering-e-condenada-por-uso-de-reconhecimento-facial>. Acesso em: ago. 2023.

INSTITUTO Igarapé. "Infográfico reconhecimento facial no Brasil". Disponível em: <https://igarape.org.br/infografico-reconhecimento-facial-no-brasil/>. Acesso em: out. 2021.

INTRONA, Lucas. "Algorithms, Governance, and Governmentality: On Governing Academic Writing". *Science, Technology, & Human Values*, v. 41, n. 1, 2016, pp. 17-49.

IYENGAR, Rishi. "OpenAI's CEO Goes on a Diplomatic Charm Offensive", *Foreign Policy*, 20 jun. 2023. Disponível em: <https://foreignpolicy.com/2023/06/20/openai-ceo-diplomacy-artificial-intelligence/>. Acesso em: ago. 2023.

JARDIM, Suzane. "A reconstrução do mínimo: falsa ordem democrática e extermínio". *In:* BUENO, Winnie *et al.* (orgs.). *Tem saída? Ensaios críticos sobre o Brasil*. Porto Alegre: Zouk, 2017.

JONES-IMHOTEP, Edward. "The Ghost Factories: Histories of Automata and Artificial Life". *History and Technology*, v. 36, n. 1, 2020, pp. 1-27.

JURISTAS Negras. "Contribuição ao projeto de Lei 21- A de 2020". Disponível em: <https://legis.senado.leg.br/comissoes/arquivos?ap=6916&codcol=2504>. Acesso em: ago. 2023.

KATWALA, Amit. "An Algorithm Determined UK Students' Grades. Chaos Ensued". *Wired*, 15 maio 2020. Disponível em: <https://www.wired.com/story/an-algorithm-determined-uk-students-grades-chaos-ensued/>. Acesso em: out. 2021.

KAYSER-BRIL, Nicolas. "Google Apologizes After Its Vision AI Produced Racist Results". *AlgorithmWatch*, 7 abr. 2020. Disponível em: <https://algorithmwatch.org/en/story/google-vision-racism/>. Acesso em: out. 2021.

KLEIN, Lauren. "Are Large Language Models Our Limit Case?". *Starwords*, n. 3, 2022.

KOSINSKI, Michal; STILLWELL, David; GRAEPEL, Thore. "Private Traits and Attributes Are Predictable From Digital Records of Human Behavior". *Proceedings of the National Academy of Sciences*, v. 110, n. 15, 2013, pp. 5.802-5.

KREMER, Bianca. "Fala na íntegra da participação da Coding Rights em audiência pública do Senado sobre regulamentação do uso de IA". *Medium Coding Rights*, 13 maio 2022. Disponível em: <https://medium.com/codingrights/íntegra-da-participação-da-coding-rights-em-audiência-pública-do-senado-sobre-regulamentação-de-ia-a6a9877dc9dd>. Acesso em: ago. 2023.

KRISHNA, Arvind. "IBM CEO's Letter to Congress on Racial Justice Reform". *IBM THINKPolicy Blog*, 8 jun. 2020. Disponível em: <https://www.ibm.com/blogs/policy/facial-recognition-sunset-racial-justice-reforms/>. Acesso em: out. 2021.

LAPA, Raphael S. "O fatalismo como estratégia colonial". *Revista Epistemologias do Sul*, v. 2, n. 2, 2018, pp. 144-61.

LAVIGNE, Sam; CLIFTON, Brian; TSENG, Francis. "Predicting Financial Crime: Augmenting the Predictive Policing Arsenal". arXiv, 1704.07826, 2017.

LEAL, Maria do Carmo; GAMA, Silvana Granado Nogueira da; CUNHA, Cynthia Braga da. "Desigualdades raciais, sociodemográficas e na assistência ao pré-natal e ao parto, 1999-2001". *Revista de Saúde Pública*, v. 39, n. 1, 2005, pp. 100-7.

LEMOS, Guilherme O. "De Soweto à Ceilândia: siglas de segregação racial". *Paranoá: Cadernos de Arquitetura e Urbanismo*, n. 18, 2017.

LEWIS, Sarah. *Vision & Justice: A Civic Curriculum*. Nova York: Aperture Foundation, 2019. Disponível em: <https://visionandjustice.org/civic-curriculum/>. Acesso em: out. 2021.

LIMA, Adriano B. M. "Feitiço pega sempre: alforrias e curandeirismo no oeste paulista (século XIX)". *Anais do 4º Encontro Escravidão e Liberdade no Brasil Meridional*, Curitiba, 2009.

LOMAS, Natasha. "Twitter Finally Bans Former KKK Leader, David Duke". *Techcrunch*, 31 jul. 2020. Disponível em: <https://techcrunch.com/2020/07/31/twitter-finally-bans-former-kkk-leader-david-duke/>. Acesso em: out. 2021.

MACHADO, Carlos Eduardo Dias; LORAS, Alexandra. *Gênios da humanidade: ciência, tecnologia e inovação africana e afrodescendente*. São Paulo: DBA, 2017.

MACHADO, Eliana Sambo. "Visibilidade não marcada da branquitude: discursos de mulheres brancas acadêmicas". *Revista da Associação Brasileira de Pesquisadores/as Negros/as (ABPN)*, v. 10, 2018, pp. 375-98. Disponível em: <https://abpnrevista.org.br/index.php/site/article/view/545/>. Acesso em: out. 2021.

MACHADO, Maria Helena P. T. "Sendo cativo nas ruas: a escravidão urbana na cidade de São Paulo". *In:* PORTA, Paula (org.). *História da cidade de São Paulo*. São Paulo: Paz & Terra, 2004.

MALDONADO-TORRES, Nelson. "Analítica da colonialidade e da decolonialidade: algumas dimensões básicas". *In:* BERNARDINO-COSTA, Joaze; MALDONADO-TORRES, Nelson; GROSFOGUEL, Ramón (orgs.). *Decolonialidade e pensamento afrodiaspórico*. Belo Horizonte: Autêntica, 2018.

MALTA, Renata Barreto; OLIVEIRA, Laila Thaíse Batista de. "Enegrecendo as redes: o ativismo de mulheres negras no espaço virtual". *Revista Gênero*, v. 16, n. 2, 2016, pp. 55-69.

MATSAKIS, Louise. "Microsoft Attemps to Capture the Essence of Youth With Its New Chatbot Tay". *Vice*, 23 mar. 2016. Disponível em: <https://www.vice.com/en_us/article/nz7zvd/microsoft-attempts-to-capture-the-essence-of-youth-with-its-new-chatbot-tay/>. Acesso em: out. 2021.

_____. "Amazon Won't Let Police Use Its Facial-Recognition Tech for One Year". *Wired*, 10 jun. 2020. Disponível em: <https://www.wired.com/story/amazon-facial-recognition-police-one-year-ban-rekognition/>. Acesso em: out. 2021.

MBEMBE, Achille. *Necropolítica*. São Paulo: N-1 Edições, 2018.

McILWAIN, Charlton D. *Black Software: The Internet & Racial Justice, From the AfroNet to Black Lives Matter*. Nova York: Oxford University Press, 2019.

MELO, Paulo Victor. "A serviço do punitivismo, do policiamento preditivo e do racismo estrutural". *Le Monde Diplomatique*, 18 mar. 2021. Disponível em: <https://diplomatique.org.br/a-servico-do-punitivismo-do-policiamento-preditivo-e-do-racismo-estrutural/>. Acesso em: ago. 2023.

MENEZES, Elisa Matos. *O inimputável: crimes do Estado contra a juventude criminalizada*. Monografia. Graduação em Antropologia. Brasília: Universidade de Brasília, 2009.

MILLS, Charles W. *The Racial Contract*. Nova York: Cornell University Press, 2014.

_____. "Ignorância branca". *Griot: Revista de Filosofia*, v. 17, n. 1, 2018, pp. 413-38.

MINTZ, André. "Máquinas que veem: visão computacional e agenciamentos do visível". *In:* MENOTTI, Gabriel; BASTOS, Marcus; MORAN, Patrícia (orgs.). *Cinema apesar da imagem*. São Paulo: Intermeios, 2016.

MINTZ, André *et al.* "Interrogating Vision APIs". Digital Media Winter Institute, Lisboa, 2019.

MONTEIRO, Pedro. *Reconhecendo faces, enclausurando corpos: terror racial, vigilância racializadora e o uso policial do reconhecimento facial na Bahia*. Dissertação de mestrado. Programa de Pós-Graduação em Direito. Salvador: Ufba, 2022.

MOREIRA, Adilson. *O que é racismo recreativo?* Belo Horizonte: Letramento, 2019.

MORESCHI, Bruno; PEREIRA, Gabriel; COZMAN, Fabio G. "Trabalhadores brasileiros no Amazon Mechanical Turk: sonhos e realidades de 'trabalhadores fantasmas'". *Contracampo*, v. 39, n. 1, 2020.

MORGAN, Eric J. "The World Is Watching: Polaroid and South Africa". *Enterprise & Society*, v. 7, n. 3, 2006, pp. 520-49.

MOURA, Clóvis. *Dialética radical do Brasil negro*. São Paulo: Fundação Maurício Grabois/Anita Garibaldi, 2014.

MOURA, Maria Aparecida. "Semioses decoloniais: afrofuturismo, performance e o colapso do privilégio branco". *In:* CORRÊA, Laura Guimarães. *Vozes negras em comunicação: mídias, racismos, resistências*. Belo Horizonte: Autêntica, 2019.

MULHERES na Privacidade. "Contribuição escrita à consulta pública no âmbito da CJSUBIA". Disponível em: <https://legis.senado.leg.br/comissoes/arquivos?ap=6916&codcol=2504>. Acesso em: ago. 2023.

NADAL, Kevin. "A Guide to Responding to Microaggressions". *Cuny Forum*, v. 2, n. 1, 2014, pp. 71-6.

NAKAMURA, Lisa. *Digitizing Race: Visual Cultures of the Internet*. Minnesota: University of Minnesota Press, 2008.

NAPOLI, Philip; CAPLAN, Robyn. "Por que empresas de mídia insistem que não são empresas de mídia, por que estão erradas e por que isso importa". *Parágrafo*, v. 6, n. 1, 2018, pp. 143-63.

NASCIMENTO, Abdias. *O genocídio do negro brasileiro: processo de um racismo mascarado*. São Paulo: Perspectiva, 2016.

NASCIMENTO, Beatriz. *Beatriz Nascimento, quilombola e intelectual: possibilidades nos dias de destruição*. São Paulo: Filhos da África, 2018.

NELSON, Alondra; TU, Thuy Linh Nguyen; HINES, Alicia Headlam (orgs.). *Technicolor: Race, Technology, and Everyday Life*. Nova York: NYU Press, 2001.

NJERI, Aza; RIBEIRO, Katiúscia. "Mulherismo africana: práticas na diáspora brasileira". *Currículo sem Fronteiras*, v. 19, n. 2, 2019, pp. 595-608.

NOBLE, Safiya Umoja. "Google Search: Hyper-Visibility as a Means of Rendering Black Women and Girls Invisible". *InVisible Culture*, n. 19, 2013.

_____. *Algorithms of Oppression: How Search Engines Reinforce Racism*. Nova York: NYU Press, 2018.

NOBLE, Safiya Umoja; ROBERTS, Sarah T. "Elites tecnológicas, meritocracia e mitos pós-raciais no Vale do Silício". *Fronteiras – estudos midiáticos*, v. 22, n. 1, 2020, pp. 36-46.

NOCK, Magdalena Barros. "Mixteco and Zapoteco Adolescents in Santa Maria, California, United States". *Anales de Antropología*, v. 1, n. 11, 2020.

NOPPER, Tamara K. "Strangers to the Economy: Black Work and the Wages of Non-Blackness". *In:* SAUCIER, P. K.; WOODS, T. P (orgs.). *Conceptual Aphasia in Black: Displacing Racial Formation*. Lanham: Lexington Books, 2016.

NOTÍCIA Preta. "Mais um jovem negro é morto ao ter furadeira confundida com arma no Rio". 3 abr. 2019. Disponível em: <https://noticiapreta.com.br/mais-um-jovem-negro-e-morto-ao-ter-furadeira-confundida-com-arma-no-rio/>. Acesso em: out. 2021.

NOVIN, Alamir; MEYERS, Eric. "Making Sense of Conflicting Science Information: Exploring Bias in the Search Engine Result Page". *Proceedings of the 2017 Conference on Conference Human Information Interaction and Retrieval*, 2017, pp. 175-84.

NUNES, Charô. "O algoritmo". *Blogueiras Negras*, 8 jan. 2018. Disponível em: <http://blogueirasnegras.org/o-algoritmo/>. Acesso em: out. 2021.

NUNES, Pablo. "Levantamento revela que 90,5% dos presos por monitoramento facial no Brasil são negros". *The Intercept Brasil*, 21 nov. 2019. Disponível em: <https://theintercept.com/2019/11/21/presos-monitoramento-facial-brasil-negros/>. Acesso em: out. 2021.

NUNES, Pablo; LIMA, Thallita G. L.; RODRIGUES, Yasmin. *Das planícies ao planalto: como Goiás influenciou a expansão do reconhecimento facial na segurança pública brasileira*. Rio de Janeiro: CESeC, 2023.

OBERMEMEYER, Ziad *et al.* "Dissecting Racial Bias in an Algorithm Used to Manage the Health of Populations". *Science*, v. 366, n. 6.464, 2019, pp. 447-53.

OLIVEIRA, Juliane C. "A experiência das iniciativas Cyberxirê e AqualtuneLab: o pioneirismo do movimento negro na construção de ações afirmativas de promoção da igualdade racial no campo dos direitos digitais". *Revista Internet & Sociedade*, v. 3, n. 2, 2022.

OLIVEIRA, Taís; DOTTA, Silvia; JACINO, Ramatis. "Redes de solidariedade e indignação na internet: o caso 'Liberdade para Rafael Braga'". *Anais do 40º Congresso Brasileiro de Ciências da Comunicação*, Curitiba, 2017.

OLIVEIRA, Taís; LIMA, Dulcilei; PENTEADO, Claudio. "#QuemMandouMatarMarielle: a mobilização *online* um ano após o assassinato de Marielle Franco". *Líbero*, v. 23, n. 45, 2020, pp. 138-57.

OLIVEIRA FILHO, Roque F. de. *Crimes e perdões na ordem jurídica colonial: Bahia (1750/1808)*. Tese de doutorado. Programa de Pós-Graduação em História. Salvador: Universidade Federal da Bahia, 2009.

OSOBA, Osonde A.; WELSER IV, William. *An Intelligence in Our Image: The Risks of Bias and Errors in Artificial Intelligence*. Santa Monica: RAND, 2017.

PASQUALE, Frank. "A esfera pública automatizada". *Líbero*, v. XX, n. 39, 2017, pp. 16-35.

_____. "When Machine Learning is Facially Invalid". *Communications of The ACM*, v. 61, n. 9, 2018, pp. 25-7.

PAUL, Kari. "Protesters Demand Amazon Break Ties With Ice and Homeland Security". *The Guardian*, 11 jul. 2019. Disponível em: <https://www.theguardian.com/us-news/2019/jul/11/amazon-ice-protest-immigrant-tech/>. Acesso em: out. 2021.

PERRIGO, Billy. "OpenAI Lobbied the E.U. to Water Down AI Regulation", *Time*, 20 jun. 2023. Disponível em: <https://time.com/6288245/openai-eu-lobbying-ai-act/>. Acesso em: ago. 2023.

PETERS, Jay. "Whole Foods Is Reportedly Using a Heat Map to Track Stores at Risk of Unionization". *The Verge*, 20 abr. 2020. Disponível em: <https://www.theverge.com/2020/4/20/21228324/amazon-whole-foods-unionization-heat-map-union/>. Acesso em: out. 2021.

_____. "Big Tech Pledged a Billion to Racial Justice, but It Was Pocket Change". *The Verge*, 13 ago. 2020. Disponível em: <https://www.theverge.com/21362540/racial-justice-tech-companies-donations-apple-amazon-facebook-google-microsoft/>. Acesso em: out. 2021.

PIERCE, Chester M. "Is Bigotry the Basis of the Medical Problems of the Ghetto?". *In:* NORMAN, John C. (org.). *Medicine in the Ghetto*. Nova York: Appleton-Century-Crofts, 1969.

_____. "Offensive Mechanisms". *In:* BARBOUR, Floyd (org.). *The Black Seventies*. Nova York: Porter Sargent Publishers, 1970.

PINCH, Trevor J.; BIJKER, Wiebe E. "The Social Construction of Facts and Artifacts: Or How the Sociology of Science and the Sociology of Technology Might Benefit Each Other". *In:* BIJKER, Wiebe E.; HUGHES,

Thomas P.; PINCH, Trevor (orgs.). *The Social Construction of Technological Systems*. Massachusetts: MIT Press, 2012.

PIRES, Thula Rafaela de Oliveira. *Colorindo memórias e redefinindo olhares: ditadura militar e racismo no Rio de Janeiro*. Relatório da Comissão da Verdade do Rio, Rio de Janeiro, 2015.

PRABHU, Vinay Uday; BIRHANE, Abeba. "Large Datasets: A Pyrrhic Win for Computer Vision?". arXiv, 2006.16923v2, 2020.

PREFEITURA de São Paulo. "Nova plataforma de videomonitoramento Smart Sampa". Disponível em: <https://participemais.prefeitura.sp.gov.br/legislation/processes/209/topics/comments>. Acesso em: ago. 2023.

RAMIRO, André; CRUZ, Luã. "The Grey-Zones of Public-Private Surveillance: Policy Tendencies of Facial Recognition for Public Security in Brazilian Cities". *Internet Policy Review*, v. 12, n. 1, 2023, pp. 1-28.

RAJI, Inioluwa Deborah; BUOLAMWINI, Joy. "Actionable Auditing: Investigating the Impact of Publicly Naming Biased Performance Results of Commercial AI Products". *Proceedings of the 2019 AAAI/ACM Conference on AI, Ethics, and Society*, 2019.

RECUERO, Raquel. "Discutindo análise de conteúdo como método: o #DiadaConsciênciaNegra no Twitter". *Cadernos de Estudos Linguísticos*, v. 56, n. 2, 2014, pp. 289-309.

RHUE, Lauren. "Emotion-Reading Tech Fails the Racial Bias Test". *The Conversation*, 3 jan. 2019. Disponível em: <https://theconversation.com/emotion-reading-tech-fails-the-racial-bias-test-108404/>. Acesso em: out. 2021.

RIBEIRO, Manoel Horta *et al*. "Auditing Radicalization Pathways on YouTube", *FAT* '20: Proceedings of the 2020 Conference on Fairness, Accountability, and Transparency*, Barcelona, 2020, pp. 131-41.

RIBEIRO JÚNIOR, Antônio Carlos. "As drogas, os inimigos e a necropolítica". *Cadernos do CEAS*, n. 238, 2016, pp. 595-610.

RIEDER, Bernhard; MATAMOROS-FERNANDEZ, Ariadna; COROMINA, Òscar. "From Ranking Algorithms to 'Ranking Cultures': Investigating the Modulation of Visibility in YouTube Search Results". *Convergence*, v. 24, n. 1, 2018, pp. 50-68.

RODRIGUEZ, Ashley. "Microsoft's AI Millennial Chatbot Became a Racist Jerk After Less Than a Day on Twitter". *Quartz*, 24 mar. 2016. Disponível em: <https://qz.com/646825/microsofts-ai-millennial-chatbot-became-a-racist-jerk-after-less-than-a-day-on-twitter/>. Acesso em: out. 2021.

ROGERO, Tiago. "Pesquise 'tranças bonitas' e 'tranças feias' no Google: um caso de racismo algorítmico". *Blog do Ancelmo*, 2 jul. 2019.

ROMANI, Bruno; PONCEANO, Bruno; SUEIRO, Vinicius. "Além de envelhecer, FaceApp embranquece rostos negros". *Estadão*, 2 ago. 2019.

ROTH, Lorna. "Looking at Shirley, the Ultimate Norm: Colour Balance, Image Technologies, and Cognitive Equity". *Canadian Journal of Communication*, v. 34, n. 1, 2009.

RUSSAKOVSKY, Olga *et al.* "ImageNet Large Scale Visual Recognition Challenge". *International Journal of Computer Vision*, v. 115, 2015.

SANDVIG, Christian *et al.* "Auditing Algorithms: Research Methods for Detecting Discrimination on Internet Platforms". *Data and Discrimination: Converting Critical Concerns into Productive Inquiry*, Seattle, 2014.

SANT'ANA, Antônio Olímpio de. "História e conceitos básicos sobre o racismo e seus derivados". *In:* MUNANGA, Kabengele (org.). *Superando o racismo na escola*. Brasília: Ministério da Educação, 2005, pp. 39-68.

SANTARÉM, Paulo Henrique da Silva. *A cidade Brasília (DFE): conflitos sociais e espaciais significados na raça*. Dissertação de mestrado. Pós-Graduação em Antropologia Social. Brasília: Universidade de Brasília, 2013.

SANTIAGO, Larissa. "Tecnologia antirracista: a resposta das mulheres negras". *In:* FOPIR. *Mapeamento da mídia negra no Brasil*. Disponível em: <http://fopir.org.br/wp-content/uploads/2020/08/ebook_mapeamento_da_midia_negra-1.pdf>. Acesso em: out. 2021.

SANTOS, Gislene Aparecida dos. *A invenção do ser negro: um percurso das idéias que naturalizaram a inferioridade dos negros*. São Paulo: Educ/Fapesp, 2002.

SAP, Maarten *et al.* "The Risk of Racial Bias in Hate Speech Detection". *Proceedings of the 57th Annual Meeting of the Association for Computational Linguistics*, 2019.

SCHIFFER, Zoe; NEWTON, Casey. "Microsoft Lays off Team That Taught Employees How to Make AI Tools Responsibly". *The Verge*, 13 mar. 2013. Disponível em: <https://www.theverge.com/2023/3/13/23638823/microsoft-ethics-society-team-responsible-ai-layoffs>. Acesso em: ago. 2023.

SHANKAR, Shreya *et al.* "No Classification without Representation: Assessing Geodiversity Issues in Open Data Sets for the Developing World". arXiv, 1711.08536v1, 2017.

SHUTTERSTOCK. Twitter: @Shutterstock, 6 jun. 2017. Disponível em: <https://twitter.com/shutterstock/status/872105821609570304/>. Acesso em: out. 2021.

SILVA, Dávila Maria Feitosa da; VALÉRIO, Erinaldo Dias. "Descolonizando o fazer bibliotecário: uma ação urgente e necessária". *In:* SILVA, Franciéle; LIMA, Graziela (orgs.). *Bibliotecári@s negr@s: ação, pesquisa e atuação política*, Florianópolis: ACB, 2018.

SILVA, Guilherme Henrique Gomes; POWELL, Arthur B. "Microagressões no ensino superior nas vias da educação matemática", *Revista Latinoamericana de Etnomatemática*, v. 9, n. 3, 2017, pp. 44-76.

SILVA, Mariah Rafaela. "Orbitando telas". *Sur: Revista Internacional de Direitos Humanos*, v. 18, n. 31, 2021.

SILVA, Rosane Leal; SILVA, Fernanda dos Santos Rodrigues. "Reconhecimento facial e segurança pública: os perigos da tecnologia no sistema penal seletivo brasileiro". *Anais do 5º Congresso Internacional de Direito e Contemporaneidade: mídias e direitos da sociedade em rede*, Santa Maria, 2019.

SILVA, Tarcízio. "Reconhecimento facial na Bahia: mais erros policiais contra negros e pobres". 21 nov. 2019. Disponível em: <https://tarciziosilva.com.br/blog/reconhecimento-facial-na-bahia-mais-erros-policiais-contra-negros-e-pobres/>. Acesso em: out. 2021.

_____. "Racismo algorítmico em plataformas digitais: microagressões e discriminação em código". *In:* SILVA, Tarcízio (org.). *Comunidades, algoritmos e ativismos digitais: olhares afrodiaspóricos*. São Paulo: LiteraRUA, 2020.

_____. "Visão computacional e racismo algorítmico: branquitude e opacidade no aprendizado de máquina". *Revista da Associação Brasileira de Pesquisadores/as Negros/as (ABPN)*, v. 12, n. 31, 2020, pp. 428-48. Disponível em: <http://abpnrevista.org.br/revista/index.php/revistaabpn1/issue/view/37/>. Acesso em: out. 2021.

_____. "Premiação de jornalismo incentiva o technochauvinismo do *Estadão* e Microsoft". 11 fev. 2020. Disponível em: <https://tarciziosilva.com.br/blog/premiacao-de-jornalismo-incentiva-o-technochauvinismo-do-estadao-e-microsoft/>. Acesso em: out. 2021.

SILVA, Tarcízio *et al.* "APIs de visão computacional: investigando mediações algorítmicas a partir de estudo de bancos de imagens". *Logos*, v. 27, n. 1, 2020, pp. 25-54.

SILVA, Wellington Barbosa da. "Burlando a vigilância: repressão policial e resistência negra no Recife no século XIX (1830-1850)". *Revista África e Africanidades*, ano 1, n. 1, maio 2008.

SILVEIRA, Sergio Amadeu da. *Democracia e os códigos invisíveis: como os algoritmos estão modulando comportamentos e escolhas políticas*. São Paulo: Edições Sesc São Paulo, 2019.

_____. "A noção de modulação e os sistemas algorítmicos". *Paulus: Revista de Comunicação da FAPCOM*, v. 3, n. 6, 2019.

_____. "Quem governa os algoritmos? A regulação dos sistemas algorítmicos no setor público". *Anais do 43º Encontro da Associação Nacional de Pós-Graduação em Ciências Sociais – Anpocs*, 2019.

SIMONITE, Tom. "When It Comes to Gorillas, Google Photos Remains Blind". *Wired*, 1 nov. 2018. Disponível em: <https://www.wired.com/story/when-it-comes-to-gorillas-google-photos-remains-blind/>. Acesso em: out. 2021.

SINHORETTO, Jacqueline; SILVESTRE, Giane; SCHLITTER, Maria Carolina. "Desigualdade racial e segurança pública em São Paulo: letalidade policial e prisões em flagrante". Relatório de pesquisa. São Carlos: Departamento de Sociologia – UFSCar, 2014.

STANLEY, Alyse. "Facebook Researchers Say Higher-Ups Ignored Their Findings on Instagram's Racist Algorithm: Report". *Gizmodo*, 23 jul. 2020. Disponível em: <https://gizmodo.com/facebook-researchers-say-higher-ups-ignored-their-findi-1844489864/>. Acesso em: out. 2021.

STATT, Nick. "Facebook Reportedly Ignored Its Own Research Showing Algorithms Divided Users". *The Verge*, 26 maio 2020. Disponível em: <https://www.theverge.com/2020/5/26/21270659/facebook-division-news-feed-algorithms/>. Acesso em: out. 2021.

STUART-ULIN, Chloe R. "Microsoft's Politically Correct Chatbot Is Even Worse Than Its Racist One". *Quartz*, 31 jul. 2018. Disponível em: <https://qz.com/1340990/microsofts-politically-correct-chat-bot-is-even-worse-than-its-racist-one/>. Acesso em: out. 2021.

SUÁREZ-GONZALO, Sara; MAS-MANCHÓN, Lluís; GUERRERO-SOLÉ, Frederic. "Tay Is You: The Attribution of Responsibility in the Algorithmic Culture". *Observatorio (OBS*) Journal*, v. 13, n. 2, 2019, pp. 1-14.

SUE, Derald Wing. "Racial Microaggressions in Everyday Life: Implications for Clinical Practice". *American Psychologist*, v. 62, n. 4, 2007, pp. 271-86.

_____. *Microaggressions in Everyday Life: Race, Gender, and Sexual Orientation*. Hoboken, NJ: John Wiley & Sons, 2010.

SUE, Derald Wing *et al.* "Racial Microaggressions and the Asian American Experience". *Cultural Diversity and Ethnic Minority Psychology*, v. 13, n. 1, 2007, pp. 72-81.

_____. "Racial Microaggressions Against Black Americans: Implications for Counselling". *Journal of Counseling & Development*, v. 86, n. 3, 2008, pp. 330-8.

SWEENEY, Latanya. "Discrimination in online ad delivery". *Queue*, v. 11, n. 3, 2013, pp. 10-29.

TRINDADE, Luiz Valério P. *It Is Not That Funny: Critical Analysis of Racial Ideologies Embedded in Racialized Humour Discourses on Social Media in Brazil*. Tese de doutorado. University of Southampton, GB, 2018.

_____. *No Laughing Matter: Race Joking and Resistance in Brazilian Social Media*. Wilmington: Vernon Press, 2020.

TUFEKCI, Zeynep. "Algorithmic Harms beyond Facebook and Google: Emergent Challenges of Computational Agency". *Colorado Technology Law Journal*, v. 13, 2015, pp. 203-18.

_____. "YouTube, the Great Radicalizer". *The New York Times*, 10 mar. 2018.

TYNES, Brendesha M. *et al.* "From Racial Microaggressions to Hate Crimes: A Model of Online Racism Based on the Lived Experiences of Adolescents of Color". *In:* TORINO, Gina C. *et al.* (orgs.). *Microaggression Theory: Influence and Implications.* Hoboken, NJ: John Wiley & Sons, 2019.

UNESCO. "Windhoek Statement on Artificial Intelligence in Southern Africa". 9 set. 2022. Disponível em: <https://unesdoc.unesco.org/ark:/48223/pf0000383197>. Acesso em: ago. 2023.

VIANA, Pablo Moreno F.; BELMIRO, Dalila Maria M. "Midiatização do racismo brasileiro: Todecachinho, consumo, cidadania no caso da Youtuber Ana Clara Barbosa". *Revista Ícone*, v. 17, n. 2, 2019, pp. 189-201.

WANG, JuHong; ZHANG, SongHai; MARTIN, Ralph R. "New Advances in Visual Computing for Intelligent Processing of Visual Media and Augmented Reality". *Science China Technological Sciences*, v. 58, n. 12, 2015, pp. 2210-1.

WEIDINGER, Laura *et al.* "Taxonomy of Risks Posed by Language Models". *Proceedings of the 2022 ACM Conference on Fairness, Accountability, and Transparency*, 2022, pp. 214-29.

WELTEVREDE, Esther J. T. *Repurposing Digital Methods: The Research Affordances of Platforms and Engines.* Tese de doutorado. Universiteit van Amsterdam, 2016.

WERNECK, Jurema. "O belo ou o puro?: Racismo, eugenia e novas (bio)tecnologias". *In:* WERNECK, Jurema; ROTANIA, Alejandra (orgs.). *Sob o signo das bios: vozes críticas da sociedade civil.* Rio de Janeiro: Criola/Ser Mulher, 2004.

_____. "Nossos passos vêm de longe! Movimentos de mulheres negras e estratégias políticas contra o sexismo e o racismo". *In*: VERSCHUUR, Christine (org.). *Vents d'Est, vents d'Ouest: Mouvements de femmes et féminismes anticoloniaux.* Genebra: Graduate Institute Publications, 2009.

_____. "Racismo institucional e saúde da população negra". *Saúde e Sociedade*, v. 25, n. 3, 2016, pp. 535-49.

WHITE House. "Blueprint for an AI Bill of Rights". Disponível em: <https://www.whitehouse.gov/ostp/ai-bill-of-rights>. Acesso em: ago. 2023.

WIEWIÓROWSKI, Wojciech. "AI and Facial Recognition: Challenges and Opportunities". *European Data Protection Supervisor*, 21 fev. 2020. Disponível em: <https://edps.europa.eu/press-publications/press-news/blog/ai-and-facial-recognition-challenges-and-opportunities_en/>. Acesso em: out. 2021.

WINNER, Langdon. "Do Artifacts Have Politics?". *Daedalus*, v. 109, n. 1, 1980, pp. 121-36.

WONG, Julia Carrie. "The Viral Selfie App ImageNet Roulette Seemed Fun – Until It Called Me a Racist Slur". *The Guardian*, 18 set. 2019. Disponível em: <https://www.theguardian.com/technology/2019/sep/17/imagenet-roulette-asian-racist-slur-selfie/>. Acesso em: out. 2021.

WOOLGAR, Steve; COOPER, Geoff. "Do Artefacts Have Ambivalence: Moses' Bridges, Winner's Bridges and other Urban Legends in S&TS". *Social Studies of Science*, v. 29, n. 3, 1999, pp. 433-49.

WU, Xiaolin; ZHANG, Xi. "Responses to Critiques on Machine Learning of Criminality Perceptions". arXiv, 1611.04135v3, 2016.

YASIN, Ammara. "'Fuck the Algorithm'; the Rallying Cry of Our Youth?". *Digital Diplomacy*, 17 ago. 2020.

YEGINSU, Ceylan. "If Workers Slack Off, the Wristband Will Know (And Amazon Has a Patent for It)". *The New York Times*, 1 fev. 2018.

ZAHN, Max. "Controversy Illuminates Rise of Facial Recognition in Private Sector". *ABC News*, 7 jan. 2023. Disponível em: <https://abcnews.go.com/Business/controversy-illuminates-rise-facial-recognition-private-sector/story?id=96116545>. Acesso em: ago. 2023.

SOBRE O AUTOR

Tarcízio Silva é mestre em Comunicação e Cultura Contemporâneas pela Universidade Federal da Bahia (Ufba) e doutorando em Ciências Humanas e Sociais na Universidade Federal do ABC, onde estuda regulação de inteligência artificial e racismo algorítmico. Atualmente é *Tech Policy Senior Fellow* (2023-2025) na Fundação Mozilla. Entre as publicações que organizou estão *Griots e tecnologias digitais* (LiteraRUA, 2023), *Comunidades, algoritmos e ativismos digitais: olhares afrodiaspóricos* (LiteraRUA, 2020) e *Estudando cultura e comunicação com mídias sociais* (Editora IBPAD, 2018).

Este livro também está disponível em formato ePub.
Saiba mais no site das Edições Sesc: https://bit.ly/racismo_algoritmico

Fontes	Baskerville e Helvetica
Papel	Capa: Supremo alta alvura 250 g/m²
	Miolo: Pólen natural 80 g/m²
Impressão	Gráfica Maistype
Data	Fevereiro 2025

MISTO
Papel | Apoiando o manejo florestal responsável
FSC® C041155